이홍우 유작 3부 [1]

메타프락시스

삶과 교육의 이론

이홍우

교육과학사

* 표지 디자인: 항목 번호 71 참조

지금 눈 내리고

매화 향기 홀로 아득하니

내 여기 가난한 노래의 씨를 뿌려라

다시 천고의 뒤에

백마 타고 오는 초인이 있어

이 광야에서 목놓아 부르게 하리라

— 李陸史, 曠野 —

머리말

이 책을 끝까지 읽은 독자는 특이한 편집 체제에 반영되어 있는 이 책의 성격에 관하여 각자 자신의 의견을 가질 수 있을 것이다. 이하에서 저자는 이 면에 관한 저자 자신의 견해를 제시해 보겠다. 그러기 위해서는 이 책이 비슷하게 따르고 있는 몇 가지 先例선례를 선별적으로 언급하는 것이 편리하다.

¶1 지금도 여전히 마찬가지지만, 학문적 생애의 아주 초창기에 비트겐슈타인의 「철학 연구」를 처음 접하였을 때, 저자는 그 사상적 깊이는 고사하고 우선 그 특이한 편집 체제와 강력한 문체에서 깊은 감명을 받았다. 그 책을 흉내 내기가 저자로서는 능력 밖이라는 것을 아직 깨닫지 못한 상태에서 저자는,

만약 평생을 그 일에 바친다면, 비트겐슈타인이 철학을 주제로 하여 쓴 것과 동일한 종류의 책을 교육학 분야에서 쓸 수 있으리라는 희망과 포부를 가졌다. 비트겐슈타인 자신의 손으로 쓰인 책은 그가 철학 공부를 막 시작한 시점에서 다소간은 자신의 철학적 재능을 스스로 테스트할 목적으로 썼다는 「논리철학논고」—前期전기 비트겐슈타인—와 그의 사후에 유작으로 출판된 「철학 연구」—後期후기 비트겐슈타인—단 두 권뿐이며, 앞의 책을 일종의 습작으로 간주한다면, 그의 '저서'라고 할 만한 것은 저자에게 감명을 준 그 책 한 권뿐이다! 저자가 평생을 바친다면 그 일을 못 할 것도 없다고 생각한 것도 무리가 아니다.

사실상, 저자는 그 이후 비트겐슈타인의 그 전례를 따라 교육에 관한 다양한 길이의 단편적인 문단을 쓰는 일을 여러 차례 시도해 보았다. 그러나 번번이 저자의 그 문단은 비트겐슈타인의 것과는 비교가 될 수 없을 만큼 졸렬하고 무기력한 것으로 판명되었고, 그리하여 저자의 그 문단은 열 개 항목도 채우기 전에 폐기되는 운명을 되풀이할 수밖에 없었다. 그러다가 정년퇴임 이후에 저자는 새로 시작하였다가 폐기하는 그 일을 더 이상 되풀이할 수가 없다고 생각하고, 마지막 시도로 이 책을 쓰기 시작하였다. 여기에 적힌 것이 아무리 졸렬하고 무기력하다고 하더라도 그 이상으로 심오하고 강력한 문단을 쓰겠다고 욕심을 부리는 것은 이미 부질없는 일로 된 것이다. 저자는 이제 그 문단들을 비트겐슈타인의 그 책과 마찬가지로 '유작'으로 세상에 내어놓으려고 한다. 이 책에 대한 저자의 생각이 이러하기 때문에, 책의 첫머리가 비트겐슈타인에 대한 논평으로 시작되어 있다는 것이 순전히 우연이라고만은 할 수 없다.

알려진 바와 같이, 비트겐슈타인은 자신이 쓴 단편적인 문단들을 '순서'에 따라 배열하는 데에 삶의 마지막 순간까지 굉장한 노력을 기울인 것이 분명하다. (「철학 연구」의 마지막 부분에는 끝내 순서에 끼어들지 못한 문단들이 일련번호가 매겨지지 않은 채 그냥 '단편'으로 실려 있다.) 저자가 이 책에 적어 넣은 문단들—즉, '항목들'—은, 완전히 무질서하게 나열된 것은 아니라 하더라도, 비트겐슈타인이 기울인 정도의 세심한 노력에 의하여 배열된 것이라고는 말할 수 없다. 독자가 보아서 알 수 있는 바와 같이, 저자의 항목들은 비교적 장기간에 걸쳐 그때그때 생각난 것을 그 생각의 순서에 따라 써 내려간 것이기 때문에 훨씬 산만한 배열을 나타내고 있다. 아마 때로는 나중의 항목에 적힌 내용이 그 이전의 항목과 잘 들어맞지 않는 경우도 있을 것이다. 이것이 저자의 태만이나 능력 부족에 기인했다는 것은 부정할 수 없고, 독자의 이해에 부담이나 장애를 초래한다는 것 또한 충분히 예상되지만, 그것이 과연 결코 용서받을 수 없는 결함을 나타내는가는 그다지 확실하지 않다. 비트겐슈타인이나 저자와 같이, 보통의 이론적 저작이 따르는 관례적 체제—제1장, 제1절 등—를 어기는 한, 또한 더 나아가서, 여기에는 관례적 체제가 나타내는 것 이상의 특별한 利點이 점이 있다고 볼 수 있는 한, 항목의 순서는 그다지 중요한 문제가 아니라고 말할 수도 있다. 이 점에 관해서는 다른 선례들을 제시한 뒤에 다시 생각해 보겠다.

¶2 「近思錄」근사록은 이 책에 비하여 여러 가지 면에서 차이를 나타내고 있음에도 불구하고 여전히 이 책의 선례로 거론될 만하다. 「근사록」은 朱熹주희와 呂祖謙여조겸이 선배 성리학자들의 저작이나 어록 중에서 중요한 구절을 뽑아 주제별로 수록해 놓은 책이다. 거기에 수록된 구절들—명제들—은 동일한 주제로 묶여 있다는 점을 제외하고는 그 사이에 표면상 하등의 논리적 연결을 나타내고 있지 않다. 말하자면 그것은 비트겐슈타인의 경우처럼 한 사람의 머리에서 나온 것은 아니라 하더라도 그것과 다름없는 '단편'이다. 그럼에도 불구하고 거의 확실히 짐작할 수 있는 것은 그러한 단편들을 모아 놓은 책이 영락없는 '성리학의 종합 교과서'로서 그 역할을 충실히 해내었다는 점이다. (「근사록」이 후세 성리학자들 사이에서 얼마나 중요시되었는가 하는 것은 그 이후에 張伯行장백행이 동일한 체제로 「續近思錄」속근사록을 편찬했다는 사실에서 간접적으로 확인된다.)

물론, 「근사록」에는 그 뒤에 나온 속편에서와 마찬가지로 구절마다 약간의 주석이 붙어 있다. 그러나 이 주석은 동일한 주제하에 수록된 구절들이 통합된 '논의'를 구성하는 데에 반드시 필요한 논리적 연결을 시사하지도 않고 그 역할을 대신하는 것은 더욱 아니다. 아마 그 책의 편찬자들은 四書사서를 위시하여 중국의 사상적 고전들이 관례적으로 따르고 있는 저작 형식을 그대로 답습했을 것이다. 그것이 기이한 형식으로 생각되는 것은 오직 오늘날 우리가 따르고 있는 현대 서양 학문의 저작 형식과의 대비 때문일 것이다. 이렇게 생각해 보면, 두 권의 근사록을 포함하여 중국의 문헌들이 거의 공통으로 따르고 있는 저작 형식은 책을 쓰고 읽는 행위에 관하여 오늘날 우리가 무의식적으로 받아들이고 있는 것과는 완전히 다른 견해를 반영한다고 말할 수도 있다. 그들의 견해에 의하면, 그와 같이 단편적인 명제들을 하나의 연속적인 논의로 통합하는 것은 저자가 아닌 독자의 역할이며, 책을 읽는다는 것은 바로 이 독자의 역할을 충실히 이행하는 것을 뜻한다. 만약 이 점을 받아들이지 않으면, 「근사록」이 성리학을 위하여 수행한 중요한 역할이 올바르게 설명되지 않는다.

¶3 王陽明왕양명의 「傳習錄」전습록이 편찬된 내력은 그 제목이 시사하듯이 하나의 사상이 학습되고 전수되는 과정에 관하여 우리에게 중요한 의미를 일깨워 주고 있다. 전해 내려오는 바로는, 초기의 '양명학파'—왕양명과 그 제자들—는 때와 장소를 가리지 않고 언제나 동행하면서 심지어 스승이 지휘관의 지

위에 있던 戰場전장에서도 한가한 틈을 타서 학문적 토론을 벌였다고 한다. 스승의 사상이 비교적 확실한 윤곽을 띨 정도로 형성된 이후에 제자들은 그 사상을 글로 '문헌화'할 것을 끊임없이 스승에게 요청하였고 스승은 그 요청에 대하여 번번이 거부적인 태도를 취해 왔다. 「전습록」이 현재와 같이 문헌화된 형태로 전해지고 있는 것을 보면, 어느 시점에선가 스승은 더 이상 제자들의 요청을 외면할 처지에 있지 않았던 것이 분명하다.

따지고 보면, 제자들의 요청이나 스승의 거부는 어느 쪽도 정당한 명분을 가지지 않았다고는 말할 수 없다. 제자들의 편에서 보면, 가령 양명의 문인으로 새로 들어오는 사람이 있을 때마다 누군가가 그에게 그동안 구두로 토론되어 오던 내용을 비록 요약된 형태로나마 전달해 주는 것은 불가능하지는 않다 하더라도 불편하였을 것이다. 그러나 스승의 편에서 보면, 그들이 구두로 주고받던 내용을 문자로 기록하는 것은 살아있는 생각—心심—을 생명 없는 물건—物물—으로 바꾸는 것에 해당한다. 생각은 그것이 문자라는 '객관적' 형태로 표현되는 순간, 이미 그 생생한 의미를 잃어버리는 것이다. 오늘날 우리에게 알려져 있는 '양명학'의 주장에 비추어 보면, 스승이 「전습록」의 편찬을 못마땅하게 생각한 것은 당연한 일이다.

저자가 「전습록」을 이 책의 한 선례로 내세울 수 있는 것은 그 밖의 모든 차이점에도 불구하고 양자가 한 가지 점에서 근본적인 유사성을 나타내기 때문이다. 이 책이 주제로 다루고 있는 '메타프락시스'는 2010년 현재를 기준으로 하여 지난 오륙 년 동안 誠敬齋성경재라는 공부 모임에서 꾸준히 집중적으로 논의되어 왔으며, '메타프락시스'라는 용어를 내걸지 않은 채 그것과 관련된 아이디어가 논의된 것으로 치면 근 20년에 이른다. 성경재 회원들은 교육학이라는 큰 테두리 안에서 각각 다양한 관심을 가지고 있으면서 각자의 관심을 '메타프락시스'라는 동일한 초점에 수렴해 왔다. 사실상, 회원들 중의 상당수는 이미 각자의 관심 영역에서 메타프락시스에 관한 논문을 발표한 바 있다.

저자와의 관계로 보면, 성경재 회원들은 왕양명의 경우에서처럼 '제자'가 아니라 '동학'이다. 아마 왕양명의 경우에도 틀림없이 '제자들'의 질문과 토론이 그의 사상을 형성하는 데에 공헌을 하였을 것이지만, 이 책의 경우에 여기에 제시된 내용은 훨씬 근본적인 또는 실질적인 의미에서 회원들의 집단적 사고의 결과이다. 이렇게 말하는 것은 저자 자신의 이론적 책임을 집단에 전가하기 위해서가 아니다. 이 책의 도처에 널려 있는 논리상의 미비점은 오로지 저자 자신의 책임이다. 이 책의 내용이 그동안 성경재의 토론에 참여하지 않은 '외부의' 독자들에게도 관심 있게 받아들여지는 것은 저자로서는 그야말로 不敢請 而固所願불감청 이고소원이지만, 저자가 안심하고 바랄 수 있는 것은 적어도 성경재 회원들에게는 그 내용이 비교적 친근하게 받아들여질 수 있으리라는 것이다. 회원들 사이에 통용되는 용어로 말하자면, 이 책은 '대외 선언'(external manifesto)보다는 '대내 회람'(internal memorandum)에 더 가깝다. 그렇기는 해도, 외부 내부를 가리지 않고 많은 독자들에게 이 책에 적혀 있는 것이 하나의 '씨앗 아이디어'(seminal idea)가 되어 장차 꽃을 피우고 열매를 맺기를 바라는 저자의 마음만은 숨길 수가 없다. 李陸史이육사의 '曠野'광야에 나오는 '백마 타고 오는 초인'에게는 당장 내일도 '천고의 뒤'이다.

¶4 위에서 말한 것과 같은 의미에서의 선례에 속하는 것은 아니지만, 그것에 뒤이어, 이때까지 저자 자신이 써낸 다른 책들과 관련하여 이 책이 저자 자신에게 어떤 의미를 가지고 있는가를 말해 둘 필요가 있다. 저자의 이전의 저작들—교육과정 탐구(1977, 1992, 2010), 지식의 구조와 교과(1978, 1997), 교육의 목적과 난점(1984, 1998), 교육의 개념(1991, 2009), 성리학의 교육이론(2000), 교육과정 이론(공저, 2003), 대승기신론 통석(2006) 등—과의 관련에서 보면, 이 책은 그 이전의 저작들이 지향해 온 마지막 연결점이요 종합적 완결판에 해당한다. (여기서 '완결판'이라고 말하는 것은, 물론, 이 책이 내용상으로 '완성된' 경지를 나타낸다는 뜻이 아니라 그 이상의 완성이 생물학적인 제약으로 말미암아 불가능하다는 뜻이다.)

한 사람이 학문적 생애를 시작하는 첫 단계에서부터, 또는 심지어 그 도중에라도, 자신의 학문이 최종적으로 어디에 연결될지를 예상하는 것은 그야말로 '하늘이 내려준 재능'—천재—을 갖춘 예외적인 경우가 아니면 불가능할 것이다. 저자는 분명히 그런 경우가 되지 못한다. 그리하여 앞에서, 이때까지의 저작들이 이 책을 '지향'하여 나아왔다고 말한 것은 그것들이 일사천리로 곧장 이 책으로 연결된다는 뜻이 아니다. 그것들의 '지향'은 상당한 정도로 머뭇거림과 주춤거림을 수반하였다. 그렇기는 해도, 저자 자신에게도 놀라운 일은, 현재의 시점에서 그 이전의 저작을 돌이켜 볼 때, 이 책에 제시된 아이디어와 본질상 동일한 아이디어가 여기저기에 태아적인 형태로 나타나 있다는 것이다. 그렇기 때문에 저자는, 만약 그렇게 할 마음만 먹는다면, 이전에 저자가 쓴 글 중에서 이 책의 내용과 관련되는 부분을 발췌하여 여기에 적어 넣을 수도 있었을 것이다. 그러나 저자는 그렇게 하지 않으려고 노력하였다. 관심 있는 독자라면 이전의 저작에서 그런 부분을 확인하는 데에 별로 어려움을 느끼지 않을 것이다.

저자의 이전의 저작과 이 책의 관련을 생각할 때 저자의 마음속에 어김없이 떠오르는 한 가지 비유가 있다. 그것은 겨우 싹을 틔워 자라게 된 하나의 식물이 그것을 자라게 해 줄 자양의 원천을 찾아서 그 뿌리를 땅속으로 이리저리 계속 뻗어 나가는 그림이다. 그 뿌리가 자양의 원천에 닿기 이전에 그 식물은 뿌리가 허공에 매달린 부평초—하등의 확고한 기반이 없이 바람만 건듯 불어도 뿌리가 뽑혀 날아가는 무기력한 풀—에 지나지 않는다. 이전의 저작은, 말하자면, 그 자양의 원천을 향하여 이리저리 뻗어 나간 실뿌리에 해당한다.

물론, 이 '완결판'과 그 이전의 '습작' 사이에 부분적인 유사성이 확인될 수 있다고 하여 그 사이에 아무런 차이가 없는 것은 아니며, 저자의 입장에서 보면 중요한 것은 오히려 그 차이이다. 앞에서 시사한 바와 같이, 이전의 습작에서 교육에 관하여 이런저런 발언을 하면서 저자는 그것이 어떤 종류의 발언인가에는 생각이 미치지 못하였다. 보다 구체적으로 말하여, 저자는 '교육'에 관하여 발언한다고만 생각했을 뿐, 저자 자신에 관하여 발언한다고는 생각하지 않았다. 이 점은 이 책이 제시하고자 하는 '메타프락시스'라는 아이디어와 직접 관련되기 때문에 약간 자세하게 설명할 필요가 있다.

지금으로부터 10여 년 전에 저자의 동학인 張聖模장성모 교수는 「中庸」중용을 읽는 방법에 관하여 저자가 평생토록 잊지 못할 중요한 말을 들려주었다. 그 요지만을 말하자면, 「중용」을 읽을 때에는 거기에 적혀 있는 말 속에 '자신을 쑤셔 넣어야' 한다는 것, 그리고 「중용」이 현재와 같은 체제와 서술 형태를 갖추게 된 이면에는 그것을 쓴 사람의 그러한 의도가 깔려 있다는 것이다. 말 속에 '자신을 쑤셔 넣는다'는 비유가 나타내는 의미는, 물론, 「중용」에 적혀 있는 말을 '말'이라는 것에 관하여 우리가 통상 가지고 있는 통념—'말은 우리 바깥에 있는 객관적 사실을 기술한다'—에 따라 이해해서는 안 되며, 오히려 바로 우리 마음속에 들어 있는 생각, 또는 들어 있어야 하는 생각을 언설로 나타낸 것으로 이해해야 한다는 것이다. 이 격률은 비단 「중용」에만 해당하는 것이 아니라 마음—心性심성—을 주제로 한 모든 책에 다 같이 해당하는 '독서의 황금률'이다.

이 독서의 황금률에서 독자를 저자로 바꾸어 놓으면, 저자는 이 책을 쓰는 동안에 그 말 속에 '자신을 쑤셔 넣은' 것으로 된다. 그리고 이것이 저자의 경우에 이전의 습작과 이 완결판의 차이를 말해 준다. 말하자면 이 완결판을 쓰는 동안에 저자는 이전의 습작을 쓸 때 의식하지 못했던 점—여기에 적힌 말은 단순히 '교육'에 관한 말이 아니라 저자 자신의 마음(또는 '심성함양')에 관한 말이라는 점—을 의식하게 되었다는 것이다. 이 책을 쓰는 동안에 저자는, 이 책을 읽는 동안에 독자가 해야 하는 바로 그 일을 한 것이다. 다시 말하여, 저자는 독자가 이 책을 저자의 의도대로 읽어 주기를 바라지만, 이 책에서의 저자의 목적은 일차적으로는 독자의 이해가 아닌 저자 자신의 심성함양에 있다. 그리하여 이 책을 쓰고 읽을 때 저자와 독자는 다 같이 심성함양을 설명하는 그 일을 통하여 자신의 심성을 함양하고 있다. 본문에 설명되어 있는 바와 같이, 이것이 '메타프락시스'의 기본 아이디어이다. 그리고 「중용」의 경우로 미루어 짐작할 수 있는 바와 같이, 성리학은 이 아이디어를 전형적으로 예시한다.

저자가 '메타프락시스'라는 용어를 소개받은 것은 카슐리스의 글—Thomas P. Kasulis, 'Philosophy as Metapraxis', F. Reynolds and D. Tracy, eds., *Discourse and Practice*, SUNY, 1992, pp. 169-195—을 통해서였다. 이 글에서 그는 성경에 나와 있는 종교적, 신학적 용어—예컨대 '성령'—를 순전히 철학적 (또는 '메타피직스적') 맥락에서 이해하려고 하는 것은 필경 오해로 이끈다는 것, 그리하여 그것은 종교적 儀式의식('프락시스')을 한 차원 높여서 표현한 것으로 이해되어야 한다는 것을 주장하고 있다. 카슐리스가 그 글에서 제시한 메타프락시스와 저자의 이 책에 설명된 메타프락시스 사이에는 용어가 동일한 만큼 의미상의 관련이 있다는 것은 부정할 수 없고, 또 카슐리스의 입장에서 보면 이 책은 자신의 그 용어가 단순히 넓은 범위로 확대된 것에 불과하다고 생각할지도 모른다. 그러나 저자가 보기에 그 '확대'에는 엄청나게 이질적인 의미가 추가되었으며, 따라서 양자 사이의 동일성은 순전히 용어에 국한된다고 말해도 별로 잘못될 것이 없다.

이제 저자는 앞에서 미루어 놓았던 문제에 관하여 생각해 보겠다. 비트겐슈타인의 「철학 연구」에서 감명을 받은 이후로 저자는 이따금 그 특이한 편집 체제에 모종의 특별한 이유가 없겠는가에 관하여 생각을 해 보게 되었다. 그 대답은 처음부터 확실했던 것이 아니라 조금씩 조금씩 점점 뚜렷한 형태로 저자의 마음속에 자리 잡아 왔다. 그 최종적인 형태를 말하자면, 그 대답은 무시간적 차원의 '생각'—'언어의 심층구조'—과 그것의 시간적 차원에서의 '표현'—'언어의 표층구조'—사이의 관련이라는, 누구나 그 중요성을 느끼면서도 어떻게든 손을 쓸 엄두를 내지 못하는, 인식론—또는 '교육인식론'—의 근본 문제에 귀착된다. 말하자면 우리의 생각은 그 단위가 크건 작건 간에 시간 계열을 초월한, 또는 마찬가지 말이지만, 모든 시간 계열을 하나로 압축한 형태를 띠는 반면에, 그것을 표현하고 이해하는 일은 한 단어, 한 문장씩 시간 계열을 따라 이루어질 수밖에 없다는 것이다. (물론, 이해는 표현의 계열을 반대 방향으로 따라 일어난다.) 여기서 이 복잡한 문제를 자세하게 다루는 것은 현재의 맥락과 저자의 능력을 다 같이 벗어난다. 그 대신에 여기서는 비트겐슈타인의 '스타일'에 관심을 가진 한 학자—Timothy Binkley, *Wittgenstein's Language*, Martinus Nijhoff, 1973—의 예리한 관찰을 소개하겠다. (그 학자가 극구 강조하는 바와 같이, 비트겐슈타인에 있어서는 '스타일이 곧 사상'이라고 말할 수 있을 정도로 양자는 밀접하게 관련되어 있다.) 그의 관찰에 의하면, 비트겐슈타인의 「철학 연구」에 나와 있는 항목들은 각각이 하나의 '스케치'이며 이 스케치들은 서로 나란히 놓여 있거나 겹쳐져서 하나의 전체적인 '풍경'을 드러내고 있다. 「철학 연구」를 읽을 때 독자는 그 모든 스케치들을 마음속에 종합하여 그것이 드러내는 풍경을 감상한다. 사실상, 이

스케치와 풍경의 비유는 비트겐슈타인 자신이 그의 유명한 '윤리학 강의'에서 약간 다른 형태로 사용하고 있다. 이 강의에서 그는 말이나 글을 이해하는 일을, 여러 명의 중국 사람들의 얼굴을 찍은 사진 필름을 모두 겹쳐서 인화했을 때 중국 사람의 '전형적인' 얼굴을 얻는 것으로 비유하고 있다.

만약 시간 계열 문제를 도외시한다면, 그림이 아닌 음악을 비유로 사용해서도 똑같은 말을 할 수 있을 것이다. 누구나 마찬가지이겠지만, 저자는 심포니 오케스트라의 연주를 들을 때 그 수많은 다른 악기들이 내는 각각의 소리들이 하나의 웅장한 '음악'으로 들리는 데서 벅찬 감동을 느끼게 된다. 비트겐슈타인처럼 '그림 같은 말'을 할 재주는 없으면서도, 저자는 이 책에 적혀 있는 항목들이 오케스트라의 개별적 악기처럼 전체적인 음악에 조화롭게 기여했으면 하는 희망을 가지고 있다. 그러나 앞에서 말한 바와 같이, 그 항목들은 비교적 긴 시간대에 걸쳐서 다양한 '기분'으로 쓰인 것이며, 따라서 그 사이에는 스타일이나 '논의의 수준'에 있어서 최소한의 일관성조차 찾아보기 어렵다. 그것은 저자의 한계로서 어쩔 수 없다. 또한 독자가 보는 바와 같이, 항목들 중에는 능히 독자의 분노나 조소를 자아낼 수도 있는, '私的 逸脫'사적 일탈에 해당하는 것들도 더러 포함되어 있다. 그러나 고백하건대, 그러한 '사적 일탈'을 포함하여 이 책에 나와 있는 항목 중에서 독자에게는 아무렇지도 않게 보이는 구절조차도 저자에게 '가슴과 손목의 떨림'을 느끼게 하지 않고 쓰인 것은 없다. 앞에서 말한 바와 같이, 그것들이 모두 저자 자신의 '마음'을 표현한 것이라는 점에서 보면 이것은 오히려 당연한 것이다.

위와 같은 고려 사항 이외에, 저자에게는 비트겐슈타인의 편집 체제를 흉내 낼 수밖에 없는 더 직접적인, 또는 결정적인 이유가 있다. 저자는 주희가 생을 마감하는 순간까지 四書사서에 주석을 붙이는 일을 계속했다는 말을 들은 일이 있다. 만약 관례적인 편집 체제를 따라 장별로, 절별로 책을 쓴다면 주희와 같은 방식으로 저작 활동을 하는 것은 완전히 불가능할 것이다. 그러나 이 책처럼 엉성하게 연결된 항목들을 계속 써 내려간다면, 머리에 써야 할 생각이 있고 손목에 쓸 힘이 남아 있는 한, 항목을 쓰는 일을 계속할 수 있고, 또 그 일은 언제든지 그 일을 할 수 없을 때 안전하게 '완결'될 수 있다. 이 책이 '유작'으로 계획되어 있는 것은 당연하다.

이 책은 동일한 시기에 동일한 체제로 출판되는 다른 두 권과 함께 '유작 3부'를 이루고 있다. 그 다른 두 권은, [2] 왼손으로 쓴 교육학: 삶과 교육을 위한 단상, [3] 백만 교육학도를 향한 이홍우의 아폴로기아이다. (이 두 권에는 이 책에서 보는 것과 같은 통상적인 '머리말'이 붙어 있지 않다. 그리하여 이 책에 나와 있는 '머리말'은 어떤 면에서는 다른 두 권의 머리말도 겸하고 있다. 이 세 권의 책에 사용된 '유작 3부'라는 명칭에서

'유작'은 출판의 시기를 지시한다기보다는 출판의 성격을 지시한다. 말하자면 그 책들은 저자의 생애와 관련하여 어떤 시기에 출판되는가와는 관계없이, 그리고 그것이 다루는 구체적인 내용의 차이에도 불구하고 다 같이 '유작'으로 불릴 수 있을 정도로 공통된 성격을 나타내고 있는 것이다. 이 점은 각각의 책이 다루는 내용에 의하여 확인될 수 있을 것이다.)

세 권의 책의 모양을 갖추도록 하는 데에 저자는 세 분의 성경재 회원의 도움을 받았다. 그분들은 이호찬(1부), 구리나(2부), 그리고 정혜진(3부) 선생이다. 이분들의 수고에 결코 못지않게, 2부의 자칫 지루하고 무미건조하게 읽힐 수 있는 내용에 색채와 활기를 돋보이게 하는 삽화는 이은경 선생이 담임교사로 있었던 2018년도 구룡초등학교 2학년 6반 어린이들의 예술작품이다. 이 여러분에게 저자는 앞질러 감사의 뜻을 표한다. 교육과학사의 이정호 실장님은 저자가 쓴 다른 모든 책에 대해서 했듯이, 위에 이름이 적힌 사람들에게는 식견이 미치지 못하는 편집상의 안목으로 책의 모양을 가다듬어 주었다. 한정주 사장님과 이정호 실장님께 이 자리를 빌려 평소의 후의에 감사를 표한다.

2023. 삼동

李烘雨

메타프락시스:
삶과 교육의 이론

¶1 [1])흔히 비트겐슈타인의 후기 철학(세칭 후기 비트겐슈타인)의 핵심 명제로 알려져 있는 '언어는 삶의 형식이다'(Language is a form of life.)라는 문장은 거기에 사용된 세 단어—언어, 삶, 형식—의 해석 여하에 따라 하등의 심오한 의미를 나타내지 않는 진부한 문장이 되거나 그렇지 않으면 의미가 통하지 않는 비문법적인 문장이 되고 만다. 그의 철학을 추종하는 사람과 그것에 반대하는 사람을 통틀어 이때까지 아무도 내렸을 성싶지 않은 위의 평가에 대해서는 응분의 설명이 주어져야 한다. 저자가 보기에, 만약 이때까지 아무도 위의 평가를 내리지 않았다면, 그것은 그의 철학을 올바르게 이해하기 위한 노력이 충분히 기울여지지 않았다는 것을 뜻한다.

'언어'라는 단어를 집합적인 의미—'언어'라는 것—가 아닌 개별적인 의미—다양한 용도로 사용되는 개별적인 발언—로 해석할 경우, 위의 명제는 '(하나하나의) 언어는 각각 (하나의) 삶의 형식을 이룬다'라는 뜻으로 이해되고, 여기서 '삶의 형식'은 '활동의 종류'와 동일한 뜻을 나타낸다. '언어 게임'(language game)에 관한 비트겐슈타인 자신의 명시적인 진술로 보나(「철학 연구」[2], §7, §23 등), 언어를 '그 속에 숨겨진 본질'로 이해하려고 했던 종래의 철학에 대한 그의 비판으로 보나, 이것이 '언어는 삶의 형식이다'라는 명제를 이해하는 가장 일반적인 방식일 것이다. 이 이해 방식에 의하면, 언어는 '명령을 전달하고 전달받기, 물체를 기술하기, 사건을 보고하기 등등'으로 예시되는 다양한 '언어 게임들'로 이루어져 있다. 각각의 언어 게임에는 게임이라는 것이 일반적으로 그렇듯이 규칙이 있으며, 언어를 올바르게 이해하고 사용하기 위해서는 그 규칙을 이해하고 준수하지 않으면 안 된다.

비트겐슈타인 자신은 '삶의 형식'에서의 '형식'이라는 단어를 부정관사와 결합하여 사용하거나(a form of life) 아니면 복수형으로 사용하고 있다(forms of life). '형식'이라는 단어를 이와 같이 사용하는 한, 비트겐슈타인의 그 명제는 '언어'를 집합적인 의미로 사용하더라도 그 의미가 크게 달라지지 않는다. 이때 그 명제는, '언어-즉, 언어라는 것-는 우리가 살아가는 동안에 하는 여러 가지 활동들 중의 한 가지 종류이다'라는 뜻으로 풀이된다. 얼른 듣기에 거의 자명하게 들리는 이 명제도 무엇인가 의미를 전달한다고 볼 수도 있다. 말하자면, 사람들은 '언어'를 활동의 수단으로 생각하는지 모르지만, 사실은 언어-즉, 언어의 사용-그 자체가 물건을 사고파는 것과 대등한 종류의 활동을 나타낸다는 것이다.

자명하건 않건 간에, 이런 종류의 발언은 한 사상의 핵심 명제라는 말이 무색할 정도로 진부하기 짝이 없다. 그런 발언을 하거나 듣는 사람들이 원래의 그 명제가 틀림없이 의도하는, 언어와 삶에 관한 모종의 심각한 의미를 표현하고 전달받는다는 것은 상상하기 어렵다. 진부한 의미를 전달한다는 점에 있어서는 앞의 첫째 해석 또한 별로 다를 것이 없다. 둘째 해석에 비하면 첫째 해석은 한 가지 언어를 여러 개의 언어로 분할한 것에 지나지 않으며, 그리하여 그 명제는 단순히 언어는 그 용도에 따라 다양한 규칙으로 이루어져 있다는 것을 지적한 것으로 보인다.

---

1) 부록 Ⅰ 항목별 주제 겸 색인 참조.
2) 부록 Ⅱ 이 책에 언급된 문헌들 참조.

¶2 '삶의 형식'이라는 용어를 사용할 때 비트겐슈타인은 이전에 그 용어를 사용한 다른 사상가들—예컨대 슈프랑거의 Lebensformen—의 용법을 별다른 생각 없이 그대로 차용한 듯하다. 만약 그가 그 용법에 관하여 좀 더 세밀한 주의를 기울였더라면, 그는 현재의 「철학 연구」에 나타나 있는 것과는 달리, 삶의 형식을 정관사형으로(the form of life) 사용했을 가능성이 있다. 이 경우에 그 용어는 이런 삶의 형식도 있고 저런 삶의 형식도 있다든지, 특정한 삶의 형식은 여러 가지 삶의 형식 중의 하나를 나타낸다는 식의 용법으로 사용될 수 있는 것이 아니다. 이 경우에는 '오직 하나'의 삶의 형식이 있을 뿐이다. 이 경우에 '형식'의 영어 단어 form은 플라톤의 '이데아'의 영어 번역어로서, 플라톤의 이데아가 그러하듯이, 삶에 의미와 가치를 부여하는 형이상학적 개념을 나타낸다. 형이상학적 개념으로서의 '형식'에 관해서는 여러 면으로 자세하게 규정할 필요가

있지만, 여기서는 그중에서 세 가지를 특히 언급할 필요가 있다.

첫째로, 형식은 '총체적인' 성격을 띤다. 삶의 의미 기준 또는 가치 기준으로서의 형식은 삶의 이 부분, 저 부분을 각각 다르게 드러내는 것이 아니라 삶 전체를 한꺼번에 드러낸다. '삶의 형식'이 부정관사와 결합되어 사용되거나 복수형으로 사용될 수 없는 것은 당연하다. 형식의 총체성은 형식이 드러내는 삶의 총체성에 그 근거를 두고 있다.

둘째로, 형식은 그것이 드러내는 삶의 '사실들'—'外樣'외양—과는 차원을 달리한다. 이 점은 형식의 총체성에서 논리적으로 따라 나온다. 삶이 총체성을 띠고 있고, 그 삶을 드러내는 형식 또한 총체성을 띤다면, 형식은 필경 삶의 사실들과는 차원을 달리할 수밖에 없다. 만약 형식이 삶의 사실들과 동일한 차원에 속한다면 그것은 삶의 사실들 중의 하나일 뿐, 형식이 아니며, 삶의 사실들 또한 총체적인 것이 될 수 없을 것이다. '총체'는 정의상 두 개일 수 없다. 형식도 총체요 삶의 사실들도 총체라는 점을 의미 있게 말하는 방법은 형식과 삶의 사실들이 차원을 달리하여 아래위로 정확하게 맞붙어 있다고 말하는 것뿐이다.

셋째로, 형식은 언설의 정상적인 적용 범위를 벗어난다. 형식의 이 셋째 특징 또한 위의 둘째 특징에서 논리적으로 따라 나온다. 언설은 개념적 구분을 기초로 하며, 따라서 개념적 구분이 적용되는 사태에서만 의미 있게 적용될 수 있다. 언설을 사용할 때 우리는 그 언설이 지칭하는 것을 그것이 아닌 것으로부터 구분한다. 개념적 구분이 정상적으로 적용되는 사태는 삶의 사실들이 벌어지는 사태이며, 이 사태와 차원을 달리하는 형식은 개념적 구분에서 벗어나 있다. 형식에는 이런 것과 저런 것, 또는 '인 것'과 '아닌 것'의 구분이 적용되지 않는다. 그러나 이렇게 말한다고 해서 우리가 형식에 관하여 언설을 사용하지 않는다는 뜻은 아니다. 이 경우에 우리는 삶의 사실들에 정상적으로 적용되는 언설을 그것이 정상적으로 적용될 수 없는 사태를 표현하는 데에 '차용'하고 있으며, 따라서 그 언설은 결코 삶의 사실들에 적용될 때와 동일한 의미를 가질 수 없다.

위의 설명에 나타나 있는 바와 같이, 형식의 세 가지 특징들 ―총체성, 異次元性이차원성, 언설 불가능성―은 하나를 받아들이고 다른 것을 받아들이지 않을 수 있는 그런 관계에 있는 것이 아니라 함의나 논리적 가정에 의하여 서로 관련되어 있으며, 세 가지 특징이라기보다는 한 가지 특징을 세 가지 방식으로 표현한 것에 지나지 않는다고 말할 수 있다. '언어는 삶의 형식이다'라는 후기 비트겐슈타인의 명제에서 '형식'을 정관사와 결합된 것으로 볼 때의 형식은 위와 같은 특징을 나타내고 있다. 그러나 이렇게 볼 때 비트겐슈타인의 그 명제는 '형식'의 의미와는 맞지 않는 비문법적인 문장이 된다. 언어와 삶의 형식은 '언어는 삶의 형식이다'에서와 같이 '이다'로 연결될 수 있는 것이 아니라, '언어는 삶의 형식을 표현한다'에서와 같이 '을 표현한다'로 연결되어야 한다. (물론, 삶의 형식은 언어로 표현될 수 있는 것이 아니며, 따라서 이 경우의 '표현'은 예컨대 '벽돌'이라는 단어가 벽돌의 실물을 '표현'하는 것이나, 비트겐슈타인 자신의 예시에서와 같이, '벽돌을 건네 달라'는 명령을 '표현'하는 것과 동일한 방식으로 이해될 수 있는 것이 아니다.) 위와 같은 의미로 해석할 때, 그 명제는 언어와 삶에 관하여 심각한 의미를 전달한다. 그뿐만 아니라, 이하의 설명에서 알 수 있듯이, 이 새로운 해석에서도 언어는 '단일한 본질'로 이해되는 것이 아니라 '다양한 용도'로 이해된다.

¶3 「논리철학 논고」에서 비트겐슈타인은 'What can be shown cannot be said.'(4.1212)라는 명제를 제시하고 있다. 이 명제는 그것이 등장하는 맥락과는 별도로, '말할 수 없는 것'과 '보여 줄 수 있는 것'의 관련을 중심으로 고쳐 진술하자면, '말할 수 없는 것은 보여 줄 수 있을 뿐이다'(What cannot be said can only be shown.)라는 명제가 될 것이다. 비트겐슈타인의 그 책이 하려고 한 것과 마찬가지로, 이 명제에서 '보여 주는 것'은 말을 통해서가 아닌 다른 방식으로는 이루어질 수 없는 것이다. 결국, 비트겐슈타인의 그 책은 말을 함으로써 '말할 수 없는 것을 보여 주고' 있다고 말할 수 있다. (여기서 말하는 '말할 수 없는 것'은 위에서 말한 '삶의 형식'과 동일한 의미

를 가진다. 그리고 이런 의미에서의 '삶의 형식'은 실재, 진여, 심성 등등과 뒤바뀌어 사용될 수 있다. 이들 용어는 동일한 지시 대상을 가리키는 상이한 이름들이다. 물론, 여기서 '지시 대상'은 정상적인 의미가 아닌 비유적인 의미로 사용되고 있다. 형식은 지시할 수 있는 대상이 아니다.) 그러나 여기서 '표현'이라는 용어는 그 의미가 충분히 자세하게 규정되기 전에는 너무 막연하여 거의 아무런 의미를 전달하지 못하거나 그렇지 않으면 오해를 불러일으킬 가능성이 있다. 「논리철학 논고」에 나와 있는, '말할 수 없는 것은 보여 줄 수 있을 뿐이다'라는 명제는 그 '표현'의 의미를 한 가지 방향으로 상세화해 준다고 말할 수 있다. 즉, 말은, 그 한 가지 종류에 있어서는, 그것을 통하여 '말할 수 없는 것'을 보여 준다는 것이다. 그러나, 물론, 이것이 언어가 삶의 형식을 표현한다는 말을 해석하는 유일한 방식은 아니다. 비록 비트겐슈타인이 '넌센스'라고 부르는 것이기는 해도, 말 중에는 또한 형식을 직접 표현하는 것도 있다. 일반적으로 '형이상학적 발언'으로 불리는 것들이 여기에 속하며, 비트겐슈타인이 그의 '윤리학 강의'에서 말하고 있는 바와 같이, 종교적, 윤리학적 발언 또한 여기에 속한다.

이상의 고찰은, 언어는 그것이 삶의 형식(또는 실재, 진여, 심성 등)을 표현하는 방식에 따라 두 가지로 구분될 수 있다는 것을 시사한다. 그것은 (1) 말할 수 없는 것을 말하는 말과 (2) (말할 수 있는 것을 말함으로써) 말할 수 없는 것을 보여 주는 말의 두 가지이다. 삶의 형식과 그것의 동의어를 '초자연적 관념'이라고 부른다면 위의 (1)은 '초자연적 관념을 표현하는 발언'이라고 부를 수 있을 것이다. '말할 수 없는 것을 말한다'는 말에 명백히 나타나 있는 바와 같이 '초자연적 관념을 표현하는 발언'은 그 용어 속에 모순 또는 파라독스를 포함하고 있다. 비트겐슈타인이 이런 종류의 발언을 '넌센스'라고 부르면서, 「논리철학 논고」에서 초자연적 관념을 '보여 주려고' 한 것은 그런 발언이 모순이나 파라독스를 내포하고 있다는 점을 중요시했기 때문일 것이다. '넌센스'이건 아니건 간에, 그러한 발언이 실지로 사용되고 있다는 것은 분명하다. 사실상, 비트겐슈타인이 그것을 '넌센스'라고 부를 수 있었던 것 그 자체가 그것이 사용되고 있다는 증거가 된다. 혹시 비트겐슈타인은 그것을 '넌센스'라고 부르면서 마치 그것이 아무 의미도 없는 '헛소리'인 양 취급했는지 모르지만, 중요한 것은 그것이 초자연적 관념을 표현한다고 할 때의 '표현'이 정확하게 무엇을 뜻하는가를 밝히는 데에 있다. 그리고 이것을 밝히기 위해서는 그 발언과 「논리철학 논고」에서의 비트겐슈타인 자신의 발언—말할 수 없는 것을 보여 주는 말—을 정확하게 대조시킬 필요가 있다. 이것은 결코 용이한 일이 아니다.

'말할 수 없는 것을 말한다'든가 '말할 수 있는 것을 말한다'고 할 때의 '말할 수 없다'든가 '말할 수 있다'는 말은 정확하게 무엇을 뜻하는가? '말할 수 없는 것을 말하는 말'(초자연적 관념을 표현하는 발언)이 실지로 사용되고 있는 것을 보면, '말할 수 없다'는 말은 단순히 그 말을 입에 담거나 글로 쓸 수 없다는 뜻이 아니다. 앞 [3]의 삶의 형식과 삶의 사실들의 구분에 사용된 표현을 써서 말하자면, '말할 수 없다'는 말은 언설이 의미 있게 적용되는 범위를 벗어나 있다는 것을 뜻한다. 그리고 이와 마찬가지로, '말할 수 있다'는 말은 말이 '사실들'을 기술하는 데에 사용되는 경우를 가리킨다고 말할 수 있다.

그러나 언설이 의미 있게 적용되는 범위를 벗어나는 것과 그 범위 안에 드는 것, 또는 형식(또는 초자연적 관념)과 사실들의 구분은 양자의 대조를 얼마나 정확하게 드러내는가? 앞에서 말한 바와 같이, '말할 수 없는 것을 말하는 말'은, 만약 그것이 말이나 글로 발설된다면, 말할 수 있는 것을 말하는 데에 정상적으로 적용될 수 있는 말을 '차용'한 것이다. 그렇다면 앞의 두 가지 말—'말할 수 없는 것을 말하는 말'과 '말할 수 없는 것을 보여주는 말'은 그 문법적 형식에 있어서는 하등의 차이가 있을 수 없다. 예컨대 한편으로, '삶의 사실들에는 그것과 차원을 달리하면서 그것에 의미와 가치를 부여하는 형식이 있다'는 말과 또 한편으로, '세계는 사실들의 총화로 구성된다'는 말을 위시하여 「논리철학 논고」에 나와 있는 비트겐슈타인의 말을 비교해 보자. 비트겐슈타인 자신의 구분에 의하면 앞의 말은 '말할 수 없는 것을 말하는 말'에 속할 것이며, 뒤의 말은 '(말할 수 있는 것을 말함으로써) 말할 수 없는 것을 보여주는 말'에 속할 것이다. 그러나 양자를 이와 같이 구분할 수 있는 근거는 어디에 있는가?

비트겐슈타인 자신이 극구 주장한 바와 같이, 형이상학적 발언과 사실적 발언(또는 넌센스와 센스)의 구분은 그 발언의 진위를 판별할 기준이 있는가의 여부에 의한 것이다. 이 구분에 의하면 앞의 '삶의 형식'에 관한 발언은 그 진위를 판별할 기준이 불분명한 반면에 뒤의 '세계'에 관한 발언은 그 기준이 명백한 것으로 된다. 그러나 이렇게 말해 놓고 보면, 우리가 이 구분을 과연 망설임 없이 받아들여야 하는지는 그다지 분명하지 않다. (한 가지 대단히 중요한 사실은 '말할 수 없는 것을 말하는 말'이 '말하려고' 하는 것과 '말할 수 없는 것을 보여 주는 말'이 '보여 주려고' 하는 것은 그 '실체' 또는 '대상'에 있어서 다를 수 없다는 점이다.)

¶4 저자의 견해에 의하면, 비트겐슈타인의 사상은 '삶의 형식'을 정관사형으로 이해할 때 그 원래의 의미를 드러낼 수 있다. 그의 전기 저작인 「논리철학 논고」와 「철학 연구」에서의 '언어 게임'의 개념이 이 관점에서 일관된 사상을 나타내고 있다는 것을 보이는 것은 저자의 능력과 관심을 다 같이 벗어난다. 여기서 저자의 관심은 '언어는 삶의 형식을 표현한다'는 형태로 고쳐 읽었을 때, 비트겐슈타인의 그 명제가 언어와 삶에

관하여 어떤 심각한 의미를 전달하는가를 밝히는 데에 있다.

¶5 비트겐슈타인과 같이, 형이상학적 발언과 사실적 발언을 넌센스와 센스로 구분하는 데 대하여, 그것에 반대하는 사람들 사이에서는 이따금 '형이상학적 발언은 넌센스이다'라는 그 발언은 과연 '사실적 발언'에 속하는가, 그렇다면 그것은 어떤 의미에서의, 또는 어떤 종류의, '사실적 발언'인가 하는 반론이 제기되고 있고, 이 반론에는 분명히 일리가 있다. 보통의 의미에서의 사실적 발언은 낱낱의 개별적 사실들을 드러낸다. 그러나 「논리철학 논고」에 나와 있는 발언들은, 설사 그것이 '사실적 발언'이라고 하더라도 그것은 개별적인 사실을 기술하는 것도 아니요 개별적인 사실들을 포괄적으로 기술하는 것—'사실적 일반화'—도 아니다.

그러므로 우리는 위에서 구분한 두 가지 종류의 말 (1) '말할 수 없는 것을 말하는 말'과 (2) '(말할 수 있는 것을 말함으로써) 말할 수 없는 것을 보여 주는 말' 이외에, 그것에 추가하여 (3) '말할 수 있는 것을 말하는 말'이라는 또 한 가지 종류의 말을 확인할 수 있다. 말 (1)을 '초자연적 관념을 표현하는 발언'이라고 부른다면 그와 동일한 방식으로 말 (2)와 (3)은 각각 '초자연적 사실을 기술하는 발언'과 '자연적 사실을 기술하는 발언'이라고 부를 수 있을 것이다. 그리하여 우리는 말이 표현하거나 기술하는 대상을 다음의 세 가지로 구분할 수 있다.

(1) 초자연적 관념

(2) 초자연적 사실

(3) 자연적 사실

이 세 가지 말의 '지시 대상'과 관련하여 우선 두 가지 점을 분명히 할 필요가 있다. 첫째로, 앞에서 말한 바와 같이, 초자연적 사실의 경우에는 언설의 '의미 기준'이 적용될 수 있는가가 의심스러운 반면에, 자연적 사실의 경우에는 그 기준이 의심의 여지없이 원래의 의미 그대로 적용될 수 있다. 이 점에 비추어 '초자연적 사실'은 관념과 사실(또는 형식과 사실)의 구분에서 애매한 위치를 차지하고 있다. 초자연적 사실은 초자연적 관념에 비해서는 '사실'에 속하지만, 자연적 사실에 비해서는 '관념'에 속한다고 말할 수 있다.

둘째로, 앞에서 말한 바와 같이, 초자연적 관념을 표현하는 발언과 초자연적 사실을 기술하는 발언은 언어가 삶의 형식을 '표현'하는 방식에 의하여 구분된다. 말하자면 앞의 발언은 삶의 형식을 '직접' 표현하는 반면에, 뒤의 발언은, 비트겐슈타인의 주장에 의하면, 삶의 사실들을 기술함으로써 그것을 간접적으로 보여 준다. 그렇다면 마지막, 자연적 사실을 기술하는 발언은 삶의 형식을 표현하는 것과 아무 관련이 없는가? 칸트 철학을, 특히 그것이 주는 교육학적 함의와 관련지어 해석한다면, 그 대답은 '그렇지 않다'는 것이다. 칸트 철학에서 인식의 주관적 조건을 가리키는 '아프리오리'는 모든 본질적인 면에서 삶의 형식과 일치한다. 칸트에 의하면 인식(즉, 지식의 획득)은 아프리오리를 활용하는 행위이다. 칸트가 말하는 지식은 위의 구분에서 '자연적 사실을 기술하는 발언'에 해당한다. 인식에 관한 칸트의 이 견해를 교육과 관련하여 해석하자면, 자연적 사실에 관한 발언을 접할 때 우리는 그만큼 초자연적 관념에 접근해 간다고 말할 수 있을 것이다. 자연적 사실과 초자연적 관념 사이의 이러한 관련을, 초자연적 사실에 관한 발언이 초자연적 관념을 '보여 주는 것'과 구분해서 말하자면, 자연적 사실은 초자연적 관념을 '느끼게 한다'는 말로 나타낼 수 있을 것이다. 그리하여 우리는 앞의 세 가지 지시 대상에 각각 상응하는 언설을 다음과 같이 구분할 수 있다.

(1) 말할 수 없는 것을 말하는 말 (초자연적 관념)
(2) 말할 수 없는 것을 보여 주는 말 (초자연적 사실)
(3) 말할 수 없는 것을 느끼게 하는 말 (자연적 사실)

¶6 이제, 논의의 편의상, 언설의 '지시 대상'을 관념과 사실의 두 가지로 압축하여 각각을 지시 대상으로 하는 언설—관념

을 표현하는 발언과 사실을 기술하는 발언—의 성격을 좀 더 구체적으로 규정해 보겠다. (초자연적 사실을 기술하는 발언을 그 두 가지 중의 어느 것에 속한다고 보는가 하는 것은 당장의 목적으로 보아서는 중요하지 않다.) 앞에서 그 두 가지 발언은 진위 판별의 기준이 분명한가의 여부에 의하여 구분되었다. 이 규정을 포함하여 그 두 가지 발언의 성격을 구분하는 용어로는 여러 가지를 생각할 수 있을 것이다. 예컨대 전향적인 것과 후향적인 것, 처방적인 것과 기술적인 것 등의 용어가 그것이다. 여기서 문제는 이런 용어들에 의하여 드러나는 그 두 발언의 성격이 정확하게 어떤 것인가에 있다.

그 두 발언의 성격을 구체적으로 느끼는 한 가지 방법은, 사실을 기술하는 발언과는 달리, 관념을 표현하는 발언에는 '책임 문제'(accountability)가 뒤따르지 않는다는 점에 착안하는 것이다. 관념을 표현하는 발언은 진위 판별의 기준이 불분명한 발언이며, 그렇기 때문에 그것에 관해서는 옳고 그름의 문제가 제기될 수 없다. 극단적으로 말하자면 관념을 표현하는 발언은 '아무렇게나 말해도 좋은' 그런 발언이다. 비트겐슈타인의 비유를 빌려 말하자면, 이런 발언은 '말이 휴가를 즐기는'(「철학 연구」, §38) 상태에 해당한다. 비트겐슈타인이 그런 발언을 '헛소리'와 동일한 뜻을 가진 '넌센스'라는 용어로 규정하고, 그런 발언이 의도하는 것과 동일한 목적—초자연적 관념의 전달—을, '책임 문제'가 뒤따르는 사실적 발언—'자연적 사실'이 아닌 '초자연적 사실'을 기술하는 발언—을 통하여 달성하려고 한 것은 충분히 이해될 수 있다.

그러나 여기에 한 가지 근본적으로 중요한 사실이 있다. 즉, 위와 같은 생각을 할 때 비트겐슈타인은 자신도 모르는 사이에 발언의 '책임 문제'를 한 가지 방향으로만 생각했다는 것이다. 비트겐슈타인은, 발언의 책임 문제는 사실적 발언에 관하여 제기되는 것과 본질상 동일한 방식으로 제기될 수밖에 없으며, 이런 방식 이외에 발언의 책임 문제를 제기하는 방식은 있을 수 없다고 생각한 것이 분명하다. 그러나 그것과는 다른 대안적인 방식이 없는가 하면, 그렇지 않다. 다만 이 새로운 방식으로 눈을 돌리기 위해서는 칸트의 코페르니쿠스적 전환에 필적하는, 오히려 그것을 능가하는, 혁명적인 사고의 전환이 필요하다. 그리고 이 새로운 방식에 비추어 보면, 발언의 책임 문제에 관한 비트겐슈타인의 생각은 그것이 대치하려고 한 종래의 형이상학적 사고방식과 별로 다르지 않다.

¶17 키에르케고르가 진정한 기독교인의 형성을 위한 방법상의 원리로 제안한 '간접전달'(indirect communication)은, 현재의 맥락에서 보면, '초자연적 관념을 표현하는 발언'이 피전달자에게 '의미 있게' 전달되는 데에 필요한 조건을 지적한 것이라고 말할 수 있다. 키에르케고르의 경우에 '초자연적 관념

을 표현하는 발언'에 해당하는 것은 '윤리 · 종교적 지식'이다. 그에게 있어서 '윤리 · 종교적 지식'은 '과학적 지식'—즉, '자연적 사실을 기술하는 발언'에 해당하는 것—에 대비된다. 윤리 · 종교적 지식에는 과학적 지식에 적용되는 것과 같은 '책임 문제'가 뒤따르지 않으며, 따라서 '윤리 · 종교적 지식'에서의 '지식'은, 만약 '지식'을 과학적 지식에 국한시킨다면, 과학적 분야에서 정상적인 의미를 가질 수 있는 용어를 윤리 · 종교적 분야에 '儀禮的'의례적으로 덩달아 붙인 것에 지나지 않는 것으로 된다. 키에르케고르가 윤리 · 종교적 지식의 전달을 위하여 '간접 전달'이라는 특별한 방법적 원리를 제안할 필요를 느꼈다는 것은, 물론, 그 지식이 과학적 지식을 전달하는 것과 동일한 방법으로는 '의미 있게' 전달될 수 없다고 생각했기 때문이다. 이 점을 다르게 말하자면, 윤리 · 종교적 지식은 과학적 지식이 의미를 가지는 것과는 다른 방식으로 의미를 가진다고 말할 수 있다. 과학적 지식의 의미는 객관적 사태를 정확하게 기술하는 데에 있으며, 그 지식을 의미 있게 전달받는다는 것은 피전달자 자신의 사고가 그 지식에 일치하는 것을 뜻한다. 이것을 '사고의 변화'라고 부를 수 있을 것이다. 윤리 · 종교적 지식이 의미를 가지는 방식은 이것과는 다르다. 그것은 '사고의 변화'가 아닌 '존재의 변화'를 일으키기 위한 것이며, 그 지식이 '의미 있게' 전달되었다고 말할 수 있는 경우는 오직 그것이 피전달자에게 존재의 변화를 일으킬 수 있을 때이다.

키에르케고르가 말한 '존재의 변화'를 '초자연적 관념의 획득'과 동일한 의미로 받아들일 수 있다면, 과학적 지식(즉, 자연적 사실을 기술하는 발언)이 존재의 변화와 전혀 무관한가에 관해서는 의문의 여지가 있다(앞의 [5] 참조). 그러나 이 면에서의 의견 차이는 현재의 맥락에서는 중요하지 않다. 중요한 것은 키에르케고르의 '간접전달'이 앞에서 말한 발언의 책임 문제와 관련하여 어떤 의미를 가지고 있는가를 분명히 하는 것이다. 말하자면 초자연적 관념을 표현하는 발언(윤리 · 종교적 지식)은 자연적 사실을 기술하는 발언(과학적 지식)에 비하여 그 책임 문제를 제기하는 방식과 그것에 대답하는 방식을 달리한다는 것이다. 키에르케고르는, 간접전달을 통하여 전달되는 것은 '지식'이 아니라 '능력' 또는 '실천'이라고 말하였다. 키에르케고르의 이 말은, 윤리 · 종교적 지식의 의미가 존재의 변화에 있다는 그의 지적과 더불어, 지금 우리가 모색하고 있는 '대안적 책임 문제'에 관하여 결정적으로 중대한 시사를 담고 있다.

¶8 발언의 책임 문제와 관련하여 비트겐슈타인과 키에르케고르는, 적어도 위의 고찰이 보여주는 바에 의하면, 정면으로 상반된 견해를 표명하였다고 말할 수 있다. 비트겐슈타인은 '관념을 표현하는 발언'에 대하여 제기되는 책임 문제가 '사실을 기술하는 발언'의 경우와 동일한 방식으로 대답되어야 한다

고 본 반면에 키에르케고르는 양자가 상이한 방식으로 대답되어야 한다고 본 것이다. 그러나 이것은 극도로 단순화된 도식에 입각한 피상적인 견해에 불과할지 모른다. 알려진 바에 의하면, 비트겐슈타인은 그의 견해와 키에르케고르의 견해의 관련을 묻는 학생의 질문에 대하여 말로서는 '그는 나에게 너무 심오하다'고 말하면서도 내면적으로는 은밀하게 키에르케고르에 관심을 가지고 있었다. 만약 비트겐슈타인이 현재 저자가 추구하고 있는 이 관점에서 키에르케고르를 이해하려고 했더라면, 아마 그도 '관념'은 '사실'과는 다른 방식으로 의미를 가질 수 있고 또 가져야 한다는 키에르케고르의 견해를 받아들였을 가능성이 있다. 아니면, 앞에서 시사한 바와 같이, 위의 단순화된 고찰이 보여주는 것과는 별도로, 그의 「철학 연구」는 이미 키에르케고르의 견해와 본질상 동일한 방향을 따르고 있다고도 말할 수 있다.

¶9 위에서 분류한 세 가지 발언은 언어가 삶의 형식('초자연적 관념')을 표현한다는 말에서의 '표현'의 의미를 상이한 방식으로 보여주고 있다. 앞에서 이미 말한 바와 같이, '초자연적 관념을 표현하는 발언'에 의하여 표현되는 것이든, '초자연적 사실을 기술하는 발언'에 의하여 표현되는 것이든, 아니면 '자연적 사실을 기술하는 발언'에 의하여 표현되는 것이든 간에 그

런 발언에 의하여 표현되는 초자연적 관념은 다른 것일 수 없다. 초자연적 관념은 앞에서 말한 '형식'의 세 가지 특징—총체성, 이차원성, 언설 불가능성—을 나타내는 것 바로 그것이며, 이 세 가지 특징을 나타내는 것은, 그것이 어떤 용어로 지칭되든지 간에(예컨대 실재, 진여, 심성 등), 모두 동일한 대상을 지시하는 것으로 간주될 수 있다.

그런데, 만약 우리가 초자연적 관념에 관한 종래의 논의를 세밀히 조사해 본다면, 우리는 그 논의가 모종의 기본 가정에 입각하고 있다는 것을 알 수 있을 것이다. 그러한 기본 가정은 그 논의 속에서는 결코 명시적으로 진술되는 일이 없으며, 만약 그 논의를 구사하는 사람들이 그것을 명시적으로 진술하려고 시도했더라면, 그들은 자신의 논의가, 그것이 대상으로 하고 있는 초자연적 관념의 성격과 조화될 수 없는 가정에 입각하고 있음을 알아내는 데에 어려움을 겪지 않았을 것이다. 그 기본 가정은 다음의 두 가지이다.

첫째로, 종래의 논의에서 초자연적 관념(또는 실재)은, 그것이 사실(또는 외양)과 차원을 달리한다는 것이 인정되는 경우에도, 다소간 완성된 형태를 갖춘 일종의 실체로 간주되는 경향이 있었다. 비트겐슈타인이 발언의 책임 문제와 관련하여, '초자연적 관념을 표현하는 발언'은 '사실을 기술하는 발언'과 동일한 방식으로 그 문제에 대답되지 않는 한 무의미하다고 주장한 것은 앞의 발언도 이미 존재하는 무엇인가를 기술한다는 점에 있어서 뒤의 발언과 다르지 않다고 생각했기 때문이다. 종래의 논의를 두고 말하자면, 비트겐슈타인의 이 생각은 그다지 잘못된 것이 아니다. 종래의 형이상학자들이 초자연적 관념을 논의할 때 그들은 초자연적 관념이 이미 '사실처럼' 확립된 상태를 염두에 두고 그것이 세계와 삶을 설명하는 데에 어떤 역할을 하는가를 밝히려고 하였다.

둘째로, 종래의 논의에서는 초자연적 관념이 주관과 객관(또는 마음과 세계)의 구분에서 벗어나 있다는 사실이 명백히 인정되지 않거나 적극적으로 부정되는 경향이 있었다. 초자연적 관념이 언설 불가능성을 특징으로 한다는 것은 그것이 일체의 구분에서 벗어나 있다는 뜻이며, 그 구분에는 주관과 객관의 구분도 당연히 포함된다. 더 정확하게 말하자면, 언설이 나타내는 일체의 구분은 주관과 객관의 구분을 논리적으로 가정하며 이 후자의 구분에 의하여 성립가능하다고 말할 수 있다. (초자연적) 관념과 (초자연적 및 자연적) 사실은 주관과 객관이 구분되는 차원('사실')과 그 구분이 적용되지 않는 차원('관념')으로 서로 구분되며 또 그 두 차원으로 서로 연결되어 있다. 다시 말하여, 초자연적 관념은, 주관과 객관의 구분을 써서 말하자면, 마음이라고 보아도 좋고 세계라고 보아도 좋은 그런 것이다. 종래의 논의에서와 같이, 이 점이 명백히 인정되지 않을 때, 세계와 마음은 초자연적 관념과 관련하여 별개의 문제 영역으로 간주되고, 따라서 이 두 영역의 관련은 별도로 설명되어야 할 문제로 남게 된다.

위의 두 가지 가정은 초자연적 관념에 관한 논의가 취할 수 있는 하나의 지적 자세를 규정해 준다. 그것은 곧 세계와 마음이라는 별개의 문제 영역에서 초자연적 관념이 이미 확립된 상태를 가정하고 그것을 논의의 출발점으로 삼는 것이다. 이것이 바로 종래의 형이상학이 취하는 지적 자세이며, 이 점에서 그것을 '메타피직스적 자세'라고 부를 수 있을 것이다. '초자연적 관념을 표현하는 발언'의 책임 문제에 관한 비트겐슈타인과 키에르케고르의 견해는, 각각 소극적인 측면과 적극적인 측면에서, '메타피직스적 자세'에 대하여 그것과는 다른 또 하나의 대안적인 자세를 시사해 준다.

이 대안적인 자세에서 보면 메타피직스적 자세는 '초자연적 관념을 표현하는 발언'에 대한 책임 문제를 완전히 엉뚱한 방향에서 제기하고 있다. 초자연적 관념은 메타피직스적 자세에서처럼 그것에 관한 논의가 시작될 당시에 이미 확립된 것으로 가정될 것이 아니라 '삶의 사실들'이라는 말이 의미하는 실천에 의하여 확립되어 나가는 것으로 간주되어야 한다. ('사실'과 '실천'의 의미상의 관련에 관해서는 이하 [11] 참조.) 초자연적 관념이 객관적인 세계를 설명한다면 그 설명에 원용되는 초자연적 관념은 삶을 실천하는 사람들이 그들의 실천에 의하여 주관적인 마음속에 확립해 나가는 그 초자연적 관념과 다른 것일 수 없다. 다만, 메타피직스적 자세에서와는 달리, 이 대안적인 자세에서 초자연적 관념은 그것을 확립하기 위한 실천과 별도로, 그 이전에 확립되어 있는 것이 아니라 그것을 확립하기 위한 실천 바로 그것에 의하여 확립되는 것으로 간주된다. 그뿐만 아니라, 바로 그 점에서, 메타피직스적 자세에서 초자연적 관념은 그것에 관하여 논의하는 행위에 의하여 하등의 영향을 받지 않는 데 비하여, 이 대안적인 자세에서는 초자연적 관념에 관하여 논의하는 행위 그 자체가 바로 초자연적 관념을 확립하는 행위로 간주된다. 그리하여 이 대안적인 자세는 초자연적 관념을 확립하는 행위('실천')를 통하여 바로 그 초자연적 관념을 확립하는 행위('실천')를 설명한다는 뜻에서, '피직스의 피직스'('이론의 이론')를 뜻하는 '메타피직스'와 대비하여, '메타프락시스'('실천의 실천')라고 부를 수 있을 것이다. 메타프락시스의 자세에서 보면, 메타피직스적 자세는 실천에 의하여 확립되는 초자연적 관념을 실천 이전에 실천과 무관하게 설명하려고 할 뿐만 아니라, 그것을 설명하는 행위 자체가 초자연적 관념을 확립한다는 사실을 올바르게 존중하지 않는 잘못을 저지른다. 그리고 이 점에서 메타프락시스적 자세는 메타피직스적 자세에 의하여 잘못 파악된 초자연적 관념을 원래의 성격으로 되돌려 놓는다.

¶10 비트겐슈타인은 「논리철학 논고」를 '말할 수 없는 것

에 대해서는 침묵을 지켜야 한다'(7)라는 명제로 끝맺고 있다. 앞 [3]에서 인용한 명제-'보여줄 수 있는 것은 말할 수 없다' 또는 '말할 수 없는 것은 보여줄 수 있을 뿐이다'-와 관련지어 보면, '말할 수 없는 것'에 대하여 비트겐슈타인은 두 가지 중의 한 가지를 선택할 수밖에 없을 것으로 생각된다. 즉, '침묵을 지키는 것'과 '말할 수 있는 것을 말함으로써 보여주는 것'이 그것이다. 이 중에서 그는 후자를 선택한 것이 분명하다. 그러나 「논리철학 논고」-그리고 「철학 연구」-에서 그가 말한 '말할 수 있는 것'('초자연적 사실')은 보통의 의미에서의 사실('자연적 사실')과 동일한 것이 아니다. '초자연적 사실을 기술하는 발언'은 오직 문법 형태로서만 '자연적 사실을 기술하는 발언'과 동일한 것이며, 이 점에서 그것은 '초자연적 관념을 표현하는 발언'과 조금도 다르지 않다. 이 후자의 발언도 결국은 사실을 기술하는 것과 동일한 문법 형태를 취할 수밖에 없는 것이다. 비트겐슈타인이 말하는 그 '사실'의 내용을 자세히 조사해 보면 그것은 삶 속에서 우리가 하고 있는 실천을 '형식' 면에서 기술한 것임을 알 수 있다. 만약 비트겐슈타인이 이 점에 착안했더라면, 그는 '초자연적 관념을 표현하는 발언'에 대해서는 '사실을 기술하는 발언'에 대해서 제기되는 것과는 다른 방식의 책임 문제가 제기될 수 있다는 점에 생각이 미칠 수 있었을 것이다.

키에르케고르가 윤리·종교적 지식(초자연적 관념을 표현하는 발언)을 전달하는 방법으로 제안한 '간접전달'은, 그 세부적인 처방이야 어떻든지 간에, 거의 그대로 초자연적 관념에 관한 메타프락시스적 자세를 보여 주고 있다. 간접전달을 통하여 전달되는 내용이 '지식'이 아닌 '능력'이나 '실천'이라는 그의 주장은, 키에르케고르 자신의 설명 방식과는 별도로, 간접전달이 전달하고자 하는 초자연적 관념은 피전달자의 능력이나 실천에 의하여 확립된다는 것을 반대 방향으로 진술한 것에 지나지 않는다.

¶11 비트겐슈타인의 '윤리학 강의'에는 '윤리학'의 언설 불가능성이 그림 같은 비유로 제시되어 있다. (여기서 '윤리학'은 그의 용어로 '절대적 가치', 키에르케고르의 용어로 '윤리 · 종교적 지식', 또는 우리의 용어로 '초자연적 관념'과 동일한 것을 가리킨다.) 가령 이 세상에 관한 모든 것—과거, 현재, 미래를 통틀어 이 세상에 일어난 모든 일들, 이 세상에 살았던 모든 사람의 생각을 빠짐없이 알고 있는 초인적인 능력을 가진 사람이 그가 알고 있는 모든 것을 하나의 거대한 '세계 책' 속에 적어 넣는다고 하자. 그가 지금 자신이 목격하고 있는 한 '살인 사건'의 모든 세부 사항을 그 책에 적어 넣는다고 하자. 예컨대, 어떤 사람이 밤중에 몰래 손에 날카로운 금속 조각을 들고 남의 집에 들어온다. 그는 잠자는 주인의 가슴에 그 금속 조각을 찔러 넣는다. 붉은 액체가 바닥에 흥건히 고이고 주인의 심장

이 멎는다, 등등. 이 모든 것들은 '돌멩이가 떨어지는 것'과 동일한 수준의 사실들이며, 그 책의 어디에도 '살인은 나쁘다'라는 윤리학적 판단은 들어설 자리가 없다. 만약 그가 단 하나라도 '윤리학적 명제'를 그 책 속에 적어 넣을 수 있다면 그 책은 굉장한 폭발과 함께 이 세상에 있는 모든 책을 한꺼번에 날려 버릴 것이다, 등등.

이 비유로 비트겐슈타인이 말하고자 하는 것은, 물론, 윤리학은 사실과 수준 또는 차원을 달리한다는 것이다. 그가 '사실'이라고 부르는 '살인의 세부 사항들'은 하나같이 '돌멩이가 떨어지는 것'과 마찬가지로 그 진위 여부를 '사실적 관찰'에 의하여 확인할 수 있는 것들이며, 여기에 비하여 '살인은 나쁘다'—또는 심지어, '이 사건은 "살인" 사건이다'—라는 윤리학적 명제는 '발언의 책임 문제'에서 벗어나 있는 것이다.

윤리학의 '자연주의 이론'—또는 '자연주의 윤리학'—이 많은 사람들에게 호소력을 가지는 것은 분명히, 윤리학적 판단은 확고한 사실적 기반에 입각하지 않는 한 임의적인—즉, '무책임한'—발언일 수밖에 없다는 점 때문일 것이다. 자연주의 윤리학에 의하면, 윤리학적 판단은, 그것이 '지식'으로서의 지위를 확보하기 위해서는, '사실'에서 도출되거나 거기에 사용된 개념(윤리학적 개념)이 사실적 개념으로 정의되어야 한다. 이 이론은, '윤리학의 자연주의적 오류'(naturalistic fallacy of ethics)라는 용어가 의미하는 대로, 윤리학은 자연적 사실로부터 독립하여 독자적인 지위를 가져야 한다는 반대 입장에도 불구하고 계속 그 주장을 정교하고 치밀하게 다듬어 가고 있다. (아마, 비트겐슈타인은 윤리학의 독자성을 내세우는 이 후자의 입장을 지지할 것이다.)

자연주의 윤리학을 주장하는 사람이건 그것을 '오류'라고 주장하는 사람이건 할 것 없이, 그들이 '사실'이라고 부르는 것은 오직 한 가지 '자연적 사실'—비트겐슈타인의 초인적인 능력을 가진 사람이 '안전하게' '세계 책'에 적어 넣을 수 있는 것—뿐이다. 그러나 '사실'이라는 것은 과연 그런 것이며, 그런 것뿐인가? 우리말의 '事實'은 말 그대로는 '일의 객관적 결과' 또는 '실지로 일어난 일'을 뜻하며 영어 단어 fact는 라틴어의 facere(to do)에서 파생된 단어로서 what is done(일어난 일)을 뜻한다. 예컨대 '한국 사람은 "살인"—더 정확하게는, 날카로운 금속 조각을 심장에 찔러 넣는 것 등등—은 나쁘다는 믿음을 가지고 살아간다'는 것은 '사실'—'문화인류학적 사실'—인가 아닌가? 그리하여 그 초인적인 능력을 가진 사람은 그의 '세계 책'에 이것을 적어 넣을 수 있는가 없는가? 만약 그가 이것을 적어 넣을 수 있다면, 그는 또한, 한국 사람이 어렸을 때부터 그 믿음을 가지기까지 가졌던 경험의 '모든 세부 사항들'도 그 책에 안전하게 적어 넣을 수 있을 것이다. 한국 사람이 누구나 거치는 '삶의 실천'은 자연주의 윤리학자들이 생각하는 사실과 동일한 것은 아니지만, 그것과 다름없이, 또는 그 이상으로, 윤리학적 판단에 확고한 기반을 제공해 줄 수 있을 것이다.

¶12 비트겐슈타인의 '언어 분석'이 20세기의 철학 혁명을 이끌었다면, '메타프락시스'는 21세기의 철학 혁명을 이끈다. 메타프락시스는 언어 분석에서 시작된 혁명을 한 단계 더 발전시킨다. 이 새 시대의 혁명을 추진하는 원동력은, 그전 시대의 혁명에서와 마찬가지로, '관념'과 '사실'의 관련 방식에 있다. 메타프락시스는 관념과 사실의 관련을 새로운 눈으로 보도록 요구한다. ('철학 혁명'에서의 '혁명'은 '칸트의 코페르니쿠스적 전환'에서의 '전환'과 동일한 영어 단어—revolution—의 번역어이다.)

¶13 라일(G. Ryle)이 쓴 「마음의 개념」에는 範疇誤謬범주오류(category mistake)의 예로서, 어떤 사람이 옥스포드 대학 도서관 앞에 서서 '도서관은 여기에 있는데 옥스포드 대학은 어디에 있는가'라고 항변하는 경우를 들고 있다. 이 예로 라일이 말하고자 하는 것은, 물론, '마음'을 그것이 자아내는 여러 가지 행동들을 떠나서 규정하려는 생각, 마음이 그것들과 동일한 형태로 있어야 한다는 생각이 오류라는 것이다. '마음의 개념' 문제는 일단 제쳐 두고 여기서는 그 예가 보여주는 '범주오류'의

성격 그 자체에 주목해 보겠다.

옥스포드 대학의 예보다는 훨씬 실화에 가까운, 그렇기 때문에 훨씬 더 강력한 예로서 다음과 같은 경우를 들 수 있다. 한국의 어떤 어른이 한 아이에게 '주차장에서 출발 시간을 기다리는 버스에 사람이 많이 타고 있는가를 보고 오라'고 시켰더니 그 아이가 갔다 와서 '군인만 잔뜩 타고 있고 사람은 없더라'고 말했다는 것이다. '군인'과 대등한 범주는 '주부'나 '직장인'일지언정 '사람'은 아니다. 우리가 일상 사용하는 '국가'라는 용어로도 '범주오류'를 예시하는 것은 충분히 가능하다. '국가'를 보여 달라는 어떤 사람에게 국가 안에서 일어나는 일들이나 사람들의 행동을 보여 주면서 '이것이 국가이다'라고 말했을 때, 그 사람은 '아니, 이런 사건들, 이런 사람들의 행동 말고 "국가"를 보여 달라'고 항변할 수 있을 것이다. (Louis XIV, L'État, c'est moi.)

이제, 이 경우는 어떠한가? 어떤 사람이 '神신을 보여 달라'고 요구할 때 그 요구에 대한 대답으로 주위에 있는 아무것이나 —예컨대 꽃병에 꽂힌 꽃—가리키면서 '저것이 신이다'라고 말한다면, 그 사람은 십중팔구 '나는 신을 보여 달라고 했지, 꽃을 보여 달라고 한 것이 아니다'라는 식으로 강하게 항변할 것이다. 이제, 논의의 편의상 신의 유무나 존재 방식에 관한 복잡한 문제는 당분간 보류하고 위의 대답에 나타나 있는 대로, 신은 존재하되, 다만 꽃과 대등한 범주로 존재하지는 않는다는 입장을 일단 받아들이기로 하자. 순전히 형식으로만 보면, 이 예는 앞의 옥스포드 대학과 사람, 그리고 국가의 예와 다르지 않다. 이런 것들이 도서관, 군인, 국가 안의 사건이나 행동과 동일한 형태로 (즉, 대등한 범주로) 존재하지 않는 것과 마찬가지로, 신도―만약 존재한다면―꽃과 대등한 범주로 존재할 수 없는 것이다.

그럼에도 불구하고 대다수의 사람들은 두 경우에 차이가 있다고 생각한다. 이 생각은 그릇된 것이 아니다. 문제는 그 차이가 정확하게 어디에 있는가 하는 것이다. 여기에 대하여 한쪽은 '있는 것'이고 다른 쪽은 '없는 것'이라고 말하는 것은 대답이 될 수 없다. 전자의 경우에는 '있다'든가 후자의 경우에는 '없다'고 할 때의 있다든가 없다는 말이 정확하게 무슨 뜻인가도 문제이지만, 만약 신이 꽃과 동일한 형태로 있지 않다고 하여 없다고 말한다면, 그와 마찬가지로 도서관이나 군인, 사건이나 행동들과 동일한 형태로 있지 않은 옥스포드 대학, 사람, 국가도 없다고 말해야 할 것이다. 극단적인 회의론자를 제외하면 옥스포드 대학과 사람, 국가의 존재를 의심할 사람은 아무도 없다. (일상의 용어로 '없다'는 말은 개념이 적용되는 사례가 존재하지 않는 경우에 사용되는 데 비하여, 신의 경우에는 모든 것이 개념의 적용 대상이 된다고 말할 수 있다. 후자의 경우에도 전자의 경우에서와 마찬가지로 '없다'는 느낌이 드는 것은 충분히 이해할 수 있다.) 그러므로 한쪽은 있고 다른 쪽은 없다고 말하는 사람은 자세한 성찰을 하기 이전에 통념상으로 받아들여지고 있는 막연한 느낌을 말하는 것에 불과하다. 두 경우의 차이를 정확하게 규정하기 위해서는 그 '막연한 느낌'의 근거를 밝혀야 한다.

¶14 어떤 老노스님이 설법을 하는 중에 '天下萬物 無非道 世上萬事 無非禪'(천하만물은 道도 아닌 것이 없고, 세상만사는 禪선 아닌 것이 없다)이라는 偈頌게송을 읊은 일이 있다. 法席법석에 자리한 신도들을 포함하여 그 어느 누구도 그 게송의 의미나 진위에 대하여 질문을 하려고 하지 않을 것이고, 스님의 의도로 보더라도 그것은 질문의 대상이 아닐 것이다. 그러나 만약 우리가 그것에 대하여 질문을 한다면, 어떤 질문을 할 수 있겠는가?

여러 가지가 있을 수 있겠지만, 그 가장 초보적인 것은 아마 다음과 같은 질문일 것이다—만약 천하만물이 모두 道라면, 그것을 그냥 '천하만물'이라고 부르지 않고 어째서 그것을 다시 '道'라고 부르는가? 이 경우에 '道'라는 말은 어떤 의미를 가질 수 있는가? 무슨 말이든지 마찬가지겠지만, '道'라는 말이 의미를 가지기 위해서는 '道'와 '道 아닌 것'이 구분되고, 목하 문제되는 그 대상—'천하만물'—은 '道 아닌 것'과 구분되는 '道'임을 말해야 한다. '천하만물 무비도'는 이 경우에 속하지 않는다. 그럼에도 불구하고, 그 노스님은 물론이요, 그 말을 듣는 사람은 누구나 그 말이 무의미하다고는 생각하지 않는다. 그들은 천하만물을 그냥 '천하만물'이라고 하는 것과 그것을 '道'라고 하는 것은 동일한 것이 아니라고 생각한다. 다시 말하여, 천하만물이 모두 道라고 하더라도 '道'라는 말은 모종의 심각한 의미를 가질 수 있는 것이다.

이런 식으로 생각해 보면 '천하만물 무비도'라는 말은 그것이 표면상 나타내는 것과는 완전히 정반대되는 의미를 전달한다고 말할 수 있다. 말하자면 천하만물은 그대로, 또는 그 자체로, 道가 아니라 우리가 그것을 '道'로 볼 때 비로소 道가 된다는 것, 천하만물은 그것을 道로 보기로 작정한다고 해서 道로 보이는 것이 아니라 거기에는 길고 험난한 실천적 노력이 필요하다는 것, 그리고 천하만물을 道로 보는가 아닌가는 결코 사소한 문제가 아니라 그것에 따라 천하만물과 우리의 삶 전체가 백팔십도로 달라질 정도로 중요하다는 것이다.

여기서 특히 주목해야 할 것은, 천하만물을 道로 보는 데는 길고 험난한 실천적 노력이 필요하다는 점이다. 왜냐하면 이 점이 앞에서 말한 '막연한 느낌'의 근거를 밝히는 관건이 되기 때문이다. 옥스포드 대학, 사람, 국가의 경우에는 그런 것들이 있다고 보는 데에 하등의 실천적 노력이 필요하지 않다. 그것들은 그것을 '있게 만드는' 실천적 노력을 하기 이전에 이미 '자연적으로' 있는 것이다. 여기에 비하여 신의 경우에는 그렇지 않다. 인간은 오랜 역사를 통하여 신을 경배하는 의식을 행해 왔을 뿐 아니라 신과 그의 섭리에 관한 말을 하고 그것에 관한 이론을 정립해 왔다. 이것은 한 개인의 실천이 아닌 종족 수준에서의 실천이며 신은 이 종족적 실천에 의하여 '있는 것'으로 만들어진 것이다. 개인이 신을 있는 것으로 보기 위해서는 그 종족적 실천에 동참하지 않으면 안 된다. 이 점에서 신은 노스님의 게송에서 말하는 '道'와 같다. 옥스포드 대학이나 사람, 국가와 같은 개념을 '자연적 개념'이라고 부른다면, 신이나 道와 같은 개념은 '초자연적 관념'이라고 부를 수 있을 것이다. (그러나 이 용어는 오직 '자연적 개념'과의 대비만을 드러낼 뿐이며, 그런 종류의 개념을 정확하게 지칭하는 데는 부족한 점이 있다.)

앞에서 말한 바와 같이, 신의 경우에 우리가 저지를 수 있는 범주오류는 신도 꽃(천하만물)과 동일한 형태로 있어야 한다고 생각하는 것이다. 이제 위에서 말한 '초자연적 관념'의 성격에 비추어 보면, 이 범주오류는 두 가지 상이한 방식으로 표현된다는 것을 알 수 있다. 하나는, 신은 꽃과 동일한 형태로 존재하지 않기 때문에 존재하지 않는다고 생각하는 것이요, 또 하나는, 신은 존재하되 꽃과 동일한 형태로, 즉 '인간의 형상으로' 존재한다고 생각하는 것이다. 어느 경우에나, 신은 그것을 있게 만드는 실천적 노력에 의하여 있게 된다는 '초자연적 관념'의 특이성이 올바르게 존중되지 않는다.

¶15 트라우마(trauma, 外傷외상)는 정신의학에서 개인의 현재의 정신 활동에 지장을 주는 과거의 정신적 충격을 가리키는 용어로 사용되고 있다. 과거에 받은 신체적인 상처가 현재에도 그대로 남아 있는 것과 마찬가지로, 과거에 받은 정신적인 충격이 마음에 깊은 상처를 남겨 그것이 현재에도 여러 가지 정신적 장애를 가져온다는 것이다.

이런 의미에서의 트라우마는 개인적인 것이다. 들리는 바에 의하면, 최근에 어떤 서양의 학자는, 인간은 역사적으로 개인이 아닌 종족의 수준에서 몇 가지 트라우마를 겪었으며 그러한 트라우마가 인간 개개인이 아닌 종족 전체의 정신 활동에 영향을 주고 있다는 주장을 내세웠다고 한다. 그는 그러한 '보편적' 트라우마로 네 가지를 들었다. 첫째는 태양중심설이요, 둘째는 진화론이며, 셋째는 정신분석학, 그리고 넷째는 현재 우리 사이에서 진행 중인 것으로서, 인공지능, 인간복제, DNA 등으로 대표되는 것이다. 이 마지막 트라우마를 앞의 세 가지와 동일한 형태로 요약하자면 '인간기계론'이라고 부를 수 있을 것이다. 말하자면 인간도 다른 자연현상과 마찬가지로 생화학적 물질의 합성이며 그것으로 충분히 규정되고 설명될 수 있다는 것이다.

이런 것들이 어째서 트라우마로 간주될 수 있는지는 짐작하기 어렵지 않다. 인간은 스스로 어느 피조물과도 달리 이성을 갖춘 '만물의 영장'이라고 생각하였다. 그런 존재가 살고 있는

지구는 우주의 중심이 아니면 안 된다. 그런데도 코페르니쿠스는 태양이 우주의 중심이요 지구는 태양의 둘레를 도는 하나의 행성에 지나지 않는다고 말하였다. 그 후 다윈이 나와서, 인간은 처음부터 만물의 영장으로 창조된 것이 아니라 원숭이의 진화된 형태에 불과하다고 말하였다. 그리고 다시, 프로이드에 와서, 인간이 하는 사고와 행위는 의식의 자발적 발현이 아니라 인간 자신도 어쩔 수 없는 무의식에 의하여 결정되는 것으로 된다. 현재 진행 중인 '인간기계론'은 이런 것들로 이미 흔들릴 대로 흔들린 만물의 영장으로서의 지위를 그 밑바닥에서부터 무너뜨리고 있다. 이 네 가지 충격에서 입은 상처는 장기적으로 또 광범하게 인간이 자신에 대하여, 그리고 우주에서의 인간의 위치에 관하여 사고하는 방식에 영향을 미치고 있다. 이것이 그 서양 학자의 대체적인 주장이다.

참으로 그럴듯한 주장이다. 그 주장에 대하여 세부적인 증거를 요구하거나 그 요구에 부응하는 것은 피차 무리일 것이다. 그 대신에 우리는 '다섯 번째 트라우마'가 있을 수 없는가를 생각해 볼 수 있다. 앞의 네 가지 트라우마와는 달리, 이 다섯 번째의 트라우마는 그 발생 시기를 꼬집어 지정하기가 어려우며, 그러면서도 아직은 그 네 가지와 같이 명백히 식별될 수 있는 형태로 제시되지 않았다는 점에서 시기상으로 맨 마지막에 온다고 말할 수도 있다. 뿐만 아니라 이 다섯 번째의 트라우마는 앞의 네 가지가 망가뜨린 인간의 위상을 회복 또는 '치유

하는' 것이지만, 또한 앞의 네 가지 트라우마에 익숙한 사람들에게는 '치유' 그 자체가 하나의 트라우마를 나타낸다고 말할 수 있다. 그것은 앞에서 말한 '초자연적 관념'의 아이디어에 의하여 발생하는 트라우마이며, 앞의 네 가지처럼 이름을 붙이자면 '人間神性論'인간신성론이라고 부를 수 있을 것이다. 말하자면, 인간은 그 자체로서는 생화학적 합성물일지 모르지만, 종족적 실천에 의하여 신을 '있게 만들 수 있는' 존재라는 것, 인간이 이 일을 할 수 있는 것은 인간 속에 '神性'신성이 들어 있기 때문이며, 이 점에서 인간은 신이 '그 형상대로 창조한 피조물'인 것과 동일한 의미로 '신과 동일한 형상을 갖추고' 있다는 것이다. 더 나아가서, 만약 신이 그 형상대로 인간을 창조했다면, 그와 동일한 논리로 인간은 그 형상대로 신을 창조했다는 말도 성립한다. 우리가 아는 한, 어떤 원숭이도 신을 경배하는 의식을 올리거나 신에 관해서 말을 하고 신이 하는 일을 이론적으로 설명하는 일은 하지 않는다.

¶16 앞에서 신이나 道와 같은 개념을 '초자연적 관념'이라고 부른 것은 단순히 '자연적 개념'과의 대비를 위하여 편의상 취해진 조치이다. 이제, 그런 초자연적 관념의 성격을 좀 더 정확히 규정하고 그것에 보다 합당한 이름을 붙이기 위해서는 그것과 동일한 성격을 지닌 다른 개념들을 몇 가지 들어 볼 필요

가 있다. 예컨대 實在실재, 眞如진여, 太極태극, 理이, 性성 등이 그 것이다. 이들 개념은 약간씩 상이한 맥락에서 사용되고 있고, 또 논자에 따라 약간씩 상이한 의미로 사용되기도 하지만, 그 것들이, 앞의 예시에 나타난 바와 같이, 만물로 표현되는 그 무엇—만물이 그것의 표현인 그 무엇—을 가리키는 데에 사용된다는 것은 분명히 말할 수 있다. (그중에서도 특히 '道'는 몇 가지 서로 다른 의미로 사용되지만, '천하만물은 道 아닌 것이 없다'라는 말에 사용된 道는 그 의미 중의 하나를 한정적으로 지칭한다.)

실재, 진여, 태극 등등이 '만물로 표현된다'든가, 그런 용어들은 '만물이 그것의 표현인 그 무엇을 가리키는 데에 사용된다'는 표현은 가장 세심한 주의를 필요로 한다. 첫째로, 어떤 것이 만물로 표현된다면, 그 어떤 것은 만물로 표현되기 이전을 가리킨다고 말할 수밖에 없다. 그러나 이 말은 '만물로 표현되기 이전'에 무엇인가가 있어서 그것이 만물로 표현된다는 뜻이 아니다. 만약 만물로 표현되기 이전에 무엇인가가 있다면 그것은 만물이거나 만물 중의 하나일지언정 '만물로 표현되기 이전'일 수가 없는 것이다. 그러므로 그 어떤 것은, 만약 '있다'는 말을 오직 만물과 동일한 형태로 있는 경우에만 사용한다면, '없는' 것이다. 그러나 그것은 없는 것도 아니다. 없는 것이 만물로 표현된다는 것은 생각할 수가 없는 것이다. 둘째로, 이와 동일한 이유에서 '만물로 표현되기 이전'은 '아무것도 아닌 것'이다. 만약 그것을 무엇인가로 꼬집어 지칭할 수 있다면 그것은 필경 만물이거나 만물 중의 하나일 것이다. 그러므로 그것이 아무것도 아니라는 말은 단순히 그것이 만물 중의 어느 하나가 아니라는 뜻이다. 차라리, 그 '아무것도 아닌 것'은 '모든 것'이며, 그것이 '모든 것'일 수 있는 것은 그것이 '아무것도 아니기' 때문이다. 그것은 모든 것을 만물과 동일한 형태로 가지고 있는 것이 아니라 그중의 어느 것도 아닌 채로 형체가 없이 압축해 있다. 그러므로 또한 그것은, 만약 '안다'는 말을 만물에 대해서 아는 경우에만 국한해서 사용한다면, 우리가 알 수 있는 그 무엇이 아니다. 다시 말하여, 만물로 표현되기 이전에 있는 그 무엇은 어떤 말로도 지칭하거나 형용할 수 있는 것이 아니다. 앞에서 실재, 진여, 태극 등등은 만물로 표현되기 이전을 '가리키는' 데에 사용된다고 말하였고 이것은 마치 그것들이 가리키는 '지시대상'이 있는 듯한 그릇된 연상을 불러일으키지만, 엄밀히 말하여 그것은 '지시할 수 있는 대상'이 아니며, 따라서 이 경우에 '가리킨다'는 말은 그것이 적용될 수 없는 경우에 '비유적인' 의미로 사용된 것이다.

위에서 규정된 것과 같은 '초자연적 관념'은 전통적으로 형이상학이 다루는 개념으로 되어 있다. (여기서 '다룬다'는 것은 그 의미가 무엇이며 그것이 우리의 앎과 삶에 어떤 의의를 가지는가를 밝힌다는 뜻이다.) 그러므로 '초자연적 관념'은 그대로 '형이상학적 개념'으로 바꾸어 부를 수 있을 것이다. 물론,

형이상학에는 그러한 개념을 '다루는' 특이한 방법이 있으며, 하나의 학문 분야로서의 형이상학은 그러한 방법과 그 방법을 사용한 결과로서의 '지식'으로 구성된다. 위에서 '초자연적 관념'에 관하여 말한 내용은 이때까지 형이상학이 밝힌 '지식'을 가장 일반적인 수준에서 요약한 것이라고 말할 수 있다. 다시 한번 되풀이하자면, '형이상학적 개념'은—만약 이 경우에도 '지시한다'는 말을 사용한다면—만물(즉, 일체의 사물과 현상) 그 자체를, 그것이 표현되기 이전 상태에서 지시하는 개념이며, 만물이 그것의 표현인 만큼, 그것은 만물이 그것에 일치해야 할 이상적 표준—한마디로, '표현 이전의 표준'—을 나타낸다는 것이다.

그러나 형이상학적 개념에 관한 종래의 형이상학적 설명에는 한 가지 근본적으로 중요한 요소가 결여되어 있거나 적어도 그 직접적인 관심에서 제외되어 있다. 여기에 신이나 道의 예에 관한 앞의 분석이 결정적인 단서가 된다. 형이상학적 개념은, 설사 그것이 '표현 이전의 표준'을 가리킨다고 하더라도, 결코 만물에 시간상으로 앞서서 존재하는 대상을 가리킬 수 없다. 형이상학적 개념이 '지시하는 대상'은 결코 만물을 떠나서, 만물로 표현되기 이전에 존재할 수 없으며, 우리가 그것을 알게 되는 것은 오직 그것이 표현된 이후의 만물을 통해서이다. 여기까지는 종래의 형이상학에서 이미 밝혀 놓았다고 말할 수 있다. 그러나 '우리는 오직 만물을 통하여 표현 이전의 표준을 알게 된다'는 말에서의 '만물을 통하여'라는 말은 정확하게 무슨 뜻인가? 우리는 '만물을 통하여' 어떻게 표현 이전의 표준이 있다는 것을 알게 되는가? (물론, 여기서 '알게 된다'는 것은 단순히 '신이 있다'든가 '도가 있다'는 말을 입으로 되받아 하는 것 이상으로, 그것을 믿고 다소간은 그 표준을 따라 사는 것을 뜻한다.)

위의 질문에 대하여 어쩌면 형이상학자들은 '그것은 형이상학적 논증을 통해서 알게 된다'고 대답할지 모른다. 그러나 이것은 그 대답이 될 수 없다. 만약 이것이 참으로 그 대답이라면 형이상학적 개념은 소수의 형이상학자를 제외한 '우리'와는 아무 상관이 없는 것으로 되고 만다. 위의 질문이 요구하는 것은 형이상학자들 자신을 포함한 보통 사람들이 그것을 어떻게 알게 되는가를 밝히라는 것이다. 종래의 형이상학에 이 요소가 결여되어 있다고 말할 수 있는 것은 그것이 형이상학의 관심사가 아니었기 때문이다. 형이상학이 관심을 둔 것은 보통 사람들이 '만물을 통하여' 형이상학적 개념을 이미 획득한 상태를 논의의 출발로 삼아, 그 보통 사람들이 획득한 형이상학적 개념이 어떤 것이며 그것이 우리의 앎과 삶에서 어떤 의의를 가지는가 하는 것이다.

앞의 신과 도의 예에서 '실천적 노력'이라고 말한 것은 위의 질문에 대한 대답의 방향을 지시해 준다. 말하자면 우리가 형이상학적 개념을 획득하게 되는 것은 그것을 알기 위한 실천적 노력을 통해서라는 것이다. 이 실천적 노력은 사람이면 누구나 하는 것이지만, 그 방법이나 성과는 사람에 따라 천차만별이며, 또한 아무도 그 완전한 결실은 볼 수 없는 그런 성격의 것이다. 그 실천이 어떤 것이며 그것이 어떻게 사람들을 형이상학적 개념으로 이끄는가를 밝히는 것은 종래의 형이상학적 관심에서 크게 도외시되었으며, 그만큼 그것을 밝히는 것은 형이상학과 대등한 또는 병렬적인 담론형식을 구성한다고 말할 수 있다.

지금 우리가 사용하는 '형이상학'이라는 용어는 「周易」주역의 '形而上者 謂之道'(형체가 있고 그 위의 것을 일컬어 道라고 한다)라는 말을 빌려 일본의 학자들이 서양의 메타피직스(metaphysics)의 번역어로 채택한 것이다. 그리고 서양의 메타피직스는 원래 아리스토텔레스의 저작을 분류 편집하는 과정에서 '피직스(physics, 자연론) 다음에 오는 책'을 가리키는 말로 사용되었다. 그러나 이 책의 내용으로 보면 그것은 '자연론'이 다루는 것과 같은 '이론'을 한 차원 높인 '이론의 이론'이며, 따라서 만약 일본인의 그 번역이 아니었더라면 능히 '초이론'으로 번역될 수도 있었을 것이다. 이런 점을 고려하여 형이상학과 병렬적인 담론형식은 메타피직스에 대하여 메타프락시스(metapraxis), 또는 '초이론'에 대하여 '초실천'이라고 부를 수 있을 것이며, '초이론'이 '이론의 이론'을 뜻하는 것과 마찬가지로, '실천의 실천'을 뜻한다고 말할 수 있을 것이다. 그렇다면 앞의 '초자연적 관념'은 보다 정확하게 '초실천적 관념'으로 고쳐 불러야 마땅하다.

결국, '초실천'이라고 불리는 담론형식은 초실천적 관념의 성격과 획득과 의의—그것이 획득된 상태와 획득되는 방법, 그리고 양자의 연결—를 다룬다고 말할 수 있다. 성리학에서 교육을 일반적으로 규정하는 데에 사용되는 '심성함양'은 초실천적 담론형식이 다루는 내용을 일반적으로 지칭한다. 만약 '심성'의 두 수준—관념 수준과 사실 수준, 또는 표현 이전의 심성과 표현 이후의 심성—을 구분할 수 있다면 심성함양은 표현 이후의 심성을 통하여 표현 이전의 심성을 갖추도록 하는 노력을 뜻하게 된다. 이런 의미에서의 심성함양에는 교육뿐만 아니라 종교와 정치도 포함된다. 이 중에서 종교는 표현 이전의 심성—초실천적 관념—을 '직접' 다루는 활동이며, 교육은 학문을, 그리고 정치는 제도를 주로 다룬다. 그리하여 종교이론과 정치이론과 교육이론은 '초실천'(metapraxis)이라는 동일한 담론형식을 공유한다. 그리고, 물론, 이 담론형식에서는 담론 그 자체도 하나의 '실천'(praxis)이다.

¶17 저자가 접할 수 있었던 범위에 국한해서 말하자면, 현대 철학에서 위에서 말한 것과 같은 의미에서의 '형이상학적 개념'으로서의 실재의 의미를 밝히려는 시도로는 F. H. Bradley, *Appearance and Reality*; J. Royce, *The World and the Individual*; A. E. Taylor, *Elements of Metaphysics*를 들 수 있다. 저

자 자신을 포함하여 보통의 독자들은 이들 저작에 제시된 논의를, 자신의 것으로 '내면화'하는 것은 고사하고, 따라가기도 어려울 것이다. (여기서 논의를 '내면화'한다는 것은 그 논의를 그들의 저작에 사용된 용어로서가 아니라 각자 자신의 용어로 되풀이할 수 있다는 뜻이다.) 아이디어에 있어서나 논의방식에 있어서나 그들이 대체로 그 전철을 밟고 있는 칸트를 포함하여, 만약 그들이 현재와는 다른 논의방식을 따랐더라면, 그들의 논의는 훨씬 더 설득력을 가질 수 있을 것이다. 즉, 그들이 그 논의를 통하여 드러내고자 하는 형이상학적 개념('초실천적 관념')은 모든 사람들이 일상적으로 종사하고 있는 '실천적 활동'—즉, 종교와 정치와 교육—의 논리적 가정으로서 그것에 붙박여 있다는 것, 그 실천적 활동은 사실상 초실천적 관념을 확립하기 위한 노력이며 초실천적 관념의 정당성은 바로 그 실천적 활동에 의하여 보장된다는 것, 그리고 사람들의 삶은 초실천적 관념에 함의된 이상적 표준을 따를 때 비로소 올바른 모습을 띠게 된다는 것이다. 형이상학 또는 '초이론'(metaphysics)과 병렬을 이루는 '초실천'(metapraxis)은 이것을 밝히는 담론형식이다. 초실천적 담론이 드러내고자 하는 초실천적 관념은 형이상학이 드러내고자 하는 형이상학적 개념과 다른 것일 수 없으며, 따라서 초실천은 형이상학을 대치하거나 부정하는 것이 아니라 그것에 의존하면서 그것을 완전하게 만든다.

¶18 메타프락시스('초실천')가 형이상학('초이론')을 '완전하게' 만든다는 것은 어떤 의미에서인가? 형이상학자들이 '현상'—'삶의 사실들'—의 궁극적인 원인으로서의 '실재'를 논의할 때, 그들은 우리의 삶이 이미 전개되고 있는 시점—현재—을 염두에 두고 있다. 그렇기 때문에 그들의 논의에서는 실재가 '이미' 확립되어 있다는 것이 가정되어 있고 때로는 그것이 공공연히 언명되기도 한다. 이것은 당연히 그것을 믿지 않는 사람들의 의심을 자아낸다. 현상으로 표현되기 이전에, 그 표현의 '원인'이 되는 비가시적인 실재가 있다는 것을 어떻게 믿을 수 있는가? 그런 것이 있다고 보아야 하는 이유는 무엇인가—실재의 '존재'에 관한 어떤 복잡한 논의도 이 의심을 해소하기에 충분하지 않다. 왜냐하면 실재의 존재는 형이상학자들의 분석에 의하여 '논증'되는 것이 아니라 그런 의심을 발설하는 사람들을 포함하여 모든 사람들의 삶—실천적 행위—에 의하여 '정립'되는 것이기 때문이다. 다시 말하여, 실재의 존재는 그 존재를 의심하는 사람들의 삶 그 자체에 의하여 확인된다. 그리하여, 실재의 존재를 불신하거나 의심하는 사람들에 대하여 메타프락시스가 해줄 수 있는 말은 간단하게 '그대의 삶을 들여다보라'는 것이다.

¶19 메타프락시스를 우리말의 '초실천'으로 옮기는 것이 불가능한 것은 아니지만, 그것은 메타피직스를 '초이론'으로 옮

기고 난 뒤에야 가능하다. 메타피직스를 종래의 관행에서처럼 '형이상학'으로 번역할 때, 메타프락시스는 어떻게 번역할 수 있겠는가?

우선, '형이상학'이라는 번역의 원천인 「周易」주역의 形而上者 謂之道 形而下者 謂之器에서 形而上者와 形而下者를 좀 더 정확하게 이해할 필요가 있다. '形而上'은 '形이 있고 그 위의 것'을 뜻한다. 그러나 '形이 있고 그 아래의 것'(形而下)은 오직 形而上과의 대비를 나타내기 위하여 사용된 용어이며 그것이 의미하는 것은 形(형체) 바로 그것이다. 形 이외에 '그 아래의 것'이 따로 있을 수 없는 것이다.

그런데 메타피직스의 번역에 사용된 形은 완성된 것, 고정된 것을 나타내며, 그것에 대비되는 것은 動동(움직임)이라고 말할 수 있다. 다만, 이때의 動은 자연적, 물리적인 움직임을 가리키는 것이 아니라 인위적, 의도적인 움직임을 가리킨다. 그렇다면 '形而上學'에 대비되는 메타프락시스는 '動而上學'으로 번역될 수 있을 것이다. 그리고 動而上學은 形而上學이 '초이론'과 동일한 의미를 나타내는 것과 마찬가지로 '초실천'과 동일한 의미를 나타낸다. 형이상학이 메타피직스의 번역어가 될 수 있는 것은 그것이 形과 '그 위의 것'의 관계를 설명한다는 점, 또는 더 정확하게 말하여, 形을 形 위의 것과의 관련에서 설명한다는 점 때문이다. 그렇다면 이와 마찬가지로, 동이상학은 動과 '그 위의 것'의 관계를 설명하며 動을 動 위의 것과의 관련에서 설명한다고 말할 수 있다.

形과 動의 차이는 앞에서 말한 초자연적 관념을 표현하는 발언의 책임 문제에 대답하는 두 가지 대안적인 방식으로서의 메타피직스와 메타프락시스의 차이를 적절하게 나타내어 준다. 이 차이를 명시적으로 드러내어 말하자면, 형이상학은 '세계'를 설명하는 데 비하여 동이상학은 '삶'을 설명한다고 말할 수 있다. 세계와 삶이 완전히 별개의 것은 아니지만, 삶에 비하여 세계는 고정된 느낌을 자아내는 것이 사실이다. 형이상학과 동이상학을 또 다른 방식으로 차별화하자면, 형이상학은 초자연적 관념으로 (삶과) 세계를 설명하는 반면에, 동이상학은 (세계와) 삶으로 초자연적 관념을 설명한다고 말할 수 있다. 그러나 이것은 양자의 차이를 도식적으로 단순화하여 규정하는 것이며, 그 차이를 규정하는 용어 그 자체가 이미 그 속에 양자의 차이 이상의 긴밀한 관련을 포함하고 있다. 설명의 관점이나 방향의 차이에도 불구하고, 양자는 초자연적 관념을 공통된 관심사로 삼고 있다. 動 위에 있는 動而上者는 形 위에 있는 形而上者와 다른 것일 수 없다. 形而上者 謂之道라면 動而上者 亦謂之道이다.

¶20 '형식'(그리고 그것과 동일한 '지시 대상'을 가진 실재, 진여, 심성 등)을 특징짓는 '총체'라는 용어는 형식의 다른 이름으로도 사용될 수 있다. 형식이 '불가언설성'을 특징으로 한다

는 것은 그것에 '형식'이라든가 '총체' 또는 그 밖의 어떤 이름도 붙일 수 없다는 것을 뜻한다. 우리가 그것을 '형식'이라든가 '총체'라는 이름으로 부르는 것은 오로지 의미 전달의 편의를 위하여 취해지는 불가피한 조치이다. (吾不知其名 字之曰道 强爲之名曰大—나는 그것의 정식 명칭을 알지 못한다. 다만, 편하게 부르는 이름으로 부르자면 그것을 道라고 부를 수 있고, 억지로 정식 명칭을 붙이자면 大라고 할 수 있다. 老子「道德經」25)

그렇기 때문에 그런 여러 가지 이름을 사용할 때에는 그 이름이 나타내는 字義的자의적인 의미에 얽매이지 말아야 한다. '총체'라는 이름은 이 면에서 특히 주의를 필요로 한다. '총체'(totality)—'모든 것'—는 글자 그대로의 의미로서는 크기나 수와 같은 양적인 개념을 나타내는 것으로 생각되지만, 총체에는 정의상 이러한 양적인 개념이 적용될 수 없다. 예컨대 '총체는 이 세상의 모든 사실들 위에, 그것과 동일한 크기로 맞붙어 있다'라는 말은 그 문장 형태와는 달리 총체의 '크기'를 나타내는 것이 아니다. 그 말을 듣는 순간에, 우리는 총체에는 '크기'라는 것이 없다는 것을 염두에 두어야 한다. 어차피 비유에 지나지 않지만, 그 말은 '이 세상에 있는 하나하나의 사실은 모두 동일한 총체를 표현한다'는 뜻으로 이해되어야 한다. (엄밀하게 말하자면 '하나하나의 사실'이라는 말조차도 과연 의미 있게 성립할 수 있는지 의문이다. 그 말이 의미 있게 성립하기 위해서는 이 사실과 저 사실을 가르는 경계선 같은 것이 있어야 할 것이다. 과연 우리는 그 경계선을 확실하게 그을 수 있는가? 우리가 '하나의 사실'이라고 말하면서 그것을 다른 사실로부터 떼어 놓는 것은 언제나 임의적인 조치에 의해서이다.)

¶21 총체를 위의 두 가지 방식 중의 어느 쪽으로 이해하는가—즉, 그것을 암묵적인 양적 개념으로 이해하는가, 아니면 완전한 의미에서의 불가언설성을 반영하는 것으로 이해하는가—는 우리의 앎이나 삶(또는 '앎과 삶'=슮)과 무관한 것이 아니라 그것의 핵심을 이루고 있다.

한 가지 예를 들어 보겠다. 가령 갑과 을이라는 두 사람이 하나의 事象사상(예컨대, 교육)에 관하여 똑같이 500페이지에 달하는 책을 썼다고 하자. 갑은 그 책에서 교육에 관련되는 '모든 사실들'을 될 수 있는 한 작은 주제들로 분할하여 그 각각에 관하여 짤막짤막하게 설명을 붙인다. 그 주제들은 모두 동일한 수준의 것들이며, 따라서 갑의 그 책은 여러 주제들이 고리를 이루어 일렬로 나열된 연쇄를 나타낸다. 그것들이 모두 동일한 수준의 주제를 다루는 것이기 때문에 그 고리 중의 어느 하나가 빠지더라도 그것이 그 밖의 다른 주제에는 하등의 영향을 미치지 않는다. 그 책이 다루는 '교육'이라는 사상은 말하자면 그런 주제들의 양적 총화 이외의 아무것도 아니다. 그리고 적어도 갑의 입장에서 보면, 이 경우에도 교육의 총체는 교육과 관련되는 모든 사실들의 위에 그것과 정확하게 동일한 크기로 맞붙어 있으며, 그 책에서 다룬 주제의 총화는 그대로 교육의 총체를 보여 준다고 말할 수 있을 것이다.

여기에 비하여 을의 책은 완전히 다른 저작술을 나타내고 있다. 약간 극단적으로 대비시키자면, 을의 책은 처음부터 분할된 주제의 연쇄로 이루어져 있는 것이 아니라, 첫 문장에 들어 있는 함의를 순차적으로 끌어내어 500페이지를 써 내려간 것으로 되어 있다. 아마 을의 책에도 여러 가지 주제들이 구분되어 있겠지만, 그 주제들은 각각 다른 사실들을 다루는 것이 아니라 그 앞뒤의 주제들과 함의 관계로 연결되어 있다. 그 책의 모든 주제, 모든 문장이 이와 같이 함의 관계에 놓여 있기 때문에, 하나의 문장, 하나의 주제가 빠지는 것은 필연적으로 다른 문장, 다른 주제에 영향을 미칠 것이다. 그 모든 함의 관계가 보여 주는 것은 교육의 총체이며, 을이 보여 주는 함의 관계를 따라 그 책 전체를 읽을 때 독자에게는 (교육이라는) 하나의 '관념'—생각 또는 마음—을 가지게 된다. (물론, 그 '관념'이 어떤 것인가 하는 것은 그것이 언설로 표현됨으로써만 확인된다.) 을의 책을 읽을 때, 독자에게 나타나는 이러한 효과는 갑의 책에서는 기대하기 어렵다. 을의 저작술에 비하면 갑의 책은 '책 이전의 자료'와 같은 것이며, 만약 갑의 책에서도 독자가 하나의 관념을 가지게 된다면 그것은 오직 독자가 그 자료들을 함의 관계로 연결할 능력과 성의를 발휘할 때이다.

갑과 을이 따르는 저작술을 시각적인 비유로 표현해 보는 것이 도움이 될지 모르겠다. 갑의 저작술을 '덧칠하기'라고 부른다면 을의 저작술은 '쑤셔 넣기'라고 부를 수 있을 것이다. 갑의 책은 한 문장, 한 주제 위에 또 하나의 문장, 또 하나의 주제를 덧칠하듯이 더 보태었기 때문에, 최종적으로 나타나는 색깔은 맨 마지막에 칠한 색깔뿐이며, 그 앞의 색깔은 이 마지막 칠을 벗겨내어야 비로소 나타난다. 이와는 달리 을의 책은 한 문장, 한 주제 속에 다음 문장, 다음 주제를 쑤셔 넣은 것이어서, 그와 같이 모든 주제를 쑤셔 넣었을 때 거기에는 어느 문장, 어느 주제도 아닌 것, 그 안에 모든 문장 모든 주제를 담고 있으면서 아무것도 아닌 것만 담게 된다. 이것이 교육의 '총체'이며 교육이라는 '관념'이다.

제3자의 눈으로 보면 갑과 을은 교육이라는 事象사상을 이해하고 그 이해한 바를 다른 사람에게 전달하는 동일한 일을 하는 것으로 보일지 모른다. 그러나 두 사람의 저작술의 차이에 비추어 볼 때, 그들이 과연 '동일한 일'을 하고 있는지는 의문이다. 갑이 심리적으로 어떤 의도를 가지고 있든지 간에, 최종적으로 나타난 결과를 두고 말하자면 그의 의도는 교육을 '이해'하는 것과는 거리가 멀다. 그는 단순히 자신의 지각이나 사고의 범위에 드는 바깥의 ('객관적인') 사실들을 하나의 책 속에 모아 놓았을 뿐이다. 그가 지각하고 사고하는 그 바깥의 사실은 그가 대면하는 '대상'이며, 그것을 지각하고 사고하는 자신은 그 대상에 속하지 않는다. 만약 그에게 참으로 '의도'라고 할 만한 것이 있다면, 그것은 독자가 그 책에서 교육에 관한 실제적 지침을 얻어내리라는 것이며, 그것이 아니라면 자신이 교육에 관하여 많은 것('모든 것')을 알고 있다는 사실에 대한 독자의 인정이다. 이와는 달리, 을의 이해는 진정한 이해이며, 이 진정한 이해는 자신에 관한 이해를 수반하지 않는 한 불완전하다.

¶22 존 듀이 「민주주의와 교육」 번역판의 '역자 후기'에서 역자는 '도대체 교육학이 철학인가 아닌가 하는 데 관한 논쟁은 자신의 공부에 바쁜 사람들에게는 낭비 이외의 아무것도 아니라는 것이 역자의 생각이다'라고 쓰고 있다. 이제 약간의 '낭비'를 무릅쓰고 이 문제에 관하여 잠깐 생각해 보겠다. 그 후기에 적혀 있는 대로, 오늘날과 같이 다양한 전공분야별로 학문이 분화되기 이전에는 모든 학문이 '철학'이었다. 그 당시 사람들이 학문을 분류할 필요가 있었다면 그것은 자연 현상을 다루는 '자연철학'(natural philosophy)과 인간과 사회 현상을 다루는 '도덕철학'(moral philosophy)의 양대 분파 정도였다. 그러다가 학문이 다양하게 분화되는 과정에서 아무도 주의를 기울이지 않던 뜻밖의 '실수'가 저질러졌다. 논리적으로 생각하면, X가 a, b, c 등으로 다양화될 경우에 X는 a, b, c와 동렬로 분류될 수 없다. 그런데도 원래 학문을 전체적으로 통칭하던 '철학'이 인

간과 사회 현상을 다루는 '도덕 철학'의 한 분과로, 정치학, 경제학, 역사학 등등(그리고 교육학)과 동렬로 여전히 한 자리를 차지하게 된 것이다. 그리고 그 이후 철학은 그 밖의 다른 분과 학문에 자리를 내어 주고 난 뒤의 빈자리를 자신의 영역으로 삼는 것을 학문의 관례로 굳혀 왔다. 그러나, 물론, 그 '빈자리'라는 것이 과연 있을 수 있는가, 있다면 그것은 정확하게 어떤 것인가에 관해서는 아무도 심각한 의심을 품지 않았다.

이 의심은 앞에서 말한 논리상의 '실수'—현대 철학자들이라면 '범주오류'로 부를 법한 실수—에 주의가 끌린 사람이 아니고는 아무도 품을 수 없는 것이었으며, 또 그런 사람이라면 품을 수밖에 없는 그런 의심이다. 생각해 보라. 정치학, 경제학, 역사학 등등이 삶의 다양한 사실과 현상을 자신의 고유한 연구 영역으로 싸들고 '母學問'모학문인 철학에서 떨어져 나갈 때, 거기에 무슨 '빈자리'가 있을 수 있겠는가? 또는, 그 반대로, 그런 분과 학문들이 그것들과 똑같은 분과 학문인 '철학'에게 '빈자리'를 남겨 두기 위하여 그 관심 영역 중의 일부를 양보한 상태에서 독립한다고 할 때, 그 분과 학문들이 온전한 학문이 될 수 있겠는가? 분과 학문이 모학문에서 떨어져 나간 뒤에 '빈자리'가 남아 있지 않게 된 것은 분과 학문 중에서 비교적 늦게 독립한 교육학으로 말미암아 거의 완결되었다고 말할 수 있다. 교육학은 자연철학과 도덕철학을 통틀어 그것들이 다루는 현상 속에서 그 현상들을 '학습'함으로써 인간으로 형성되는 과정을 그 고유 영역으로 한다. 그리하여, 만약—이 '만약'은 참으로 큰 '만약'이다—누군가가 X와 a, b, c 사이의 논리적인 관계가 잘못 설정되었다는 데에 생각이 미친 나머지 그 실수를 바로 잡으려고 했더라면 X는 a, b, c 중의 '교육학'으로 그 자리를 굳히면서 따로 X를 남겨둘 필요가 있다고 생각하지 않았을 것이다. 분명히 말하지만, 이것은 이때까지 철학이 이룩한 학문적 업적을 폄하하자는 것이 아님은 물론이요, 현재의 철학을 교육학으로, 또는 교육학을 철학으로 그 성격을 바꾸어야 한다는 것도 아니다. 다만, 교육학은 철학—그리고 모든 학문—이 다루는 학문적 관심을 인간 형성이라는 포괄적인 관심에 비추어 조명하는 것을 그 고유 영역으로 삼아야 한다. 그리고 다시, 이것은 철학이 모든 다른 학문이 다루는 바로 그 대상들을 '철학적 관점에서' 문제 삼는 것과 마찬가지로, 교육학도 그 모든 대상들을 '교육학적 관점에서' 문제 삼아야 한다는 뜻이다.

¶23 근래 일부 교육학자들은 교육학의 '正體性'정체성을 내세우면서 교육학이 학문으로서의 위상을 확립하기 위해서는 다른 학문들과 구분되는 고유 영역을 확보해야 한다는 주장을 하고 있고 그것이 교육학자들 사이에 다소간 정서적인 호응을 불러일으키는 듯하다. 그러나 이 주장은 앞 항목에서 말한 것과는 정면으로 배치된다. 아마 그러한 주장을 하는 사람들은

그들의 그 주장이 교육학에 대한 애착이나 긍지를 표현한다고 생각할지 모르지만, 그 주장이 교육학을 공부하는 사람들에게 어떤 실제적 지침을 줄 수 있는가를 생각해 보면 그들의 이른바 애착과 긍지는 가장 위험한 저주로 화하고 만다.

이제, 어떤 사람이, 옛날에 흄이 제안했던 것처럼, 책 한 권을 손에 들고 '이 책이 "교육학의 독자적 개념과 탐구 방법"을 나타내고 있는가'를 묻고 난 뒤에 그것에 대하여 否定的부정적인 대답이 나온다면 안심하고 불에 던져 넣는다고 하자. 과연 어떤 책이 몇 권이나 그 '焚書분서의 禍화'를 면할 수 있을 것인가? (앞의 그 주장을 하는 사람이 그 책을 불에 던져 넣지 않고 끝까지 읽는다면, 그것은 그 책이 교육학을 공부하는 사람이 읽어야 할 책이 아님을 확인하기 위해서일 것이다.) 앞의 그 주장을 공부의 실제적 지침으로 삼을 때 교육학에 공부할 것이 없는 것은 불문가지이다. 이 경우에도 '공부할 것'이 있다면 그것은 '공부'의 원래의 의미에는 어이없이 미달하는, 흔히 '개발'이라는 고상한 이름으로 불리는 '묘안 짜내기'에 지나지 않는다. 묘안 짜내기는 책 한 줄 읽지 않고도 해낼 수 있고, 나아가서는 책 읽는 것이 그것에 방해가 될 수도 있다. 원래의 모습 그대로의 교육학에서는 이 세상에 있는 거의 모든 책이 교육학 책인 반면에, '정체성'을 찾는 교육학에서는 읽어야 할 책이—다시 말하여, 교육학 공부의 일환으로 읽어야 할 책이—전무한 것으로 된다. 이것은 가장 풍부해야 할 교육학이 가난뱅이, 알거지

학문으로 되는 꼴이다. '만약 그 모든 책을 읽어야 한다면 교육학 공부는 아무도 할 수 없을 것이 아닌가'—그렇지 않다. 부자는 하루에 밥 다섯 끼를 먹고 옷을 두 겹 세 겹으로 껴입는 사람이 아니라, 곳간에 쌀이 그득하고 옷장에 옷이 널려 있는 사람이다.

¶24 성리학의 용어인 '心性'심성은 모든 본질적인 면에서 앞에서 말한 '형식'이나 '초자연적 관념'의 특징을 나타내고 있다. 그뿐만 아니라, 특히 메타프락시스의 관점에서 보면, 그것은 그 모든 용어들을 '대표'하는 용어로 사용될 수 있다.

'심성'은, '그 사람은 심성이 착하다'라는 표현에서와 같이 일상용어로도 사용되지만, 성리학에서 그것은 이와는 다른 특별한 의미로 사용되고 있다. 성리학의 핵심 명제인 心統性情심통성정—心은 性과 情을 포괄적으로 지칭한다—에 의하면, 性과 情은 心의 두 측면을 나타내며 心은 이 두 측면의 결합으로 이루어져 있다. 이 중에서 性은 '情으로 표현되기 이전'(未發)을 가리키며 情은 性의 현상적 표현(已發)을 가리킨다. 그러므로 性이 어떤 것인가 하는 것은 그것의 표현인 情을 통해서가 아니고는 알려지지 않는다. 이 점에 비추어 보면 '그 사람의 심성이 착하다'라는 표현에서의 심성은 성리학의 용어로서는 '心性'이 아닌 '心情'을 가리킨다. 心性—즉, 엄밀한 철학적 용어로서의 심성—에는 그 표현에 사용된 것과 동일한 의미에서의 '착하다'라는 용어가 적용될 수 없다.

그러나 또한, 心性에는 '착하지 않다'든가 '악하다'는 용어도 적용될 수 없다. 성리학자들은 이 점을 性(즉, 심성)은 '無不善'무불선—착하지 않음이 없다—이라는 말로 나타내고 있다. 여기서 '無不善'이라는 말은, 일상적 용어로서 심성이 착하다고 말할 때의 착한 것은 착하지 않은 것과의 대비에 의하여 성립하는 '상대적 善'을 뜻하는 반면에, 그 대비를 초월하는 '절대적 善'을 뜻한다. 다시 말하여 性(즉, 심성)이 착한 것이 아니라 그것이 (그대로) 표현된 정(즉, 심정)이 착한 것이다. 물론 심정에는 性이 '그대로' 표현되지 않은, 착하지 않은 심정도 있다. '性은 善'이라는 말을 풀이하라는 요구를 받고 孟子맹자가 乃若其情 則可以爲善矣 乃所謂善也—情은, 만약 그것이 性에 맞게 표현된 것이면 善이라고 말할 수 있다. 내가 性을 善이라고 말하는 것은 이런 뜻에서이다. 告子 上6—라고 말한 것은 이 점을 보여 주고 있다.

¶25 性은, 그것의 표현이 情이라는 점에서 알 수 있는 바와 같이, 오로지 '마음'과 관련된다고 생각되기 쉽다. 우리가 그것을 심성이나 심정이라고 부르는 것은 그 생각을 더욱 부추긴다. (情은 흔히 이른바 '7정'이라고 하여 喜怒哀樂愛惡懼—기쁨,

성냄, 슬픔, 즐거움, 좋아함, 싫어함, 두려움—를 가리키는 것으로 생각되지만, 사실상 그것은 性의 현상적인 표현으로서의 일체의 심리 현상을 가리킨다고 보아야 한다.) 「中庸」중용 首章수장에 관한 그의 註주에서 朱熹주희는 '性은 理이다. 마음을 가리켜 말할 때에는 性이라고 부르며, 사물을 가리켜 말할 때에는 理라고 부른다'—性卽理也 在心 喚做性 在事 喚做理—라고 말하고 있다. 그렇다면 주희의 이 말은 性과 理가 마음과 사물이라는 각각 상이한 대상을 지칭한다는 뜻으로 이해되어야 하는가? 그렇지 않다. 그 근거는 바로 중용 수장 본문의 '희로애락으로 표현되기 이전을 가리켜 中중이라고 한다'—喜怒哀樂之未發 謂之中—라는 말에 있다. 中은 性을 그것의 특징에 따라 기술하는 용어이며, 따라서 中이 '표현 이전'을 가리킨다면 性 또한 당연히 '표현 이전'을 가리킨다. 마음과 사물의 구분은 그 밖의 모든 구분과 마찬가지로 '표현 이후'에나 의미 있게 성립하며 '표현 이전'에는 마음이라고 할 것도 없고 사물이라고 할 것도 없다. 또는, 달리 말하여, '표현 이전'은 마음이라고 해도 좋고 사물이라고 해도 좋다. 그럼에도 불구하고 그것에 性이나 理와 같이 명백히 마음과 사물을 별도로 지칭하는 용어를 사용하는 것은 우리가 생각을 표현하는 데에 언어를 사용할 수밖에 없는 한 불가피하다고 말할 수 있다. 사실상, 이 점에 있어서는 앞에서 사용한 '초자연적 관념'이라든가 '실재'라는 용어도 다름이 없다. 용어의 관례적인 의미에 비추어 이 두 용어는 마음과 사물을 지칭하는 것처럼 들리지만 양자는 동일한 실체를 지칭한다. 결국, 주희의 '性은 理이다'라는 말은, 性과 理는 동일한 대상을 지칭하는 상이한 용어에 지나지 않는다는 뜻으로 이해되어야 한다.

¶26 이렇게 생각해 볼 때, 心統性情이라는 성리학의 명제는 마음을, 앞에서 형식과 사실이라고 부른 것에 각각 상응하는, 차원을 달리하는 두 개의 층—더 정확하게는, 두 겹의 층—으로 파악한다고 말할 수 있다. 위층에는 마음과 사물이 구분되지 않는 性 또는 理가 있고 아래층에는 양자가 구분되는 情과 事物이 있다. 전자는 '표현 이전'(未發)의 세계이며, 후자는 '표현 이후'(已發)의 세계이다. 마음과 사물(또는 세계)을 이와 같이 두 겹으로 파악하는 사고방식을 '마음의 重層構造'중층구조 또는 '세계의 중층구조'라고 부를 수 있을 것이다. 위에서 말한 것을 되풀이하는 것에 지나지 않지만, '마음의 중층구조'와 '세계의 중층구조'는 두 개의 중층구조를 가리키는 것이 아니라 마음과 세계가 구분되지 않는 위층과, 그 두 가지가 구분되는 아래층으로 이루어지는 하나의 중층구조를 가리킨다.

¶27 심성함양은, 가장 일반적인 또는 형식적인 수준에서

규정하자면, 중층구조의 아래층을 매개로 하여 위층으로 나아가도록 하는 활동을 가리킨다고 말할 수 있다. (여기서 '매개로 한다'든가 '나아간다'는 말은 '위층'이나 '아래층'이라는 말과 마찬가지로 비유적인 표현이며, 그것의 정확한 의미는 별도로 규명되어야 한다.) 메타프락시스는 이런 의미에서의 심성함양을 (실제적으로 처방하는 것이 아니라) 이론적으로 설명하기 위한 담론형식을 가리킨다. 이 담론형식은 명백히 심성함양을 목적으로 하는 정치와 종교와 교육에 다 같이 적용될 수 있다. 정치와 종교와 교육은 심성함양이라는 동일한 목적을 상이한 통로 또는 매체를 통하여 달성하기 위한 활동이며, 이 세 가지 활동은 그 매체의 차이에도 불구하고 메타프락시스라는 동일한 담론형식에 의하여 설명될 수 있다. 정치이론과 종교이론과 교육이론은 메타프락시스라는 동일한 이론적 파라다임을 공유하며, 이 점에서 '메타프락시스 3부론'(metapraxis trilogy)을 구성한다.

¶28 眞如진여는 성리학의 심성에 해당하는 불교의 용어이다. 불교의 대표적인 종합이론서로 간주될 수 있는 「大乘起信論」대승기신론은 진여와 생멸(생멸심과 생멸계)을 중층구조로 파악하면서 불교의 수행을 메타프락시스의 사고방식으로 규정하고 있다. 이 사고방식에 의하면 수행은 생멸을 발판으로 하여 진여로 '귀의'하기 위한 활동이며, 진여는 수행에 의하여 확립,

확인되는 것 이외의 아무것도 아니다. (물론, 「대승기신론」의 설명을 메타프락시스의 일반 모형으로 정립하기 위해서는 그것이 종교를 심성함양의 매체로 삼는다는 특이성을 나타내고 있다는 점을 고려할 필요가 있다.)

¶29 나는 어떻게 살아야 하는가—누군가가 이 질문을 해올 때, 남에게 충고나 지시를 하고 싶어 안달이 난 사람이 아니라면 그 사람이 무엇을 알고 싶어 하는지를 알려고 할 것이다. 그리고 그것을 알아보는 방법은 그에게 '당신은 이때까지 어떻게 살아왔는가'를 물어보는 것이다.

교육학자들은 그들이 전공하는 학문의 성격상, 이때까지 어떻게 교육해 왔는가를 알아보기 전에도 장차 어떻게 교육해야 하는가를 대답할 수 있다고 생각하는 경향이 있다. 그들은 마치 '남에게 충고나 지시를 하고 싶어 안달이 난 사람'처럼 행동한다. '우리는 어떻게 교육해야 하는가'를 묻는 사람이 무엇을 알고자 하는지 모르는 상태에서 해 주는 충고나 지시가 정곡을 찌르기 어려운 것은 고사하고 그 경우에 정곡을 찌른다는 것이 무엇을 뜻하는지도 분명하지 않다.

¶30 피터즈가 그의 「윤리학과 교육」에서 제안한 '교육의

선험적 정당화'는 교육이론의 메타프락시스적 성격을 일보 직전으로 이끌었다고 말할 수 있다. 그가 말하는 '선험적 정당화'는 교육의 내용과 방법을 받쳐 주고 있는 윤리학의 기본 원리들—교과의 가치와 자유, 평등, 인간 존중 등의 원리들—은 '실제적 논의의 논리적 가정'으로 정당화된다는 것을 보이는 논의 형식을 뜻한다. '실제적 논의'는 옳다든가 마땅하다든가 가치 있다는 것을 핵심 개념으로 하는 논의, 또는 피터즈 자신의 표현으로 '왜 이렇게 하지 않고 저렇게 해야 하는가'가 논의의 초점이 되는 그러한 논의를 가리킨다. 선험적 정당화에 의하면 무엇이 가치 있는가 또는 왜 이렇게 하지 않고 저렇게 해야 하는가 하는 문제에 관한 논의에 종사하는 한, 우리는 윤리학적 가치를 받아들일 수밖에 없으며, 실제적 논의에 종사하면서 그것에 논리적 가정으로 붙박여 있는 윤리학적 가치를 받아들이지 않는 사람은 자신의 그 논의를 무효화하는 셈이 된다.

피터즈는 자신의 논의 형식을 칸트의 논의 형식에서 빌려왔다고 말한다. (그의 '선험적 정당화'라는 용어는 칸트 철학을 지칭하는 '선험 철학'과의 관련을 표시한다.) 양자의 관련을 짐작하기는 어렵지 않다. 칸트 철학에서 아프리오리는 지식의 획득 과정으로서의 인식이 일어났다고 보기 위해서는 받아들이지 않으면 안 되는, 인식의 논리적 가정이며 선험적 조건이다. 말하자면 피터즈는 칸트 철학에서의 아프리오리의 자리에 윤리학적 가치를 놓고 인식에서의 아프리오리가 '정당화'되는 것과 동일한 방식으로 윤리학적 가치도 정당화된다고 말한 것이다. 지식에 관한 칸트 자신의 설명에 명백히 나타나 있는 바와 같이, 아프리오리는 '지식'이 될 수 없다. 아프리오리는 지식을 구성하는 개념적 구분의 적용 범위에서 벗어나는 '표현 이전의 표준'이다. 여기에 비하여 피터즈가 아프리오리의 자리에 올려놓은 윤리학적 가치는 자유, 평등, 인간 존중 등의 용어가 시사하는 바와 같이, 개념적 구분의 적용 범위 안에 든다는 느낌을 준다. 그러나 만약 피터즈가 칸트의 논의 형식을 좀 더 충실히 따르려고 했더라면(또는, 피터즈가 칸트의 논의 형식을 '형식' 면에서만 아니라 '내용' 면에서도 따르려고 했더라면), 그는 그가 선험적 논의 형식으로 정당화하려고 한 윤리학적 가치는 개념으로 표현되기 이전의 표준이며, 이 점에서 그 논의 형식은 윤리학적 가치뿐만 아니라 흔히 진선미성으로 요약되는 일체의 가치를 정당화하는 데에 사용될 수 있다는 데에 생각이 미쳤을 것이다.

¶31 피터즈의 정당화 논의가 메타프락시스라는 담론형식에 완전히 다다르기 위하여 내디뎌야 할 마지막 한 걸음은 '교육의 가치는 실제적 논의의 논리적 가정으로 정당화된다'는 표현을 '교육의 가치는 삶과 교육의 실천에 의하여 확립된다'는 표현으로 바꾸는 것이다. 이 한 걸음을 내딛기가 그토록 어려

운가? 그럴 리가 없다. 메타프락시스에서 말하는 '삶과 교육의 실천'이라는 것은 실제적 논의가 고려하거나 추구하는 대답 이외의 다른 것이 아니다. 피터즈가 그 '대답'을 실제적 논의의 논리적 가정('윤리학적 가치')에 의하여 정당화하려고 한 것은 그가, 그의 사상적 원천인 칸트 철학과 마찬가지로, 메타피직스적 담론형식의 울타리 안에 갇혀 있었음을 보여 준다.

¶32 메타프락시스는 심성함양을 설명하는 담론형식을 가리킨다. 메타프락시스가 설명하는 심성함양은 '표현 이후의 심성'을 통하여 '표현 이전의 심성'을 확립하는 활동을 뜻한다. 이런 의미에서의 심성함양에는 정치와 종교와 교육이 포함된다. 여기서 '표현 이후의 심성'이라는 것은 이 세 가지 활동에 동원되는 개념 또는 지식을 뜻하며, '표현 이전의 심성'이라는 것은 형식, 실재, 진여 등으로 불리는 '초자연적 관념'을 뜻한다. 그리하여 만약 누군가가 정치와 종교와 교육을, '표현 이후의 심성'—각각의 활동에 동원되는 개념이나 지식—을 '매체'로 하여 '표현 이전의 표준'을 확립하는 활동으로 설명한다면, 그는 메타프락시스라는 담론형식을 사용한다고 말할 수 있다. 그리고, '메타프락시스'('실천의 실천')라는 용어가 시사하는 바와 같이, 그 담론형식을 사용하는 행위 그 자체 또한 그것이 설명하는 활동과 마찬가지로 '표현 이전의 표준'을 확립한다. 다시 말하

여, 메타프락시스는 그것이 설명하는 활동을 실천함으로써 '표현 이전의 표준'을 확립하는 활동을 설명하는 담론형식을 가리킨다.

피터즈의 경우에, 그가 관심을 가지는 심성함양 활동은 교육이다. 피터즈가 본격적인 의미에서 메타프락시스라는 담론형식을 사용한다고 말할 수 있으려면, 그는 교육을, 교과를 가르치고 배우는 활동(즉, 실천)을 통하여 초자연적 관념(즉, 교과의 가치)을 확립해 나가는 과정으로 설명했어야 하며, 교과의 가치는 실제적 논의의 논리적 가정으로 정당화된다고 말하는 대신에, 그것과 거의 동일한 의미로, 교과의 가치는 교과를 가르치고 배우는 활동(즉, 실천)에 의하여 정당화된다고 말했어야 한다.

교육의 가치는 교육 활동에 의하여 정당화되거나 정립된다는 이 주장은 교육에 관한 우리의 통념과는 맞지 않는다. 우리의 통념에 의하면, 교육 활동을 하기 이전에 그 가치가 먼저 결정되어 있어야 하며, 교육은 그 가치를 '실현'하는 일로 생각된다. (이 통념은 적어도 이 점에서는 메타피직스적 사고방식과 일관된다.) 그러나 우리가 '표현 이전의 심성'—또는 정확하게, 표현 이전의 표준으로서의 심성—을 가정하는 한, 위의 통념은 부정될 수밖에 없다. '표현 이전의 심성'은, 정의상, '표현 이후의 심성'을 통해서밖에 알려지지 않으며, 표현 이전의 심성을 함양하는 길은 표현 이후의 심성 이외의 다른 곳에서는 찾을 수 없는 것이다. 표현 이전의 심성은 표현 이후의 심성을 통하여 확인되고 확립되는 것 바로 그것이다.

「중용」 수장의 첫 문장—天命之謂性 率性之謂道 修道之謂教(性성이라는 것은 다른 것이 아니라 하늘이 명령한 것이며, 道도라는 것은 다른 것이 아니라 性이 자국을 남긴 것이며, 教교라는 것은 다른 것이 아니라 道를 갈고닦는 것이다)—에 나와 있는 修道수도의 의미는 통념에 어긋나는 위와 같은 생각이 성리학의 관점에서는 지극히 당연한 것임을 말해 주고 있다. 항간에 통용되는 용어로서의 '수도'(도를 닦는 것)는 인격 수양과 같은 뜻으로 이해되고, 이 경우의 道는 개인의 내면적 특징—'인격'—을 가리키는 것으로 된다. 만약 '수도'가 그런 것이라면 중용의 저자가 '教라는 것은 修道를 일컫는다'고 말했을 리가 없다. 당연히 그는, 예컨대 '教라는 것은 修道를 "도와주는" 것을 일컫는다'와 같이, 教와 修道를 연결하는 다른 단어를 사용했을 것이다. 중용의 저자가 현재 중용 본문에서처럼 말했다는 것은 道가 개인의 내면적, 주관적 특징을 가리키는 것이 아니라, 문자 그대로 性(심성)이 가시적 객관적인 형태로 표현된 것을 가리킨다는 뜻이다. 教(가르치는 것)가 '갈고닦는', 그리하여 드러내고 드높이고 빛내는 道는 개인의 주관적 특징이 아니라 性이 가시화된 객관적 표준이다. 그리고 教는 道를 갈고닦고 빛냄으로써 道로 표현되기 이전의 性—道가 그것의 표현인 性—을 갈고닦고 빛낸다. 물론, 이 일은 개인의 내면적, 주관적 성숙과 전혀 무관한 것이 아니다. 표현 이전의 표준으로서의 性에는 주관과 객관의 구분이 적용되지 않으며, 따라서 敎를 통하여 갈고닦고 드높여진 性은 그 결과로 개인의 인격적 성숙을 초래할 것이 분명하다.

¶33 초자연적 관념(형식, 실재, 진여, 심성 등)을 기술하는 용어가 비유적인 의미로 사용되는 것과 마찬가지로, '표현 이전의 심성'이 '표현 이후의 심성'(즉, '심정')으로 표현된다는 말에 사용된 '표현'이라는 용어 또한 그러하다. 여기에 사용된 것과 동일한 의미에서의 '표현'은 심성(또는 일반적으로, 초자연적 관념)이 아닌 다른 곳에서는 어디서도 찾아볼 수 없다. 보통의 의미에서 A가 a로 '표현'될 경우에, A(표현 이전)와 a(표현 이후) 사이에는 1대 1의 대응 관계가 성립하며, a로 표현되기 이전에 그것에 대응하는—즉, 그것으로 표현되는—A가 먼저 있어야 한다. '심성의 표현'에서의 '표현'은 이것과는 다르다. '표현 이전의 심성'은 오직 '표현 이후의 심성'에 의해서만 확인되며, '표현 이후의 심성'과는 별도로 그 이전에 '표현 이전의 심성'이 있는 것은 아니다. 그뿐만 아니라, '표현 이후의 심성' 하나하나에 각각 대응하는 '표현 이전의 심성'이 따로따로 있는 것도 아니다. '표현 이전의 심성'(또는 간단하게, '심성')은 '표현 이후의 심성'(또는 간단하게, '심정') 모두를 한꺼번에 무형태로 압축해

있는 것이다. 그리하여, '표현 이전의 심성'은 '표현 이후의 심성'의 '안'에 들어 있는, '표현 이후의 심성'이 다 같이 따라야 하는 '표현 이전의 표준'을 가리킨다고 말할 수 있다.

앞에서도 말한 바와 같이, 심성함양은 '표현 이후의 심성'(「중용」의 道)을 통하여 '표현 이전의 심성'(「중용」의 性)을 확립하는 활동을 뜻한다. 그중의 하나인 교육을 두고 말하자면, 교육은 교과(즉, 道)를 통하여 마음에 표현 이전의 표준(즉, 性)을 심어주는 활동—또는 더 정확하게는, 마음을 표현 이전의 표준으로 만드는 활동—을 가리킨다고 말할 수 있다. '마음이 표현 이전의 표준으로 된' 이 경지는 아무도 완전히는 도달할 수 없는 이상일 뿐이지만, 또한, 교육을 받는 한, 누구나 조금씩은 그 이상을 향하여 나아가고 있으며, 그렇기 때문에 그 경지는 모든 교육이 실지로 달성하고 있는 '목적'을 나타낸다고 말할 수도 있다.

교육을 메타프락시스라는 담론형식으로 설명한다는 것은 교육을 위와 같은 의미에서의 심성함양 활동으로 설명하는 것을 뜻한다. '표현 이후의 심성' 또는 '심성의 객관적 표현'은 불교 수행론의 용어로 '방편'으로 불릴 수 있다. 심성과 방편의 관계는 위에서 말한 것과 같은 '표현'의 의미를 가장 정확하게 나타내고 있다. 말하자면, 심성은 방편 '안에' 들어 있으며, 심성은 방편에 의하여 표현되고 방편을 통하여 획득되는 바로 그것이라는 것, 그리고 모든 방편은 하나의 동일한 심성을 획득하는 통로가 된다는 것이다. 이 방편이라는 용어를 써서 말하자면, 불교 수행과 교육을 통틀어, 심성함양은 방편에 의지하여 심성을 획득하도록 하는 활동으로 규정된다.

¶34 심성과 방편의 관계를 나타내는 '표현'이라는 용어의 올바른 의미에 주목할 때, 교육에 관한 메타프락시스적 설명은 당장 교육에 관한 통념으로 널리 퍼져 있는 한 가지 대안적인 설명 방식과의 대비를 날카롭게 부각시킨다. 그것은 수단과 목적의 관련에 의한 설명이다. 이 통념에서 교육은 그것을 통하여 가르쳐지는 내용(교과)을 수단으로 하여 그것과는 다른, 또는 그 '밖에' 있는 목적을 달성하는 일로 규정된다. 일상용어로서의 '방편'은 '수단'의 동의어로서 서로 섞바뀌어 사용되기도 하지만, 불교 수행론의 용어로서의 '방편'은 그 일상적인 용어가 그것과는 천양지차로 다른 의미를 나타내는 데에 차용된 것이다. 수단-목적 관계에서 목적이 수단과 다르다든가 수단의 '밖에' 있다는 말은 심성이 방편 '안에' 있다든가 방편을 떠나서는 심성이 있을 수 없다는 말과의 대비를 나타내고 있다. 심성이 방편으로 표현된다는 말에 쓰인 '표현'은 수단과 목적의 관계에는 결코 적용될 수 없다. 목적이 수단의 표현이라든지, 아니면 그 반대로 수단이 목적의 표현이라는 말은 어불성설이다. 수단과 목적은 개념상 별개의 것임에 비하여 심성과 방편은 개

념상 별개의 것이 아니다.

피터즈는 자신의 정당화 논의에 의하여 규정되는 교육의 목적을 '내재적 목적'이라고 부르고 있다. 교육의 '내재적 목적'은 수단-목적 관계로 설명되는 '외재적 목적'과 대비된다. (원래 '목적'이라는 용어는 수단과의 관련을 암시하며, 수단-목적 관계의 맥락에서 정상적인 의미를 가지기 때문에, '내재적 목적'에서의 '목적'이라는 용어는 '외재적 목적'과의 대비를 위하여 편의상 차용된 것이라고 보아야 한다. 다시 말하여, 내재적 목적은 외재적 목적과 동일한 의미에서의 '목적'이 아니다. 피터즈가 '교육자는 목적을 가질 수 있고 또 가져야 하는가'라는 제목의 글에서 그 질문에 부정적인 대답을 하는 것은 이 점을 말해 주고 있다.) 내재적 목적과 외재적 목적에서 '안'과 '밖'이라는 용어는 교육(또는, 교육을 통하여 가르쳐지는 내용)과 그것이 실현하고자 하는 가치 사이의 두 가지 대안적인 관련을 나타낸다. 교육의 '내재적 목적'은 심성과 그 표현으로서의 방편에 의하여 교육을 설명할 때, 또는 메타프락시스라는 담론형식으로 교육을 설명할 때, 또 이 경우에만 성립한다. 그리고 이 점에서도 피터즈의 설명은 메타프락시스적 사고방식에 거의 접근해 있다.

¶35 '표현 이전의 심성'과 '표현 이후의 심성', 또는 심성과 방편은 앞의 [24]에서 언급한 '마음의 중층구조'의 용어로는, 각

각 중층구조의 위층과 아래층을 나타낸다. 그리하여, 메타프락시스라는 담론형식은 심성함양을 마음의 중층구조의 위층과 아래층의 관련으로, 또는 더 정확하게 말하여, 아래층으로부터 위층으로의 운동으로 설명한다고 말할 수 있다. 앞에서 말한 것을 다시 한번 되풀이하자면 중층구조의 아래층은 주체와 대상의 구분을 위시한 여러 가지 구분이 적용되는 경지이며, 위층은 총체성, 異次元性이차원성, 언설 불가능성을 특징으로 하는, 아래층이 지향해야 할 표현 이전의 표준이다. 그리고 '위층이 아래층으로 표현된다'는 말에서의 '표현'의 의미를 원래의 뜻으로 이해하자면, 위층이라는 것은 아래층에 표현된 것 바로 그것이며, 아래층과는 별도로, 그것으로 표현되기 이전의 위층이라는 것은 있을 수 없다고 말해야 한다.

메타프락시스를 다소간이나마 완전히 설명하기 위해서는 위와 같은 비유적인 표현이 전달하고자 하는 의미를 그 마지막 세부 사항에 이르기까지 자세하게 설명하지 않으면 안 된다. 그러나 여기서는 당장, 앞의 '표현'의 의미와 관련하여 메타프락시스적 사고방식에 대하여 제기될 수 있는 한 가지 근본적인 의문을 진술하고 그것에 대하여 초보적인 해명을 시도해보겠다. 그 근본적인 의문이라는 것은 한마디로 말하여, 메타프락시스에서의 중층구조의 위치에 관한 것이다. 약간 더 자세하게 말하자면, 그것은 심성함양을 설명하기 위하여 '표현 이전의 표준'인 위층을 상정하는 것이 과연 필요하고 타당한가에 관한 것이다. (중층구조의 위층의 위치에 관한 의문은 메타피직스적 사고방식에 대해서도 제기될 수 있지만, 이하의 설명에서 알 수 있는 바와 같이, 그것이 메타프락시스에 대하여 제기될 때는 그 심각성이나 긴박성의 정도가 한층 더 심해진다.)

그 의문은 몇 가지 상이한 형태로 표현된다. 첫째로, 가장 쉽게 제기될 수 있는 의문은, 만약 심성과 방편의 관계가 메타프락시스에서 설명하는 것과 같은 것이라면, 심성(즉, 표현 이전의 표준)은 심성함양에서 하등의 실질적인 역할을 수행할 수 없으며, 따라서 그것은 하등의 이론적 의의를 가질 수 없다는 것이다. 말하자면, 심성은 불필요하게 덧붙여진 '이론적 잉여 부분'에 불과하다는 것이다. 이 의문의 근거는 짐작하기 어렵지 않다. 메타프락시스적 사고방식에 의하면, '심성'이라는 것은 심성함양을 위한 '실천'에 의하여 확립되는 '표현 이전의 표준'이며, 그것이 어떤 것인가 하는 것은 '표현 이후의 심성'에 의하여 비로소 확인된다. 이 '표현 이후의 심성'은 심성함양을 위하여 실천되는 그 심성과 다른 것일 수 없다. 그러므로 메타프락시스는 심성함양의 결과로 나타날 심성과 본질상 동일한 심성을 '심성함양'이라는 실천 활동의 목적 또는 내용으로 삼는다고 말할 수 있다. 물론, 심성함양이라는 활동은, 모든 활동이 그렇듯이, 시간 계열을 따라 이루어지며, 그런 만큼, 심성함양의 이전과 이후는 시간상으로 구분되고 그에 따라 심성함양 이전의 심성과 이후의 심성도 구분된다. 그러나 이 시간 계열의 어디에도 표현 이전의 심성과 표현 이후의 심성의 구분은 끼어들 자리가 없다. 말하자면 심성함양은 '표현 이전의 심성'을 상정하지 않고도 얼마든지 설명될 수 있는 것이다.

이런 종류의 의문은 근래 포스트모더니즘의 '定礎主義정초주의 비판'—그리고 특히 그 윤리학적 적용—에 강력한 형태로 제기되어 있으며 또 그것에 의하여 더욱 무게를 가지게 되었다. 메타프락시스에서 상정되는 심성—표현 이전의 표준—은 '정초주의'라는 용어에 의하여 비판되는 '정초'와 동일한 형이상학적 개념—실재, 형식 등—을 가리킨다. 포스트모더니즘의 주장에 의하면, 인간의 도덕 생활은 그런 '정초'를 상정하지 않고도 사람들 사이의 합의와 타협, 심지어 사랑과 이타심에 의하여 충분히 설명될 수 있고 실현될 수 있다. 더 심하게 말하자면, 그런 '정초'는 역사적으로 대다수의 피지배계급에 대한 지배계급의 억압을 합리화하는 데에 이념적 수단을 제공해 왔다.

'표현 이전의 표준'으로서의 심성의 이론적 의의에 관하여 의문을 품는 사람들이 과연 포스트모더니즘의 주장을 그 근거로 원용하는지, 또는 포스트모더니즘의 주장이 과연 위와 같은 방식으로 간단하게 요약될 수 있는지 확실하지 않지만, 논의의 편의상 그 의문의 근거를 위와 같은 것으로 받아들이고 그것에 대하여 어떤 해명이 있을 수 있는가를 생각해 보겠다. 우선, 한 가지 분명히 해 두어야 할 것은, 만약 누군가가 위와 같은 근거 또는 그것과 유사한 근거에 의하여 심성의 의의를 의심하거나 부정한다면, 어떠한 논의도 그의 의심을 불식시키기에 충분하지 않다는 것이다. 왜냐하면, 메타프락시스의 사고방식에 의하면, 심성의 의의는 논의에 의하여 확립되는 것이 아니라 심성함양을 위한 실천에 의하여 확립되는 것이며, 그의 의심과 부정은 결국 이때까지의 그의 삶을 의심하고 부정하는 것이기 때문이다. 다시 말하여, 그의 의심과 부정을 해소하기 위해서는 그로 하여금 그 의심과 부정의 근원인 메타프락시스적 사고방식을 받아들이도록 하는 수밖에 없다[18].

그러므로 이하의 해명은 그의 의심을 해소하고 그로 하여금 심성의 의의를 믿는 쪽으로 마음을 돌리도록 하기 위한 것이 아니라, 다만 그의 그 근거라는 것이 얼마나 확실한 것인가를 따져 보기 위한 것이다. 첫째로, 인간의 도덕 생활을 설명하고 실현하는 데에 반드시 심성의 개념에 의존할 필요가 없다는 점에 관하여 생각해 보겠다. 원만한 도덕 생활이 심성함양의 관심사의 전부는 아니더라도 그 중요한 부분을 차지한다는 것은 받아들여도 좋을 것이다. 또한, '원만한 도덕 생활'을 해석하기에 따라서는 그것이 사람들 사이의 양보나 타협에 의하여 설명되고 실현될 수 있다는 것도 인정될 수 있을 것이다. 그러나 인간의 도덕 생활에서 '표현 이전의 표준'은 각 개인으로 하여금 현재 그의 도덕성—그의 생각과 말과 행동이 나타내는 도덕적 의미—이 도덕의 이상으로부터 얼마나 멀리 떨어져 있는가를 깨닫게 해주는 소극적 기준이 된다. 만약 어떤 사람이 그런 소극적 기준에는 아랑곳하지 않은 채, 남에게 불편이나 해를 끼치지 않고 '조화롭게' 살아가면서 그것으로 도덕적인 면에서 더 바랄 것이 없다고 믿는다면, 그런 사람을 일컬어 온전한 의미에서의 '도덕 생활'을 한다고 말할 수 있을지는 의문이다. 뿐만 아니라, '표현 이전의 표준'으로서의 심성의 의의가 유독 원만한 도덕 생활에 국한되는 것도 아니다. 위의 사람처럼, 남에게 불편이나 해를 끼치지 않고 살면 그것만으로도 충분하다고 생각하는 사람에게는, 그렇게 사는 동안에 그가 인생에서 추구하는 것이 무엇인가, 그는 무엇을 위하여 살아가고 있는가 하는 질문은 아무런 의미를 가지지 않는다.

둘째로, 앞의 근거의 마지막에 언급된, 심성과 관련된 역사적 사실—심성이라고 불리는 '정초'는 역사적으로 지배계급의 피지배계급에 대한 억압을 합리화하는 수단이 되어 왔다는 점—은 그 진위를 가리기가 거의 완전히 불가능하며, 따라서 그것이 정초를 부정할 근거가 되는가는 대단히 의심스럽다. 우선, 계급 구분을 특징으로 하는 전통사회에서 심성이 통치의 이념으로 되어 있었다는 것은 아마 역사적 사실로서 인정될 수 있을 것이다. 이 역사적 사실을 기초로 하여 앞의 근거는 그것과는 완전히 무관한 또 하나의 역사적 사실—정초는 지배계급의 피지배계급에 대한 억압을 합리화하는 수단이 되어 왔다는 점—을 추론해 낸다. 이 추론의 밑바닥에는 심성이 사욕의 제동장치가 된다는 가정이 깔려 있다. 이 가정 자체는 그릇된 것이 아니다. 다만, 정초를 부정하는 사람들은 이 가정을 피지배계급에만 편파적으로 적용한다. 그들의 사고방식에 의하면, 심성의 제약에서 벗어나서 사욕을 마음껏 발휘하는 것은 어느 계급에나 이익이 되며, 피지배계급이 사욕을 발휘하는 것은 필연적으로 지배계급에 불이익을 초래한다. 말하자면 그들은, 그들의 주장에 동조하는 사람들과 마찬가지로, 은연중에 자신의 그러한 심리상태를 전통 사회의 피지배계급에 투사한다고 말할 수 있다. 그러나 그들이 생각하는 것처럼 '통치'가 '억압'과 동일한 의미를 가지려고 하면, 지배계급은 '심성'의 제약에서 벗어나 있어야 한다. 이것은 역사적 사실로서 확인되기 어려운 정도가 아니라, 오히려 그것과 정반대되는 것이 역사적 사실에 더 가깝다고 말해야 한다. 심성은 다른 누구보다도 지배계급의 삶을 이끄는 원리였다. 지배계급이 심성을 통치의 이념으로 삼았다면 그것은 심성함양을 위한 삶이 피지배계급에게 이익이 되기 이전에 지배계급 자신에게 이익이 된다고 생각했기 때문이다.

¶36 위의 의문만큼 근본적인 것은 아니지만, 심성에 관한 의문 중에는 그것의 불변성과 절대성에 관한 것도 생각해 볼 수 있다. 그것은 이런 것이다—만약 심성이 그것을 함양하기 위한 실천에 의하여 확인되고 확립되는 것이라면, 실천을 달리

하면 그것에 따라 심성도 달라지는 것이 아닌가? 또한, 심성함양의 실천(또는 더 일반적으로, 삶)은 시대나 사회에 따라 다른 것이 사실인 만큼, 그것에 논리적으로 의존하는 심성 또한 상대적인 것이 아닌가? 심성의 동의어인 실재는 종래의 형이상학에서는 불변적, 절대적인 것으로 알려져 있는데, 그렇다면 메타프락시스는 이 심성이나 실재의 개념적 지위를 수정하려고 하는가?

이 의문은 앞의 의문과 약간 상이한 방식으로 표현되기는 하지만 그 두 가지는 동일한 발상에서 나온 한 가지 의문이라고 보아도 좋을 것이다. 먼저, 이 나중의 의문에 대하여 원칙적인 해명을 하자면, 그 의문을 제기하는 데에 사용된 용어는 심성에 적용될 수 있는 용어가 아니라고 말할 수 있다. 심성은 시대나 사회에 따라 달라진다든가 다르다고 말할 때의 '달라진다'든가 '다르다'는 용어는 '표현 이전의 표준'에는 적용될 수 없다. 심성에는 달라진다든가 다르다고 말할 것이 아무것도 없는 것이다. 그러므로 위와 같은 의문은 '표현 이전의 표준'을 그것이 아닌 것으로 바꿈으로써 비로소 제기될 수 있는 것이다.

이 원칙적인 해명은 또한 궁극적인 해명이며, 그 이상의 다른 해명을 필요로 하지도 않고 가능하지도 않다. 그러나 그렇기는 해도, 여기서는 앞의 근본적인 의문에 대해서 한 것과 같이, 그 의문에 사용된 근거가 어느 정도로 확실한 것인지를 따져 보겠다.

첫째로, 심성함양의 실천(또는, 삶)을 달리하면 심성도 달라진다고 말하는 사람은 마치 그 '실천'을, 만약 하려고만 들면, 마음대로 달리할 수 있을 것처럼 생각하지만 사실은 전혀 그렇지 않다. 물론, 심성함양의 실천이나 삶의 세부적인 측면은 달리할 수 있지만, 그것은 어떤 것도 심성에 영향을 줄 만큼 근본적인 것이 될 수 없다. 만약 어떤 사람이 실천을 바꿈으로써 심성을 다른 것으로 만들 수 있다면, 그가 바꾸고자 하는 것은 인류의 출현 이래로 정립되어 온 '인간의 삶' 바로 그것이며, 그렇게 바뀐 것은 결코 우리가 알고 있는 대로의 '인간의 삶'이 될 수 없다. 여러 시대, 여러 사회의 '다른' 실천과 삶에 관해서도 마찬가지의 말을 할 수 있다. 그 여러 가지 형태의 삶을 '인간의 삶'으로 간주할 수 있는 한, 그 시대, 그 사회가 추구하는 심성도 다른 것일 수 없다.

그러나 둘째로, 여러 시대, 여러 사회의 삶은, 그것이 '인간의 삶'을 나타내는 한, 모두 심성을 표현한다고 말해야 하지만, 그중의 어느 것도 심성을 '절대적으로' 표현하지는 않는다. '절대적인' 것은 '표현 이전의 표준'으로서의 심성(또는 실재)밖에 없다. 심성이 절대적인 것은 그것이 '표현 이전'이기 때문이며, '표현 이전'만이 절대적인 것이 될 수 있다. '상대적'이라는 용어는 한 시대, 한 사회에서의 삶과 다른 시대, 다른 사회에서의 삶 사이의 관계를 나타내는 용어로만 사용될 수 있다. 다만, 이 경우에 '상대적'이라는 용어는 두 가지 다른 의미로 사용될 수 있기 때문에 주의를 필요로 한다.

가령 A(지식, 가치)와 B(지식, 가치)가 '상대적'이라는 말은 얼른 듣기에는 객관적 사실을 표현하는 듯하지만, 그 말을 누가 어떤 의도로 하는가에 따라 완전히 상반된 의미를 전달한다. 심성과 관련하여 A사회의 삶과 B사회의 삶이 '상대적'이라는 말을 A사회에 속하는 사람이 할 경우에, 그 말은 1) B사회의 삶만 심성을 잘 표현하는 것이 아니라 우리(A)의 삶도 심성을 잘 표현한다는 뜻을 전달할 수도 있고, 2) B사회의 삶만 심성을 잘못 표현하는 것이 아니라 우리(A)의 삶도 심성을 잘못 표현한다는 뜻을 전달할 수도 있다. 여러 시대, 여러 사회의 삶이 '상대적'이라는 말은 이 후자의 의미로만 올바르게 사용될 수 있다. 한 개인에 있어서와 마찬가지로, 한 집단에 있어서도 심성은 그 삶이 이상으로부터 멀어져 있다는 것을 일깨워 주는 소극적 기준이 된다.

¶37 누가 도통한 사람인가를 가려낼 방법은 없지만, 누가 도통한 사람이 아닌가를 가려내는 데는 백 퍼센트 확실한 방법이 있다. 어떤 사람에게 '당신은 도통한 사람인가'를 물었을 때, 만약 그 사람이 '그렇다'고 대답한다면, 그 사람은 도통한 사람일 수 없다. 그의 그 대답은 그가 도통한 사람이 아니라는 가장 확실한 증거이다.

보다 현실적인 예로서, 한 나라의 국무총리를 뽑을 경우에, 자신은 실무적인 면에 있어서나 도덕적인 면에 있어서 국무총리직을 수행하는 데에 필요한 모든 자격을 갖추었다고 호언장담하는 사람이 있다고 하자. 그 사람의 말을 곧이곧대로 믿고 그를 그 자리에 앉혔을 때, 그가 과연 훌륭하게 그 직무를 수행할 수 있겠는가? 한 나라의 중요한 관직들이 그와 같이 스스로를 내세우는 사람들로 채워졌을 때, 그 나라는 어떤 꼴이 되겠는가? 온 국민이 자신은 도덕적으로 별문제가 없는 인간이라고 생각하는 나라 또한 위와 다를 바 없다.

¶38 원시인이나 아프리카 부시맨도 우리와 같은 '인간의 삶'을 사는가를 의심하는 것은 비유컨대 그들도 우리와 마찬가지로 잠꼬대를 하는가를 의심하는 것과 같다.

¶39 철학자들이 때로 상대방 철학자들의 오류를 지적하는 데 사용하는 용어 중에 '前提 默殺'전제 묵살(suppressed premise)이라는 것이 있다. 이 용어는 그 상대방 철학자가 자신의 논지를 펴는 중에, 그 논지가 의미 있게 성립하려면 당연히 받아들여야 할, 그리고 대체로는 그 자신이 실지로 받아들이고 있는 논지를 그 논지 속에 명시적으로 드러내지 않는 오류를 가리킨

다. 그런데, 그 오류를 지적하는 철학자들이나 지적받는 상대방 철학자들이나를 막론하고 철학자라면 거의 누구나 저지르는 '전제 묵살'의 오류—철학자들의 '특허받은' 오류라고 불러도 좋은 것—가 있다. 그들은 자신의 논의가 드러내고자 하는 개념적 포인트가 그들 자신에게 어떻게 '학습'되었는지를 논의에서 제외시키며, 이 점에서 자신을 논의로부터 국외자의 자리에 세워 놓는다고 말할 수 있다. 마치 그들은 자신이 그 개념적 포인트를 어떻게 학습하게 되었는가—자신이 말하는 그것을 어떻게 알게 되었는가—가 그것의 성격에 하등 영향을 미치지 않으며, 그것을 어떻게 학습하게 되었는가는 철학자로서 그들의 관심사가 아니라고 생각하는 듯하다. 그러나 이 생각은 옳지 않다. 그 개념적 포인트가 삶의 한 측면을 드러내는 한, 그것에 의하여 드러나는 삶은 자신이 살아왔고 또 살고 있는 바로 그 삶이며, 따라서 그가 드러내는 개념적 포인트는 다른 사람의 삶뿐만 아니라 자신의 삶도 구속한다고 보지 않으면 안 된다.

예컨대 칸트의 「판단력 비판」에서 美미에 관한 논술을 읽는 독자 중에는 자신이 이해하기도 납득하기도 어려운 구절을 접할 때, 만약 칸트가 자신은 미에 관한 그러한 사실들—개념적 포인트들—을 어떻게 알게 되었는가를 그 논술 속에 포함시켰더라면 그것이 그토록 난해하지는 않았을 것이라고 생각하는 사람이 있을 것이다. 저자는 그중의 한 사람이다.

¶40 위에서 말한 것과 같은 의미에서의 전제 묵살의 오류는 '본성이 善임'(性善)을 보여주는 증거로서 孟子맹자가 제시하고 있는 '우물에 빠지는 아이를 건져 주는 예'에서 傳家전가의 寶刀보도처럼 사용되고 있다. 맹자는 다음과 같이 말한다—이제 어떤 사람이 막 우물에 빠지려는 아이를 본다고 하자. 이 경우에는 '누구든지' 애처롭고 측은한 마음이 생겨서 그 아이를 건져 준다. 이것으로 미루어, 사람은 '누구나' 남의 불행을 차마 보지 못하는 마음을 가지고 있다는 것(人皆有不忍人之心)을 알 수 있다, 등등.

이 예에서 맹자는 '누구든지' 아이를 건져 준다든가 '누구나' 이러이러한 마음을 가지고 있다고 말할 때의 '누구든지'가 과연 어떤 사람을 가리키는가 하는 문제는 거론하지 않는다. 가령 그 '누구든지'를 이 세상에 살고 있는 모든 사람을 지칭하는 것으로 해석하더라도 위의 문제는 해결되지 않는다. 만약 맹자가 자신이 묵살한 그 전제를 의식했더라면, 그는 그 '모든 사람'이 살고 있는 이 세상은 어떤 세상이며, 그 세상에서 사는 것이 어떻게 그들로 하여금 그런 마음을 가지게 하는지를 말해야 한다고 생각했을 것이다.

앞 [24]에서 말한 바와 같이, 맹자가 '본성이 선'이라고 말할 때의 '선'은 보통의 의미에서의 선—'악'에 대비되는 '상대적 선'—이 아니라, 선악의 구분을 초월하는 '절대적 선'이다. 맹자가 그 책의 다른 곳(告子 上6)에서 '不善불선을 행하는 경우는 타고

난 것의 잘못이 아니다'(非才之罪也)라고 말한 것으로 미루어, 맹자는 모든 사람이 이 세상에서의 삶을 살기 이전에, 그것과 무관하게, 상대적 선을 타고난다고는 생각하지 않았을 것이다. 그러나 만약 우물에 빠지려는 아이를 건져 주는 예에서 맹자가 한 말을 단순하게 해석하여, 사람은 누구나 남의 불행을 차마 보지 못하는 마음을, 현상적인 수준에서, 태어날 때 이미 갖추고 있다는 것을 '사실'로서 주장한 것으로 간주한다면, 맹자의 그 말은 예컨대 (초기) 비트겐슈타인의 관점에서 보면, 진위를 판별하기가 불가능한 '무책임한' 발언—넌센스—에 해당한다. (물론, 맹자의 '선'을 '절대적 선'으로 해석하더라도, 그 절대적 선이 '모든 사람'에서 상대적 선으로 표현되는 경위에 대해서는 설명이 주어져야 한다.)

¶41 자신의 그릇된 행동을 감추기 위하여 거짓말을 하는 사태(예컨대 '거짓말 일기')는 통념상의 도덕으로 보면 '2중의 악'으로 더욱 비난을 받아야 마땅하겠지만, 그것에 대해서는 철학적인 해명이 필요하다. 만약 그 당사자가 2중으로 비난을 받을 만큼 '나쁜 사람'이라면, 그는 자신의 비행을 감추려고 했을 리가 없다. 그가 그것을 감추려고—또는 더 나아가서, 자신을 더욱 돋보이게 하려고—거짓말을 했다는 것은 그가 그 비행을 저지르는 순간, 또는 그 직후에 善선에 접했다는 것을 뜻한다.

이때 그가 접한 선은 악과 대비되는 상대적 선이라고 생각될지 모르지만, 반드시 그런 것은 아니다. 그 선은 '표현 이전의 표준'인 절대적 선이라고 볼 수도 있고, 또 이것이 더 옳은 생각이라고 볼 수도 있다. 말하자면 그의 비행은 절대적 선의 '불완전한' 표현이며, 그것은 그가 그 비행을 저지르는 순간 또는 그것을 감추려고 하는 순간에 그에게 그 절대적 선의 존재를 '깨닫게' 해 준 것이다. 사실상, 절대적 선의 불완전한 표현이라는 점에서 보면 상대적 선 또한 그것과 다르지 않다. 상대적 선은 어떤 것도 절대적 선을 '완전하게' 표현할 수 없는 것이다.

(악의 존재 이유—하나님이 전지전능하다면 왜 악을 만들었는가—에 대한 해명은 아마 위와 같은 방식으로 주어질 수밖에 없을 것이다.)

¶42 만약 누군가가 (칸트가 그의 「도덕의 형이상학적 기초」에서 그렇게 하듯이) '사람이면 누구나 절대적으로 따라야 하는 명령이 있고 그것은 이런이런 것이다'라고 말할 때, 그것에 대하여 (쇼펜하우어가 그의 「도덕의 기초」에서 그렇게 하듯이) 그것을 정할 수 있는 사람은 누구인가를 묻는다고 하자. 사실상, 쇼펜하우어는 칸트가 '실천철학은, 설사 그런 일이 한 번도 일어나는 경우가 없더라도, 어떤 일이 일어나야 하는가를 다룬다'라고 말한 것을 가리켜 윤리학에서의 칸트의 '잘못 끼운

첫 단추'라고 말한다. 물론, 쇼펜하우어의 그 질문에 대하여 칸트는, 자신의 그 결론은 누군가가 그것을 정했기 때문에 내려진 것이 아니라 단순히 '이성'—이 경우에는 '실천 이성'—을 비판함으로써 내려진 것이며, 따라서 앞의 그 질문에 답하는 것은 그의 사상 체계의 한 부분에 속하는 것이 아니라고 말하면서 그것을 가볍게 일축할 수도 있을 것이다. 그러나 만약 칸트가 그 질문을 정중하게 취급하여, 그야말로 그의 '첫 단추'부터 다시 끼운다고 생각해 보자. 이른바 '定言命令'정언명령을 내릴 수 있는 사람이 누구인가를 물을 때 쇼펜하우어가 요구하는 것은 특정한 인물의 이름을 대라는 것이 아니라 그가 '어떤 상태에 있는' 또는 '어떤 삶을 살아왔고 또 살고 있는' 사람인가를 말하라는 것이다. 분명히 이것은 칸트 사상체계의 주된 관심사가 아니다. 그러나 만약 칸트가 그 요구에 부응하려고 한다면 그는 지금 우리의 삶이 그것을 '정언명령'으로 받아들이도록 하고 있다는 식으로 대답할 수밖에 없을 것이며, 이것은, 다시, 우리의 삶이 그것을 '정언명령'으로 확립해 간다는 것을 뜻한다. 이 점을 지적하는 것은 칸트의 철학적 업적을 무시하거나 부정하는 것이 아니다. 오히려 그 지적은 칸트의 그 업적으로 말미암아 가능하게 된다고 말해야 한다. 다만, 칸트는 정언명령이 확립된 상태를 출발로 삼으면서 그것이 확립되는 과정을 도외시하였다. 쇼펜하우어의 요구에 부응하기 위하여 칸트가 해야 할 일은 그의 결론의 타당성을 그것이 확립되기까지의 과정에 비추어 점검하는 것이다. 다시 말하여, 그는 자신의 결론을 추론의 과정으로 고쳐 써야 하는 것이다.

¶43 서른 살을 바로 눈앞에 둔 한국의 한 젊은이가 미국의 어느 대학에 유학을 하러 갔다. 그때나 지금이나 그 나이 또래의 젊은이라면 누구나 그렇듯이, 그 젊은이의 '현실적' 목적은 그 대학에서 박사학위를 받는 것이었다. 그 젊은이는 한국에서 공부하는 동안에 연마하고 터득한 요령으로 별 어려움 없이 미국의 명문대학이라는 그 대학에서 박사학위를 받았다. 박사학위와 함께 그 젊은이는 브루너의 '지식의 구조'와 피터즈의 '내재적 정당화'에 관하여 약간의 생각을 가지고 한국에 돌아왔다. 그 후 정확하게 40년이라는, 결코 짧지 않은 세월이 흘러갔다. 이제 그 젊은이는 서른 살을 눈앞에 두고 있는 것이 아니라 언제 찾아올지 모를 죽음을 눈앞에 두고 있다. 그동안 남에게 뒤지지 않을 만큼 열심히 공부하고 가르친 결과로 그가 도달한 아이디어는 '총체의 전달' 또는 '총체적 전달'을 설명하는 담론형식으로서의 '메타프락시스'이다. 돌이켜 보면, 40년 전의 첫 출발점에서 현재의 도착점에 이르는 여정은 약간 지력이 뛰어난 사람이라면 40년이 아닌 4년이면 능히 밟을 수 있을 정도로, 도착점에서의 아이디어는 출발점인 브루너와 피터즈에 그대로 들어 있었다고 말할 수 있다. 그러나 또한, 메타프락

시스라는 용어가 나타내는 '혁명적 의미'를 생각해 보면, 그 여정은 전 인류의 지력을 총동원하더라도 40년이 아닌 400년이 걸려야 비로소 밟을 수 있을 정도로 먼 거리이기도 하다.

이제 그 젊은이는 70회 생일을 맞이하고 있다. 일흔이라는 나이는 소크라테스가 독배를 마신 나이이기도 하지만, 존 듀이가 그의 생일 축하 파티에서 다음과 같은 답례 연설을 한 나이이기도 하다. '내가 하고자 하는 이야기는 여러분이 다 잘 알고 있는 어떤 사람의 이야기입니다. 그 사람은 자기 주위에서 일어나는 사태의 움직임에 약간 민감한 편이었습니다. 그 사람은 어떤 일들이 사라져가고 있으며 어떤 일들이 새로 일어나고 있는가를 알고 있었습니다. 그러한 현상을 기초로 하여, 그 사람은 장차 어떤 일이 일어날 것인가를 예견하였습니다. 그 사람이 일흔 살이 되었을 때, 사람들은 그 사람이 그러한 일을 일으킨 장본인이라고 하여 생일 파티를 열어 주고 찬사를 해 주었습니다. 그러나 사실 그 사람은 이미 일어나고 있는 일을 말한 것 이외에 아무것도 하지 않은 것입니다.'

그 젊은이와 존 듀이를 갈라놓고 있는 그 밖의 모든 차이는 제쳐 두고 말하자면, 존 듀이가 승인하는 투로 기술하거나 적극적으로 일어나도록 부추긴 '주위에서 일어나고 있는 일들'은 그 젊은이가 보기에는 일어나서는 안 될 일이었다. 그 '주위의 일들'이라는 것은 소크라테스에게 독배를 안겨 준 사람들이 부지불식간에 벌이는 작태들이다. 다만, 세상이 좋아졌기 때문인지, 아니면 아마 그 젊은이가 자신의 그 말을 소크라테스처럼 끈질기게 큰 소리로 하지 않았기 때문이겠지만, 아직은 아무도 그에게 독배를 안겨주는 사람이 없다.

¶44 교육학은 그것의 정당한 권리인 학문의 王冠的왕관적 지위를 회복해야 한다. 그러나 교육학이 누려야 할 왕관적 지위는 철학이 누리고 있다고 생각되는 그것과 성격이 판이하다. 철학의 왕관적인 지위는 모든 학문의 위에 군림하여 그것들이 하는 일을 '지시'하는 데에 필요한 반면에 교육학의 왕관적 지위는 비유컨대 北極星북극성이 그 자리에 가만히 있으면서 다른 별들이 그것을 따라 운행하도록 하는 것과 같은 것이다. 모든 학문 위에 군림하는 왕관은, 철학자들 자신이 인정하듯이, '잡역부'(under laborer)의 자리로 전락하지만, 교육학은 다른 학문들이 스스로를 조정해 나가는 데에 필요한 불변의 표준과 같은 것이다.

¶45 자연현상과 '교육현상'(또는 일반적으로 '인간현상') 사이에는 근본적인 차이가 있다. 예컨대 '벼락은 "무엇 때문에" —무엇을 원인으로 하여—치는가'라는 질문을 하고 대답을 하는 사람은 그 자신이 벼락은 아니다. 그러나 '사람은 "무엇 때

문에"—무슨 목적을 위하여—공부를 하는가'라는 질문을 하고 대답을 하는 사람은 그 자신이 공부를 하고 있다. 이 후자의 사람은 그 질문과 대답이 또한 자신의 '공부하는' 행위를 구속한다고 생각하지 않으면 안 된다. 공부하는 것과 관련된 '현상'을 벼락 치는 '현상'과 동일한 자세로 설명할 수 있다고 생각하는 사람은 자신이 무슨 일을 하고 있는지 모르는 사람이다.

교육현상과 관련되는 질문과 대답을 하면서 그 질문과 대답이 오직 다른 사람의 행위만을 구속한다고 생각하는 사람은 교육현상을 자연현상의 일종이라고 생각한다. 이 경우에도 그 사람은 교육현상을 다룬다고 말할 수 있는가? '교육은 도덕적 영위이다'라는 말에는 비단 교육이 도덕적인 인간을 길러야 한다는 뜻만이 아니라 교육 행위 그 자체가 도덕에 부합해야 한다는 뜻도 포함되어 있다. 도덕에 부합하지 않는 교육은 결코 올바른 의미에서의 교육이 될 수 없다.

¶46 외국어를 웬만큼 배운 사람들은 누구나 '우리나라 사람이면 이러이러하게 말할 경우에 예컨대 영국 사람은 이러이러하게 말하는구나'라는 생각을 하게 된다. 말하자면 그 두 나라 말은 동일한 '의미'를 상이한 언어로 표현하며 이 점에서 두 언어는 그 동일한 의미에 대하여 등거리에 놓여 있다고 말할 수 있다. 다시 말하여 그 두 언어는 어느 것도 의미를 정확하게

표현한다고 말할 수 없으며, 또한 그 두 언어는 모두 의미를 정확하게 표현한다고 말할 수도 있다.

孟子맹자가 말한 自得자득은 이 사태에 비유될 수 있다. 자득은 평이한 용어로 하나의 생각이 '자신의 생각으로' 된 상태를 가리킨다고 말할 수 있다. 맹자는 다음과 같이 말한다—군자가 道도를 따라 깊이 파 내려가는 것은 그것을 자득하기 위해서이다. 자득하면 정신적 긴장에서 벗어날 수 있으며, 정신적 긴장에서 벗어나면 자신의 지적 자원을 그 깊은 수준에 이르기까지 활용할 수 있으며, 자신의 지적 자원을 그 깊은 수준에까지 활용하면 어디를 둘러보더라도 사물의 근원에 닿는다. 군자가 도를 자득하고자 하는 것은 이 때문이다(離婁下 14). 여기서 '어디를 둘러보더라도 사물의 근원에 닿는다'(取之左右 逢其原)라는 말은, 앞의 외국어의 경우에서처럼, '저 사람이 하는 이런이런 말은 이러이러한 말로 표현할 수 있는 생각을 다르게 표현하고 있구나'라고 말할 수 있는 바로 그 상태를 나타낸다. 그 사람에게는 누가 하는 어떤 말도 자신의 마음속에 들어 있는 '표현 이전의 생각'을 표현하는 것으로 이해된다. 이 '표현 이전의 생각'이 맹자가 말한 '사물의 근원'이다.

¶47 인식(또는 지식의 획득)의 방법을 밝히고자 하는 사람은 그가 자신의 말로 표현하고자 하는 것도 지식이라는 것, 그

리고 그가 밝히고자 하는 '방법'은 그가 그 지식을 획득하는 데에도 사용되었다는 것을 고려하지 않으면 안 된다. 예컨대 로크가 모든 지식은 감각의 문으로 들어온다고 말했을 때 그는 자신의 그 견해도 감각의 문을 통하여 들어온 것이라고 생각했겠는가? (청각도 감각의 일종이라면 문제는 다르다.) 아니면, 로크가 감각의 문으로 들어온다고 말한 그 지식과 로크의 그 말이 나타내는 지식은 종류나 차원에 있어서 구분되며, 한쪽에 적용되는 방법이 다른 쪽에는 적용되지 않는다고 말해야 하는가? 또는, 다르게 말하여, 인식에 관한 로크의 설명은 그가 말한 '단순 관념들의 연합(association)에 의하여 형성되는 복합관념'의 한 예가 될 수 없는가? 만약 이 가능성이 부정된다면 로크의 그 말은, 대부분의 인식론적 발언과 함께 순전한 사기에 지나지 않는다.

윤리학적 발언이라고 하여 그다지 다르겠는가? 만약 윤리학적 발언 중에 사람들이 도덕적 선을 어떻게 선으로 알아보는가에 대한 대답이 들어 있다고 하면, 그 발언을 하는 사람은 자신의 도덕적 신념 또한 그러한 과정으로 형성되었다고 보지 않으면 안 된다.

¶48 다음 세 가지 질문을 비교해 보자.

(1) 사람은 어떻게 빨간색－정확하게는 '빨간색'이라는 이름

으로 불리는 색—을 빨간색으로 지각하는가? (또는, 사람들은 어떻게 빨간색을 다 같이 빨간색으로 지각하는가?)

(2) 사람은 어떻게 며칠 전에 들었던 멜로디를 지금 듣는 멜로디와 동일한 것으로 식별하는가?

(3) 사람은 어떻게 '빛은 직진한다'는 말의 의미를 알게 되는가?

위의 세 가지 질문은 모두 인간의 정신작용에 관한 것인 만큼 넓은 의미에서는 인식론의 문제로 간주될 수 있을 것이다. 사실상, 인식론에서는 이따금 그것들이 서로 섞바뀌어 취급되는 것을 볼 수 있다. (예컨대 폴라니는 명백히 질문 (3)을 대답하려고 하면서 마치 (1)과 (2)에 대한 대답이 (3)의 대답에 '근거'가 되는 듯이 말한다.) 그러나 그 세 가지 질문 사이에는 엄연한 차이가 있다. 질문(1)은 물론이요 어쩌면 (2)까지도 인식론적 방법으로 대답될 것이 아니라 신경 계통의 작용에 관한 생리학(또는 생리심리학)의 방법으로 대답되어야 할 것으로 생각되는 것이다.

인식론의 본령에 속하는 '인식'은 질문(3)에 나타나 있는 것과 같은 '전달에 의한 인식'이며, 따라서 인식의 문제는 전달의 문제로 바꾸어 진술될 수 있다. 인식이 개념을 매개로 하는 한, 인식은 명시적인 것이든 암묵적인 것이든 전달에 의존할 수밖에 없다. 정확하게 말하자면 인식이라는 것은, 특히 인식 주체의 입장에서 보면, 개념을 전달받는 행위를 가리킨다. 인식이

전달을 가정함에도 불구하고 일반적으로 인식이 인식 주체의 개인적 행위로 간주될 수 있는 것은 아마 개인 '내부에서' 일어나는 사고의 구조와 개인들 '사이에서' 일어나는 전달의 구조가 명백한 동형 관계를 나타내기 때문일 것이다. ('사고는 자신과의 대화이다'—플라톤)

¶49 앞에서 심성함양은 '중층구조의 아래층을 매개로 하여 위층으로 나아가도록 하는 활동'[27], 또는 이와 동일한 의미로, '"표현 이후의 심성"을 통하여 "표현 이전의 심성"을 확립하는 활동'[33]으로 정의된 바 있다. '표현 이전의 심성'과 '표현 이후의 심성'(또는 '심성'과 '심정', 또는 더 간단하게, '심성과 그 표현')이 '중층구조'를 이루고 있다는 사실에서 알 수 있는 바와 같이, 이 세상에서 우리가 당면하는 사건과 현상(즉, '세계')치고 심성의 표현이 아닌 것은 아무것도 없다고 말해야 한다. '방편'[33]은 '세계'를 심성함양의 '매체'라는 관점에서 규정할 때 사용되는 용어이다. 그리하여 심성함양이라는 활동은 사람들(자신과 다른 사람)의 마음속에 심성을 심어줄 목적으로 방편을 활용하는 행위를 가리킨다.

심성함양을 위하여 방편을 활용하는 행위는 전형적으로 '전달'의 형태를 취한다. 물론, '세계' 전체가 방편이 될 수 있는 만큼, 방편이 활용되는 방식 중에는 전달자와 피전달자 그리고 전달 매체라는 전달의 요소들을 명시적으로 갖춘, 본격적인 의미에서의 전달이라고 보기 어려운 경우도 있겠지만, 이 경우에도 그 활동은 전달이라는 전형적인 형태에 비추어 심성함양 활동의 성격을 띠게 된다. 그리고 이와 같이 심성함양 활동이 전형적으로 전달의 형태를 취한다는 사실은 언설이 심성함양의 매체로서 결정적으로 중요한 위치를 차지한다는 것을 시사한다.

앞 [5]에서 살펴본 바와 같이, 언설은 그것이 심성을 '표현'하는 방식에 따라 세 가지로 구분될 수 있다. 그것은 (1) 말할 수 없는 것을 말하는 말(초자연적 관념의 진술), (2) 말할 수 없는 것을 보여주는 말(초자연적 사실의 진술), 그리고 (3) 말할 수 없는 것을 느끼게 하는 말(자연적 사실의 진술)이다. (1)은 키에르케고르가 관심을 가졌던 윤리 · 종교적 발언에 의하여 예시되며, (2)는 비트겐슈타인의 「논리철학 논고」에 나타나 있는 명제들에 의하여 예시된다. ('종교적' 발언은 차치하고 '윤리적' 발언도 '말할 수 없는 것을 말하는 말'에 속한다고 보는 데 관해서는 별도의 설명이 필요하다. 이하 참조.) 그리고 (3)은 학교교과의 대부분을 이루고 있는 '이론적 지식'을 망라한다. 이들 세 가지 종류의 발언이 심성을 각각 상이한 방식으로 표현한다는 것은 그것들이 심성함양의 매체로서 상이한 성격을 가지며 따라서 심성함양을 위하여 상이한 방식으로 활용되어야 한다는 것을 뜻한다. 그러므로 이 항목의 첫머리에 제시된 심성함양의 정의가 조금이라도 구체적인 의미를 가지기 위해서는 그 언설들의 상이한 활용 방식을 개략적으로나마 설명하지 않으면 안 된다. 이것은 곧 전달의 상이한 방식을 설명하는 셈이 된다. (위의 세 가지 언설 중에서 (2)가 심성함양의 매체로서 활용된다면 그것은 비트겐슈타인의 「논리철학 논고」에 나타나 있는 것과 같은 언어적 진술을 통해서가 아니라 제도하에서의 행동—정치와 도덕—을 통해서이다.)

¶50 먼저, 윤리적 발언이 종교적 발언과 함께 '말할 수 없는 것을 말하는 말'로 분류될 수 있는가에 관하여 생각해 보겠다. 종교적 발언은 대체로 신이나 부처에 관한 발언을 뜻하며, 윤리적 발언은 도덕적 판단을 표현하는 발언을 뜻한다고 말할 수 있다. 이렇게 생각해 보면 양자 사이에는 분명한 차이가 있는 것처럼 생각된다. 신이나 부처에 관한 발언의 경우에는 그것에 '책임 문제'[5]가 따르지 않는다는 점이 쉽게 납득될 수 있는 반면에, 도덕적 판단에는, 비록 과학적 법칙에 따르는 것과 동일한 것은 아니라 하더라도, 책임 문제가 따르는 것으로 생각되는 것이다. 이것은 곧 종교적 발언이 명백하게 '관념'을 진술하는 것과는 달리, 윤리적 발언은, 과학적 사실과 완전히 동일한 것은 아니지만, 일종의 '사실'을 진술한다는 것을 뜻한다. (사실상, 윤리학의 이론 중에는 도덕적 판단이 과학적 법칙과 동일한 방식으로 '정당화'되어야 한다고 주장하는 이론이 있다.)

그러나 윤리적 발언과 종교적 발언의 차이에 관한 위와 같은 생각은 심성과 그 표현을 혼동함으로써 당연히 심성의 표현에 속한다고 보아야 할 것을 심성 그 자체로 착각하는 데서 빚어진다. 도덕적 판단이나 도덕적 행동과 같이, 통념상 '도덕'이라고 생각되는 것은 도덕 그 자체가 아니라 도덕의 표현이다. 도덕 그 자체는 성리학의 용어로 '無不善'무불선으로 불리는, 표현 이전의 표준으로서의 '절대적 선'이며, 여기에 비하여 통념상의 '도덕'은 그 표현 이전의 표준이 도덕의 영역에서 표현된 '상대적 선'이다[24]. '표현 이전의 표준'이라는 용어에 나타나 있는 바와 같이, 절대적 선은 '선'으로서의 형태를 갖추기 이전의, '선'이라고 부를 수조차 없는, '표준'이며, 따라서 그것은 '절대적 진', '절대적 미', '절대적 성'과 다르지 않다. 우리가 진선미성이라고 부르는 것은 엄밀하게 말하자면, 진선미성 그 자체가 아니라 표현 이전의 표준으로서의 진선미성 그 자체가 표현된 것, 즉 진인 것, 선인 것, 미인 것, 성인 것을 가리킨다.

쉽게 짐작할 수 있다시피, 위에서 말한 것과 같은 도덕과 그 표현 사이의 혼동이 가장 흔히 그 모습을 드러내고 또 가장 심각한 문제를 일으키는 경우는 '도덕'을 가르치는—즉, 도덕을 '전달하는'—사태에서이다. '표현된 도덕'(표현 이후의 도덕) 이외에 그것과는 다른—또는 더 정확하게, 그 표현의 '원인'인—'도덕 그 자체'(표현 이전의 도덕)가 있다는 것이 명백히 인식되지 않을 때, 도덕을 가르치는 일은 도덕적 판단을 旣成기성의 형태로 일러주거나 특정한 경우에 따라야 할 세부적 행동 지침을 실천하도록 하는 것 이외의 다른 형태를 취할 수 없을 것이다. 이런 형태의 도덕교육이 소기의 성과를 거둘 수 없으리라는 것은 말할 것도 없고, 설사 소기의 성과를 거둘 수 있다 하더라도 그것은 올바른 의미에서의 '도덕적 심성'을 갖춘 도덕적 인간은 길러내지 못한다. (여기서 '도덕적 심성'은 예컨대 '심미적 심성'과 구분되는, 심성의 '부분'을 가리키는 것이 아니라, 장차 도덕적 판단이나 행동으로 표현될, 심성의 '측면'을 가리킨다.)

전해 오는 바에 의하면 世祖세조는 다른 사육신들과 함께 朴彭年박팽년을 잡아다가 국문할 때, 벌겋게 달군 쇠붙이로 온몸을 지졌다고 한다. 그때, 자신의 살갗이 타서 떨어져 나가고 기름 튀는 소리가 진동하는 앞에서 박팽년은 오히려 '이 쇠 차니 다시 달궈 가져오라'고 호령했다고 한다. 어떤 '가르침'이 박팽년으로 하여금 인간으로서는 불가능한 '도덕'을 발휘하도록 이끌었겠는가? 적어도 위에서 말한 통념상의 도덕교육이 그런 결과를 가져올 수 있으리라는 것은 상상하기 어렵다. 그리고 이와는 달리, 박팽년의 그러한 행동은 다양한 경로를 통하여 함양된 심성—표현 이전의 표준으로서의 도덕 그 자체—이 그 특정한 경우에 맞게 표현된 형태를 보여준다는 것 이외의 다른 방식으로는 설명될 수 없다. 박팽년에서 보는 것과 같은 극단적인 경우는 아니더라도, 법적 또는 도덕적인 면에서 外的외적인 제재에 저촉될 염려가 전연 없는 사태에서도 '사람으로서 차마 그 일은 할 수 없다'고 말하는 경우는 모두 이와 동일한 방식으로 설명될 수 있을 것이다.

¶51 플라톤 「국가론」(제2권)에서 글라우콘은 트라쉬마코스의 입장을 대변하면서 이른바 '기게스의 반지'—그것을 끼면 남의 눈에 보이지 않는다는 전설의 반지—와 관련된 가상적인 사례를 들고 소크라테스의 의견을 묻는다. 즉, 그런 반지가 두 개 있어서 정의로운 사람과 부정의한 사람에게 끼워 주고 두 사람의 행동을 지켜볼 수 있다면 과연 어느 쪽이 어느 쪽인지 분간할 수 있겠느냐는 것이다. 아마, 글라우콘의 말대로 그것을 분간할 수 없을지 모른다. 그러나 그 이전에 중요한 사실은, 정의로운 사람은—정의의 외양이 아니라 정의의 실재를 갖춘 사람이라면—그런 반지를 끼려고 하지 않는다는 것이다. 그것을 낄 이유가 없는 것이다.

¶52 위에서 말한 것과 같은 이유에서 윤리적 발언은 '말할 수 없는 것을 말한다'는, 심성함양의 매체로서의 성격에 있어서 종교적 발언과 다르지 않다. 다시 말하여, 두 가지는 그것이 심성함양의 매체로서 활용될 때 동일하게 특별한 고려의 대상이 되어야 한다. 키에르케고르의 '간접전달'은 그 특별한 고려가

어떤 것인가를 예시한다.

간접전달에 관한 키에르케고르의 아이디어는 다음과 같이 풀이될 수 있다. 우선, 윤리 · 종교적 발언이 '말할 수 없는 것을 말하는 말'에 속한다는 것은 그 말이 전달하고자 하는 '내용'—즉, 전달의 목적—이 그 말에 명시적으로 나타나 있는 것이 아니라 그 말의 '이면'에 들어있는 것—즉, '말할 수 없는 것'—임을 뜻한다. 그러나 '말할 수 없는 것을 말하는' 데에 사용되는 모종의 '특별한 말'이 있는 것은 아니다. '말할 수 없는 것을 말하는 말'도 그 문법 형태에 있어서는 '말할 수 있는 것을 말하는 말'과 다름이 없다. 다시 말하여, 윤리 · 종교적 발언(또는, 그 발언에 담겨 있는 윤리 · 종교적 지식)을 전달하는 사람은 '말할 수 있는 것을 말하는 말'—정확하게는, '말할 수 있는 것을 말하는 말'과 동일한 문법 형태를 갖춘 말—을 통하여 그 말에 직접 나타나 있지 않은, 그리고 이 점에서 그것과는 다른 '말할 수 없는 것'을 전달하고자 한다. 윤리 · 종교적 발언이 심성함양의 매체로서 특별한 고려의 대상이 된다는 것은 당연하다. 만약 그가 전달하고자 하는 내용이, 키에르케고르의 예를 따라 예컨대 과학적 발언에서와 같이, 그 발언 속에 직접 나타나 있다면, 그것을 전달하기 위한 '특별한 고려'는 불필요할 것이다. (앞에서 누누이 강조된 바와 같이, '심성'은 위에서 말한 '말할 수 없는 것'에 해당하는 '표현 이전의 표준'을 가리키며, 심성이 함양된 상태는 우리의 마음에 그 '말할 수 없는 것'이 갖추어진 상태, 또는 어차피 비유에 지나지 않는 것이지만, 우리의 마음이 '말할 수 없는 것'으로 된 상태를 가리킨다.)

¶53 키에르케고르의 '간접전달'과 관련하여 지금 우리의 목적으로 보아 중요한 것은 그것을 전달의 세부적인 기법으로 받아들이는 것이 아니라 그것의 일반적 의미를 분명히 하는 것이다. (키에르케고르가 '간접전달'을 세부적 기법으로 제시했는가도 의문이다.) 일반적 의미로 이해할 때 간접전달은 '이러이러하게 해야 한다'는 적극적 처방을 제시한다기보다는 '이러이러하게 해서는 안 된다'는 소극적 경고를 나타낸다고 보는 것이 옳을 것이다. 윤리 · 종교적 발언이 문법 형태로 보아 과학적 발언과 다르지 않기 때문에, 사람들은 윤리 · 종교적 지식도 과학적 지식과 동일한 방식―'직접 전달'―으로 전달될 수 있다고 생각한다. 그러나 이러한 방식으로 전달된 지식은 윤리 · 종교적 지식의 성격―'말할 수 없는 것을 말하는 말'―에 미달하며, 따라서 그것의 원래의 목적인 '존재의 변화'―즉, 심성함양―를 초래할 수 없다.

키에르케고르는 간접전달의 보기―'인간으로서' 보여줄 수 있는 최선의 보기―를 소크라테스의 교육방법에서 찾았다. 그의 석사학위 논문인 「아이로니의 개념」에 붙인 부제에서 보듯이, 그는 '끊임없이 소크라테스를 돌아보았다.' (키에르케고르에 의하면, 간접전달의 가장 완전한 보기는 예수의 전달방법에서 찾아볼 수 있다.) 간접전달의 보기로서 소크라테스의 교육방법이 보여주는 것은, 청년들을 상대로 윤리 · 종교적 지식을 '전달'할 때 그는 자신이 하는 윤리 · 종교적 발언을 스스로 '무효화'한다는 것이다. 그렇게 할 때, 청년은 소크라테스의 발언에 직접 나타난 것을 믿을 수 없게 되고, 그러한 '지적인 진공상태'에서 벗어나기 위하여 그 말에 나타나 있지 않은, 그러나 분명히 그 말에 암시되어 있는 '표현 이전의 표준'—'말할 수 없는 것'—을 자발적으로 찾아내지 않으면 안 된다.

앞에서 키에르케고르의 간접전달은 윤리 · 종교적 지식의 전달에 적용되어야 할 특별한 고려를 예시한다고 말했을 때, '예시'라는 단어는 특별히 엄밀한 의미로 사용된 것이다. '달을 가리키는 손가락'의 비유로 잘 알려진 禪宗선종의 '전달 방법'은 모든 본질적인 면에서 키에르케고르의 '간접전달'과 동일한 고려를 나타내고 있다. 키에르케고르에 있어서와 마찬가지로, 여기서도 윤리 · 종교적 지식을 전달하고자 하는 사람은 그 전달을 통하여 자신의 발언을 '무효화'함으로써 손가락이 아닌 달을 보도록 해야 한다는 점이 여러 가지 방식으로 강조되고 있다.

키에르케고르의 간접전달에 관하여 한 가지 특별히 유의하여야 할 것은, 윤리 · 종교적 발언의 전달은 언제나 심성의 '절대적 공백상태'에서 일어나는 것이 아니라는 점이다. 그 발언에 접하는 사람—피전달자—은 그 발언에 접하기 이전에 그 밖의 다른 경로를 통하여 이미 다소간은 '심성이 함양된' 상태에 있는 것이다. 키에르케고르의 간접전달이나 선종의 언어적, 비언어적 '깨우침'이 '말할 수 없는 것'을 전달할 수 있는 것은 이 점에 비추어 비로소 의미 있게 설명될 수 있을 것이다. 보다 직접적으로 말하여, 만약 이전에 다른 통로를 통하여 함양된 심성이 없다면, 윤리 · 종교적 발언을 하면서 동시에 그것을 무효화하는 전달 방식은 우리 마음속에 '표현 이전의 표준'을 심어주는 효과를 나타내기 어려울 것이다.

¶54 저자가 아는 한, 기독교의 가르침을 한마디로 압축해 놓은 것은 '베드로 전서' 1장 24-25절에서 찾아볼 수 있다. 가로되, '모든 육체는 풀과 같고 그 모든 영광은 풀의 꽃과 같으니 풀은 마르고 꽃은 떨어지되 오직 주의 말씀은 세세토록 있도다.' 이것이 기독교 성경에서 인용된 구절이라는 것은 잠깐 잊어버리고 거기에 나타난 말만 가지고 생각해 보면, 그것이 '표현 이전의 표준을 "직접" 표현하는' 종교적 발언이라는 것은 납득하기가 쉽지 않다. 육체와 그 영광이 풀과 그 꽃처럼 시들고 떨어진다든가 여기에 비하여 '주의 말씀'은 시들고 떨어지는 법이 없이 세세토록 있다는 말은, 비록 '주의 말씀'을 언급하기는 하지만, 표면상 과학에 나오는 '사실'에 관한 발언과 다를 것이 없어 보인다.

그러나 키에르케고르라면 그 성경 구절을 그의 '간접전달'을 설명하는 예시 자료로 삼았을 법하다. 왜냐하면 그가 보기에 기독교인의 형성에 있어서의 가장 큰 걸림돌은 사람들이 그 구절을 '사실'에 관한 것으로 착각한다는 데에 있었으며, 그의 '간접전달'은 그것이 '사실'에 관한 것이 아님을 깨닫도록 하기 위한 전달 방법이었기 때문이다. 위의 구절이 '사실'에 관한 것처럼 보인다 하더라도, 그런 '사실'은 종교가 아닌 다른 곳—예컨대 과학—에서는 접할 수 없다. 혹시 도덕에는 그런 종류의 '사실'이 등장할지 모르지만, 20세기의 분석철학자들이 종교적 발언과 도덕적 발언을 다 같이 '넌센스'—그 진위 여부를 가리는 방법이 없는 명제—로 취급했다는 사실에서 알 수 있는 바와 같이, '표현 이전의 표준을 직접 표현한다'는 점에 있어서는 종교적 발언과 도덕적 발언이 다르지 않다. (비트겐슈타인의 '윤리학 강의'는 적어도 이 점에서는 옳은 말을 한 것이다.) 그러므로 앞의 성경 구절을 종교적 발언으로 만드는 것은 단순히 거기에 나오는 '주의 말씀'이라는 말이 아니라 그 구절이 말하고자 하는 전체적 의미이다.

¶55 윤리 · 종교적 발언—또는 초자연적 관념을 표현하는 발언—이 '말할 수 없는 것을 말하는 말'이라면, 과학적 발언—또는 자연적 사실을 기술하는 발언—은 '말할 수 있는 것을 말

하는 말'에 해당한다. 앞의 '말할 수 없는 것을 말하는 말'에 비하여 이 '말할 수 있는 것을 말하는 말'은, 거기에 사용된 용어만으로 보면, '말할 수 없는 것'—즉 초자연적 관념 또는 심성—과는 아무런 관련이 없는 것처럼 생각되고, 따라서 심성을 표현하거나 함양하는 매체로서 아무런 기능도 수행할 수 없는 것처럼 생각된다. (적어도 윤리 · 종교적 지식과 과학적 · 역사적 지식을 '주관적 지식'과 '객관적 지식'으로 구분했을 때, 키에르케고르는 그렇게 생각했음에 틀림없다.) 그러나 사실은 전혀 그렇지 않다. 이하의 설명에서 알 수 있는 바와 같이, '말할 수 있는 것을 말하는 말'은 심성함양의 매체로서 가장 광범하게 활용되면서 또한 가장 강력한 힘을 발휘한다. 앞 [5]에서 '말할 수 있는 것을 말하는 말'은, '초자연적 사실을 기술하는 발언'이 '말할 수 없는 것을 보여주는' 데 비하여, '말할 수 없는 것을 느끼게 하는' 것으로 규정되어 있다. 다시 말하여, '말할 수 있는 것을 말하는 말'—과학과 역사를 포함한 일체의 '이론적' 학문—은 '말할 수 없는 것을 느끼게 한다'는 점에서 심성함양의 매체로서 기능을 수행한다. 이 점을 다소간 만족스럽게 설명하기 위해서는 칸트의 제3비판서인 「판단력 비판」이 다루고 있는 '반성적 판단'을 중심으로 하여 칸트의 철학 전체를 고쳐 쓰지 않으면 안 된다. 이하에서는 여러 이론적 학문이 '말할 수 없는 것을 느끼게 한다'는 점을 이해하는 데에 필요한 범위 내에서 '반성적 판단'의 의미와 의의를 설명해 보겠다.

¶56 칸트가 그의 철학을 통하여 하려고 한 일이 무엇인가 하는 질문에 대하여, 그가 철학을 공부하기 시작했을 당시부터 줄곧 그의 마음속에 들어 있었던 의도로서가 아니라, 그의 철학이 이룩한 결과로서 대답한다면, 그것은 인간이 어떻게 神신의 경지로 발돋움할 수 있는가를 보이고자 했다는 대답이 될 것이다. (사실상, 이것 이외에 철학이 해야 할 일이 어디에 있겠는가가 의심스러울 정도로, 그 이름에 부끄럽지 않은 철학은 어떤 것이든지 이 일을 하고자 했다고 말할 수 있다.) 칸트의 용어에 보다 가깝게 표현하자면, 그것은 '개념'에 얽매여 있는 인간이 어떻게 그 개념의 속박에서 벗어나 神的신적 '이념'으로 비상할 수 있는가를 보이고자 했다는 대답이 된다. 그의 제3비판서인 「판단력 비판」이 다루고 있는 '반성적 판단'은 그의 이 철학적 노력이 터뜨린 마지막 꽃망울이다. 그러나 그 꽃망울은 안팎으로 순조롭지 못한 생장 조건으로 말미암아 아직은 화려하게 만개된 모습을 드러내지 못하고 있다.

¶57 칸트 철학의 마지막 꽃이 반성적 판단이라면, 제1비판서인 「순수이성 비판」의 첫머리에 그 씨앗이 들어 있다는 것은 충분히 짐작될 수 있는 일이다. 적어도 그것은 그의 철학이 하나의 '정합된 체제'(coherent system)를 이루고 있는 한, 불가피하다고 말할 수 있다. 칸트는 제1비판서의 '서론'을, '판단'을 두

가지 기준에 의하여 두 쌍씩 구분하는 것으로 시작한다. 한 가지 기준은 판단이 '경험으로부터 독립되어 있는가의 여부'이며, 이 기준에 따라 판단은 '아프리오리적(선험적) 판단'과 '아포스테리오리적(후험적) 판단'으로 구분된다. '경험으로부터 독립되어' 있는 전자에 비하여, 후자는, 칸트 자신의 용어는 아니지만 편의상, '경험으로부터 도출된' 판단을 가리킨다고 말할 수 있을 것이다. 판단을 구분하는 또 하나의 기준은, 판단을 'A는 B이다'라는 일반적인 형식으로 표현할 때, 'B가 A에 의미상으로 포함되어 있는가의 여부'이며, 이 기준에 따라 판단은 '분석 판단'(또는 분석 명제)과 '종합 판단'(또는 종합 명제)으로 구분된다. 칸트 자신의 예시에 의하면, '모든 물체는 크기를 가진다'라는 판단은 전자에 속하며 '모든 물체는 무겁다'라는 판단은 후자에 속한다.

그렇다면 앞의 기준에 의한 한 쌍의 판단에 속하는 예로서는 어떤 것을 들 수 있는가? 칸트는 초판과 제2판의 어디에서도 아포스테리오리적 판단에 관해서는 예시할 필요를 느끼지 않고 오직 제2판에서 아프리오리적 판단에 관하여, 그것도 '정확하지 않은' 예를 들고 있다. 즉, 어떤 사람이 자신의 집 기초를 파헤치면서 그 집이 장차 무너질 것이라는 '판단'을 하는 경우에, 그 사람에게 그것은 '경험으로부터 독립된' 판단처럼 생각될지 모르지만, 그것은 엄밀한 의미에서의 아프리오리적 판단이 아니다. 엄밀하게 말하자면 아프리오리적 판단은 이 사람저 사람의 경험으로부터 독립된 것이 아닌, '절대적으로' 경험으로부터 독립된 판단을 가리킨다. 그렇다면 칸트 자신이 그 예로 들고 있는 '모든 변화에는 원인이 있다'라는 명제(또는 판단)는 그와 같이 '엄밀한 의미에서의' 아프리오리적 판단에 속하는가? 칸트 자신의 주장과는 별도로, '원인이 있다'(B)는 것은 '변화한다'(A)는 것에 의미상으로 포함되어 있으며, 이 점에서 그것은 분석 판단(명제)이 아니고 무엇인가? 그리고 분석 판단(명제)은 과연 칸트가 말한 것과 같은 의미에서 '절대적으로' 경험으로부터 독립된 판단(명제)이라고 말할 수 있는가? (이하의 설명에서 알 수 있는 바와 같이, '아프리오리적 명제'와 '순수 명제'에 관한 칸트의 구분은 형이상학을 '아프리오리적 종합 명제'(synthetic a priori proposition)로 규정하려는 칸트의 의도에서 빚어진 불필요한, 따라서 그릇된 구분이다.)

¶58 위의 두 기준에 의한 판단의 구분—아프리오리적 판단과 아포스테리오리적 판단 그리고 분석 판단과 종합 판단—은, 양자 사이의 관련이 특별히 문제 되지 않은 채, 칸트 이전에도 존재해 왔다고 보아야 한다. 만약 누군가가 칸트 이전에 그 두 가지 기준에 의한 구분을 관련지으려고 했더라면, 그 사람은, 칸트 자신이 그 흔적을 나타내고 있듯이, 아프리오리적 판단과 분석 판단, 그리고 아포스테리오리적 판단과 종합 판단

을 동일한 것으로 생각했을 것이다. 그러나 칸트에 와서 그 두 가지 기준에 의한 구분은 잠재적으로 2×2 방안에 의하여 결합될 수 있는 것으로 간주된다. 그리하여 결과적으로, '아포스테리오리적 분석 판단'을 불가능한 것으로 제외한 나머지 세 가지 판단이 구분 가능하게 된다.

이때까지 거의 모든 칸트 해설자들이 이 2×2 방안에 의한 결합을 당연한 것으로 받아들여 온 데에는 「순수이성 비판」 제2판의 서론 첫머리에 칸트가 적어 넣은 다음과 같은 유명한, 그러나 치명적으로 애매한 문장이 근거가 되었을 것이다. 즉, '모든 지식이 경험과 더불어 시작되는 것은 사실이겠지만, 그렇다고 하여 모든 지식이 경험으로부터 생긴다고는 말할 수 없다.' 여기에 치명적인 애매성이 들어있다는 것은 이 문장이 '경험으로부터 생기지 않은—즉, 경험으로부터 "절대적으로" 독립된—지식이 있는가'라는 질문에 대하여 두 가지 전적으로 상반된 대답을 나타낸다고 보기 때문이다. (이 단계의 논의에서는 판단, 명제, 지식이 서로 섞바꾸어 사용될 수 있다고 가정해도 무방하다.) 첫째로, '모든 지식이 경험으로부터 생기는 것은 아니다'라는 말은 경험으로부터 독립된 지식—아프리오리적 지식, 명제, 판단—도 있을 수 있다는 뜻으로 해석될 수 있다. 틀림없이 이것이 칸트의 의도였을 것이다. 그러나 둘째로, 그 말은, 똑같이 타당하게, 경험은 지식을 만들어내는 '원인'이 아니라 지식이 생기는 '계기'에 지나지 않는다는 뜻으로 해석될 수 있고, 이 후자의 해석에 의하면, 경험으로부터 독립된 지식—아프리오리적 지식, 명제, 판단—은 있을 수 없는 것으로 된다. 칸트 자신의 의도와는 별도로, 경험을 계기로 하지 않는 지식이 있을 수 없는(즉, 모든 지식이 경험과 더불어 생기는) 경우에, 어떻게 경험으로부터 독립된 지식이 있을 수 있는지 납득할 수 없는 것이다.

결국, 칸트가 생각하고 있는 2×2 방안에 의한 판단의 분류는 그 두 기준이, 예컨대 남자와 여자(성별), 기혼과 미혼(혼인상태)에서와 같이, 완전히 대등한 또는 상호 배타적인 것일 때 타당성을 가질 수 있다. 그러나 칸트의 그 경우는 그런 것이 아니다. 칸트가 아프리오리적 판단에 대하여, '정확하지 않은' 예시나 '타당성이 의심스러운' 예시를 하는 것 이상으로 예시를 할 수 없었던 것은 그것이 'A는 B이다'라는 일반적 형식을 따르는 보통의 판단이 아니기 때문이다. 칸트 자신의 예에서 볼 수 있듯이 'A는 B이다'라는 형식에 맞추어 진술될 수 있는 판단은 일체가 아포스테리오리적 판단이다. 아프리오리적 판단에 '판단'이라는 용어를 사용하는 것은 오직 아포스테리오리적 판단과의 대비를 위하여 취해진 편의상의 조치이며, 그것이 아포스테리오리적 판단과 마찬가지로 'A는 B이다'라는 형식—명제의 형식—에 맞추어 표현될 수 있기 때문이 아니다.

이런 점들을 고려하여 판단을 다시 분류하자면, 먼저 아프리오리적 '판단'과 아포스테리오리적 판단이 구분되고 아포스테리오리적 판단은 다시 분석 판단과 종합 판단으로 구분된다고 말해야 한다. 아프리오리적 판단에 관한 이러한 규정은 「순수이성 비판」의 본문과 그 이후에서 취급되는 인식의 수준별 '아프리오리'—시간과 공간(감각 수준), 범주(이해 수준), 그리고 이념(판단 수준)—에도 그대로 적용된다. 그리하여, 아프리오리적 판단과 아포스테리오리적 판단은 그 이후의 용어로 각각 '이념'과 '개념'으로 대표된다고 말할 수 있다. (「대승기신론 통석」 추기, '선험철학과의 관련' 참조.) 판단의 두 가지 종류를 '이념'과 '개념'으로 이해할 때, 아프리오리적 판단과 아포스테리오리적 판단은 단순히 판단의 두 가지 종류가 아니다. 판단의 두 가지 종류 사이에는 경험으로부터 독립되어 있는가의 여부에 따른 차이가 있다는 점 이외에, 양자 사이에 하등의 관련이 성립하지 않는다. 이와는 달리, 이념은 애당초 개념과의 관련을 전제로 하여 성립한다. 이념은 개념의 논리적 가정이며, 이념에 비추어 보지 않고는 개념을 의미 있게 설명할 방법이 없다. 그러나 또한, 이념은 개념과 동일한 차원에 속하는 '또 하나의 개념'이 아니다. 이념은, 불교의 진여나 성리학의 심성과 마찬가지로, 정상적인 언설로서는 표현할 수 없는 '표현 이전의 표준'이다. 여기서 '표현 이전'이라는 용어는 칸트가 말한 '경험으로부터 절대적으로 독립되어 있다'는 말과 완전히 동일한 의미를 나타내며, 따라서 칸트의 이 말은 '표현 이전'을 가리키는 용어로 이해되어야 한다.

¶59 「판단력 비판」에서 칸트는 판단을 일반적으로, '특수자가 보편자에 포함 또는 포섭되는 것으로 사고하는 능력'으로 정의하고, 이 정의에 따라 판단의 두 가지 종류를 구분하고 있다. 하나는 '규정적 판단'이며, 이것은 보편자가 주어져서 그 아래에 특수자가 포섭되는 경우이다. 또 하나는 '반성적 판단'이며, 여기서는 특수자만 주어져 있고 그것이 포섭되는 보편자를 찾는 것이 판단의 목적이 된다. 두 가지 종류의 판단에 관한 위의 규정에는 단순히 보편자가 주어져 있는가의 여부에 관한 '차이'만 나타나 있을 뿐, 양자의 '관련'은 전연 시사되어 있지 않다. 그리하여 칸트의 규정에 의하면 두 가지 판단은 단순히 다음과 같이 병렬적인 두 가지 종류의 판단으로 간주된다.

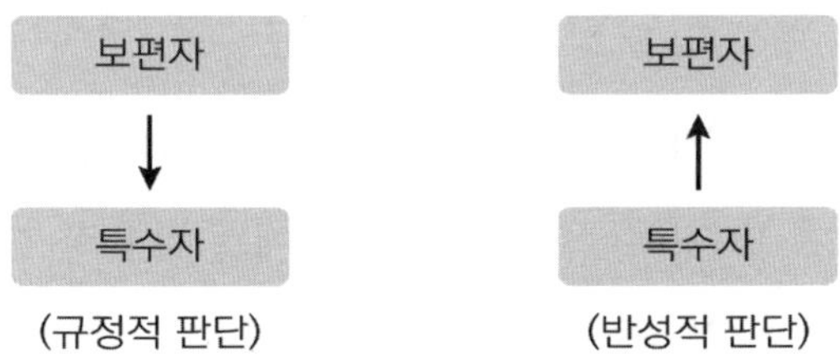

그러나, 말할 필요도 없이, 위의 그림에 나와 있는 '보편자'와 '특수자'는 두 가지 판단을 '특수자가 보편자에 포섭된다'는 판단의 일반적 형식에 따라 구분하기 위하여 사용된 것이며, 두 경우에 사용된 두 가지 보편자와 두 가지 특수자가 동일한 것을 지칭한다고 볼 수는 없다. 왜냐하면 규정적 판단에서 '주

어진' 보편자는 개념이며 반성적 판단에서 '찾아야 하는' 보편자는 이념이라고 볼 수밖에 없기 때문이다. 규정적 판단은 개념(보편자)을 사례(특수자)에 적용하는 행위, 또는 사례가 개념에 포섭된다고 보는 사고를 가리킨다. 이것은 'A(특수자)는 B(보편자)이다'라는 명제로 나타낼 수 있는 '보통의' 판단이다. 여기에 비하여, 반성적 판단은 개념(특수자)이 '포섭될', 또는 보다 적절한 용어로, '지향하는' 이념(보편자)을 찾는 행위나 사고를 가리킨다. 반성적 판단에서 '주어진' 개념(특수자)은 규정적 판단에서 사례에 적용될 개념(보편자)과 다른 것일 수 없다. 그뿐만 아니라, 보다 중요한 것으로서, 반성적 판단에서 '찾아야 하는' 이념은, 앞에서 말한 아프리오리와 같이, 개념이나 언설로 규정될 수 있는 것이 아니며, 따라서 반성적 판단은 'A는 B이다'라는 명제로 표현될 수 있는 '보통의' 판단이 아니다.

이와 같이 두 가지 판단에 사용된 보편자와 특수자의 의미를 따져 보면 두 경우에 그 용어 사이에는 다음과 같은 일종의 '수직적 상치'가 존재한다고 말할 수 있다.

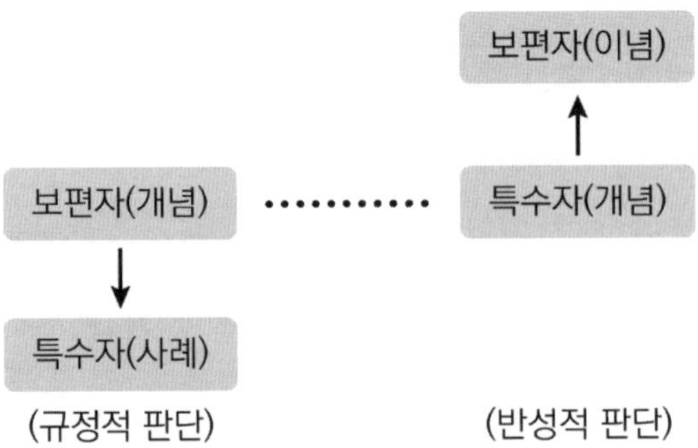

더 나아가서, 규정적 판단에서의 보편자인 개념과 반성적 판단에서의 특수자인 개념이 완전히 동일하다는 점을 고려해 보면, 두 가지 판단은 병렬적인 관련이 아니라, 다음과 같이 연속적인 관련으로 연결되어 있음을 알 수 있다.

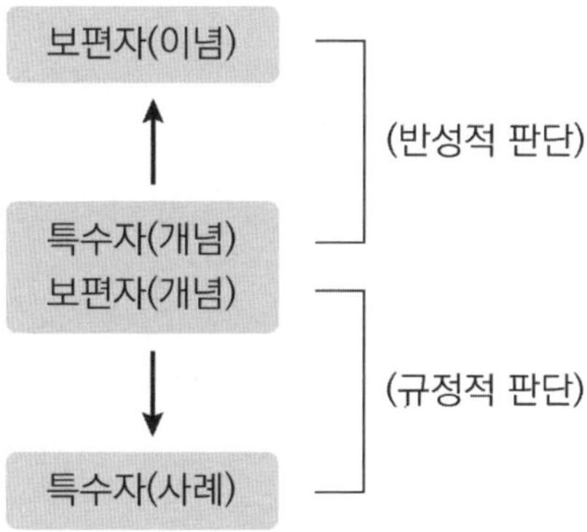

위의 그림이 보여주는 것은, 반성적 판단은, 만약 일어난다면, 규정적 판단과 별도의 시간대에 따로 일어나는 것이 아니라, 규정적 판단이 일어나는 것과 동시에, 그 '이면'에서 일어난다는 것이다. 그리고 다시, 만약 '보편자를 찾는다'고 할 때의 '찾는다'는 말을 '개념으로 규정한다'는 뜻으로 이해한다면, 반성적 판단에서 찾아야 하는 이념은 개념으로 규정될 수 있는 것이 아니며, 따라서 그것은 이미 있는 것을 발견하듯이 '찾아질' 수 있는 것도 아니다. 만약 이념의 경우에 '찾는다'는 용어를 쓴다면 그것은 '알아낸다'든가 '만들어 나간다'는 뜻으로 이해되어야 한다. 그와 마찬가지로, 두 가지 판단에서의 '보편자'와 '특수자'는 각각 개념적 위계에서의 상대적인 지위를 표시할 뿐이며, 그 용어의 엄밀한 의미에 부합하도록 사용된 것이 아니다. 보다 구체적으로 말하여, 규정적 판단에서의 보편자—개념—는 엄밀한 의미에서의 보편자(universal)의 지위에 미달하며, 반성적 판단에서의 특수자—개념—또한 엄밀한 의미에서의 특수자(particular)가 아니다.

「판단력 비판」의 서론에서 규정적 판단과 반성적 판단을 구분하고 나서도, 칸트는 제1부의 '심미적 판단'과 제2부의 '목적론적 판단'에서 그가 논의하고 있는 판단이 그 두 가지 중의 어느 것을 가리키는지에 관해서는 한마디 언급이 없다. 위에서 고찰한 바와 같이, 반성적 판단이 규정적 판단의 '이면'이라면, 칸트는 그렇게 할 수밖에 없었을 것이다. 더 정확하게 말하자면, 칸트는 자신이 '개념'에 의하여 논의하고 있는 판단은 일체가 규정적 판단이며, 반성적 판단은 그 논의의 '이면'에 그림자처럼, 또는 덜 비유적인 표현으로, '표현 이전의 표준'으로 작용하고 있다고 생각했을 것이다.

¶60 앞 [55]에서 말한 바와 같이, 반성적 판단의 의미에 관한 위의 고찰은 과학과 역사 등 '이론적' 학문을 구성하고 있는 '말할 수 있는 것을 말하는 말'이 심성함양의 매체로서 중요한

기능을 수행한다는 것을 설명하기 위한 것이었다. 위의 고찰이 여기에 도움이 된다는 것을 이해하는 데에는 몇 가지 용어들의 의미상의 관련을 확인하는 것으로 충분하다.

우선, '말할 수 있는 것을 말하는 말'—자연적 사실을 기술하는 발언—을 올바르게 사용한다는 것은 칸트 철학의 용어로 규정적 판단을 올바르게 사용하는 것과 동일한 의미를 가진다. 규정적 판단은 개념을 사례에 적용할 때 우리가 따르고 있는 사고이며, 이것은 다시, 보다 일상적인 용어로, 개념을 획득하는 행위로 규정될 수 있다. 또한, 반성적 판단이 개념을 통하여 추구하거나 지향하는—'찾으려고 하는'—이념은 '표현 이전의 표준'—'말할 수 없는 것'—이외의 다른 것이 될 수 없다. 그런데, 반성적 판단은 규정적 판단과 별도의 시간대에 따로 일어나는, 규정적 판단과 대등한 판단이 아니라, 규정적 판단의 논리적 가정—'이면'—이다. 다시 말하여, 개념을 획득(규정적 판단)하는 매 순간마다 우리의 마음은, 그것을 방해하는 장애 요인이 없는 한, 그만큼 이념을 지향(반성적 판단)하는 것이다. 물론, 이념의 성격에 비추어, 이념을 지향하는 것은 개념을 획득하는 것—즉, 개념을 사례에 적용하는 것—과 동일한 의미에서의 '의식적인' 과정이 아니다. 앞에서 '말할 수 있는 것을 통하여 말할 수 없는 것을 느끼게 한다'는 말은 이 점을 나타내고 있다.

¶61 한 가지 대단히 중요한 사실은, 규정적 판단이나 개념의 획득은 비단 학교 교과의 대부분을 구성하고 있는 이론적 지식에만 국한된 것이 아니라는 것이다. 'A는 B이다'라는 명제의 형태로 진술될 수 있는, 우리가 일상적으로 하고 있는 '보통의' 판단은 일체가 규정적 판단에 속한다. 그리하여, 이념의 실현에 관한 위[60]의 말은, 우리가 'A는 B이다'라는 형태의 명제를 말할 때마다, 또는 그런 명제에 나타난 생각을 할 때마다, 우리의 마음은 이념을 지향한다는 뜻으로 이해되어야 한다. 그러나, 앞의 설명에 명백히 시사된 바와 같이, 만약 반성적 판단이나 이념의 실현을 '심성의 함양'의 동의어로 생각한다면, 예컨대 '오늘은 비가 온다'는 판단을 할 때에도 우리의 마음은 그만큼 이념을 지향하며 우리의 심성도 그만큼 함양된다고 보아야 하는가? 아마 그렇다고 말해야 할지 모르지만, 대다수의 사람들에게 그것은 받아들여지기 어려울 것이다. 만약 이념의 실현이나 심성의 함양이 참으로 그런 것이라면, 그것은 하등의 특별한 '교육적 노력'을 필요로 하지 않는 일상적인 일로 되고 말 것이다.

그러므로, 앞에서 '개념을 획득하는 매 순간마다 우리의 마음은, 그것을 방해하는 장애 요인이 없는 한, 그만큼 이념을 지향한다'고 말했을 때, 여기에 삽입된 '그것을 방해하는 장애 요인이 없는 한'이라는 단서 조항은 대단히 중요한 의미를 담고 있다고 보아야 한다. 일상생활에서 예컨대 '오늘은 비가 온다'

는 판단이 사용될 경우, 우리의 관심은, 정상적인 경우라면, 오늘 산보 약속은 취소해야겠다든가 오늘 외출할 때에는 우산을 가지고 나가야겠다는 조치를 취하는 데에 국한되어 있으며, 그 이상으로 그 판단의 '이면'에 '논리적 가정'으로 들어 있는 '표현 이전의 표준'을 느끼는 데까지는 미치지 않는다. (물론, 이것이 원칙상 불가능한 것은 아니다.) 약속을 취소하거나 우산을 지참하는 것과 같은 실제적 조치를 취하는 것을, '심성함양'과 대비되는 용어로, '사욕 추구'라고 부른다면, 사욕 추구는 예의 규정적 판단—개념의 획득—이 반성적 판단—이념의 실현—으로 연결되는 데에 장애 요인으로 작용한다. (여기서 '사욕 추구'는, 보통 그 용어가 나타내는 도덕적인 의미와는 무관하게, 단순히 심성함양에 장애 요인이 된다는 점을 부각시킨다.)

이 점은 오우크쇼트가 그의 「경험과 그 양상」에서 사용한 '억류' 또는 '중도 정지'(arrest)라는 용어로 편리하게 설명될 수 있다. 그가 사용하는 의미로서의 '경험'은 우리가 일상 사용하는 의미로서의 '경험'—과학적 경험, 역사적 경험, 실제적 경험 등—이 완전한 '무모순'(coherence)의 상태로 최고도의 발달을 이룩한 상태를 가리키며, 여기에 비하여 위에서 열거한 보통의 경험들은 그러한 발달에 이르기 전에 각각의 특수한 관심—과학적 관심, 역사적 관심, 실제적 관심—에 의하여 '억류' 또는 '중도 정지'된 상태—'경험의 양상'—를 나타낸다. 경험의 양상이 아닌, 경험 그 자체는 '양상'을 가지지 않으며—'양상'을 가지지 않는다는 것은 '표현'되지 않는다는 것을 뜻한다—이 점에서 그것은 이때까지 이 글에서 사용된 '표현 이전의 표준'으로서의 심성과 다르지 않다.

경험에 관한 오우크쇼트의 견해를 목하 우리의 문제에 적용하면, 예컨대 '오늘은 비가 온다'는 일상적 판단은 심성함양과의 관련에서 2중의 억류 또는 중도 정지에 의하여 방해를 받는다고 말할 수 있다. 첫째로, 그것은 사욕 추구라는 실제적 관심에 의하여 일차적으로 억류되며, 둘째로, 설사 그것이 강우 현상에 관한 과학적 관심으로 연결되더라도 여전히 그것은 완전한 경험—표현 이전의 표준으로서의 심성—에는 미치지 못한다. 학교의 교과에 등장하는 이론적 지식은 내용 면이나 방법 면에서 이 2중의 방해에서 가능한 한 벗어날 수 있도록 특별히 고안되었다는 점에서 '규정적 판단'으로서 특별한 지위를 확보한다. 학교의 교과가 심성함양의 매체로서 가지는 특이한 중요성이 여기에 있다.

그러나 위에서 말한 것은 개념의 획득이 이념의 실현으로 연결되는 데에 '방해가 되는 장애 요인이 없어야 한다'는 소극적인 측면을 나타낸 것이며, 개념의 획득으로부터 이념의 실현으로의 이행에는 그것에 적극적으로 도움이 되는 지원 요인도 생각할 수 없는 것이 아니다. 이 점을 설명하기 위해서는 키에르케고르가 말한 '간접전달'을 약간 더 일반적인 수준에서 재해석할 필요가 있다.

¶62 '간접전달'을 일반적인 수준에서 정의하기에 앞서서, '반성적 판단'을 '지식'으로 규정할 가능성이 있는지를 검토해 볼 필요가 있다. 앞의 고찰에 명백히 시사되어 있는 바와 같이, 규정적 판단과 반성적 판단에 다 같이 '판단'이라는 용어를 사용하는 것은 오직 양자가 다 같이 보편자와 특수자 사이의 관련으로 성립한다는 것을 나타낼 뿐이며, 그 용어로 지칭되는 정신 작용 사이에 조금이라도 유사성이 있기 때문이 아니다. 규정적 판단의 경우와는 달리, 반성적 판단에서의 판단은, 비록 우리의 의식과 무관한 것은 아니라 하더라도, '의식적인' 과정이 아니다. 규정적 판단에서 주동적인 역할을 하는 것은 개념이며, 반성적 판단에서 그것은 이념이다. 이념은 그 자체로서는 의식의 대상이 아니며, 오직 그것의 표현인 개념을 통해서만 의식의 대상이 된다. 이 점에서 규정적 판단과 반성적 판단을 각각 '개념 수준의 판단'과 '이념 수준의 판단'이라고 불러도 좋을 것이다.

지식에 관해서도 이와 비슷한 말을 할 수 있다. 지식은, 그 정상적인 의미에서는, 개념 수준의 판단 또는 규정적 판단의 영역에 속한다. 그러나 그렇다고 하여, 반성적 판단이 지식과 완전히 무관하다든지 그것을 '지식'이라는 용어로 표현하기가 완전히 불가능한 것은 아니다. 철학자들이 이따금 사용하는 '자기지식'(self-knowledge)이라는 용어는 반성적 판단을 '지식'의 용어로 고쳐 부르는 데에 사용될 수 있다. '반성적 판단'에서의 '판단'이 보통의 판단이 아닌 것과 마찬가지로, '자기지식'에서의 '지식' 또한 보통의 지식이 아니다. ('자기지식'에서의 '자기'는 '지식'이라는 동사의 주어도 아니요 목적어도 아니다. 그것은 주어와 목적어가 구분되기 이전의, 주어이면서 동시에 목적어가 되는 그런 '자기'이다.) 구태여 말하자면, 자기지식은 지식이 아니라 그것의 표현이 지식이 되는, 지식을 낳게 하는 원천과 같은 것이다.

¶63 '자기지식'이라는 용어를 써서 '간접전달'을 가장 일반적인 수준에서 정의하자면, 간접전달은 '자기지식을 그 성격에 충실한 형태로 전달하는 행위'를 가리킨다고 말할 수 있다. 자기지식의 '성격'은 위에서 말한 바와 같다. 자기지식을 전달하는 데에 '간접전달'이라는 특별한 전달 방법이 필요한 것은 그것이 성격상 '직접전달'—보통의 언어적 설명—로는 전달될 수 없기 때문이다.

앞 [52-53]에서 말한 키에르케고르적인 의미에서의 간접전달이 위의 정의에 안전하게 포섭된다는 것은 짐작하기 어렵지 않다. 키에르케고르가 간접전달의 내용으로 삼은 윤리·종교적 지식은, 만약 언설이나 명제로 표현된다면, '말할 수 없는 것을 말하는 말'에 해당하며, '말할 수 없는 것을 말한다'는 이 표현은 그 자체가 논리적으로 불가능한 말, 즉 파라독스를 나타낸다. 그러나 '말할 수 없는 것을 말하는 말'은 그 문법적 형태로 보아서는 '말할 수 있는 것을 말하는 말'과 다를 수 없다. 그리하여 윤리·종교적 지식의 전달은 '말할 수 있는 것을 말하는' 바로 그 말과 동일한 말을 써서 그것과 완전히 성격을 달리하는 '말할 수 없는 것'을 전달하는, 논리적으로 불가능한 일을 하려고 한다. 이것은 '말할 수 있는 것을 말하는 말'—과학적, 역사적 지식—을 전달하는 '보통의' 전달 방법으로는 이루어질 수 없는 일이다. 반성적 판단이나 자기지식이 보통의 판단이나 지식이 아니듯이, 간접전달 또한 보통의 전달이 아니다. 간접전달은, 말하자면, 거기서 전달되는 내용이 그대로—'직접적으로'—의미를 가질 수 없다는 것을 알도록 하는 전달 방법, 또는 약간 비유적인 표현으로, 전달을 하는 행위가 스스로를 파괴해야 하는 전달방법을 가리킨다고 말할 수 있다. (「대승기신론」에 나와 있는 '말로써 말을 없앤다'—因言遣言인언견언—라는 표현은 이 점을 정확하게 드러내고 있다. 기신론에서 이 말은 진여에 관해서 하는 말이 의미를 가지는 데에 필요한 조건을 지적하는 것으로 사용되고 있다.)

그러나 반성적 판단에 관한 앞의 고찰은 '자기지식을 그 성격에 충실한 형태로 전달한다'는 간접전달의 일반적 정의에 부합하는 또 하나의 예가 있을 수 있다는 것을 시사한다. 즉, '말할 수 있는 것을 말하는 말'에 해당하는 규정적 판단 또는 개념수준의 판단—즉, 보통의 지식—을 전달하는 행위도, 특별한 장애 요인이 없는 한, 그 이면에 그것의 논리적 가정으로 들어 있는 자기지식을 '느끼게' 한다는 것이다. 이것은 곧 보통의 지식을 전달하는 보통의 전달—'직접전달'—도 그 방법 여하에 따라 간접전달과 동일한 효과를 나타낼 수 있다는 것을 의미한다. 여기서 우리는 간접전달의 두 가지 의미를 구분할 수 있다. 하나는 키에르케고르에서 보는 바와 같이, 자기지식을 직접, 그러나 비유적인 형태로, 표현하는 언설을, 그 내용을 '파괴하는' 방식으로 전달하는 경우이며, 또 하나는, 간접전달을 한다는 특별한 의도가 없이, 보통의 지식을 '직접전달'함으로써 그 이면의 자기지식으로 연결되도록 하는 경우이다. 이 후자의 경우를, 법률적인 용어로, '未畢的미필적 간접전달'이라고 부른다면, 이것과 대비하여 전자의 경우는 '旣畢的기필적 간접전달'이라고 부를 수 있을 것이다. (위의 두 경우만큼 두드러지지는 않지만, 비트겐슈타인이 사용하는 '말할 수 없는 것을 보여주는 말'—초자연적 사실을 기술하는 발언—도 간접전달의 한 예가 될 수 있을 것이다. [49] 참조. 사실상, 학자들 중에는—예컨대 C. L. Creegan, 1989—비트겐슈타인의 언설을 키에르케고르적인 의미에서의 간접전달을 예시하는 것으로 해석하는 사람이 있다.)

'미필적 간접전달'과 '기필적 간접전달'이—심지어 비트겐슈타인적인 의미에서의 간접전달도 포함하여—간접전달의 형태로서는 서로 구분되지만, 자기지식을 전달하는 목적에 있어서는 동일하며, 따라서 양자가 이 공동의 목적을 위하여 협응한다는 것은 의심할 여지가 없다. 그 두 가지 중에서 적극적, 주동적 역할을 하는 것은 아마 미필적 간접전달—'칸트적 간접전달'—이며, 여기에 비하여 기필적 간접전달—'키에르케고르적 간접전달'—은 소극적, 부차적 역할을 담당한다고 보는 것이 안전할 것이다. 앞 [61]에서 개념의 획득(규정적 판단)이 이념의 실현(반성적 판단)으로 연결되는 데에는 소극적인 면에서 그것을 방해하는 장애 요인이 없어야 한다는 것 이상으로, 그것을 도와 주는 적극적인 지원 요인이 있을 수 있다고 말한 것은 이것을 염두에 둔 것이었다. '키에르케고르적 간접전달'과 여러 면에서 유사성을 나타내는 禪宗선종의 수행 방법에 관해서도 이와 마찬가지의 말을 할 수 있다. 불교 수행으로서 참선(선종)과 경전공부(교종)—더 정확하게는, 止지 수행과 觀관 수행—는 동일한 목적인 '깨달음'을 위하여 협응하게 되어 있지만, 참선이 수행의 방법으로서 효과를 나타내는 것은 경전 공부—더 일반적으로, 교과 공부—라는 적극적 표준이 있기 때문이다.

¶64 '전달 이론'(communication theory)에서는 이따금 '미디엄'과 '메시지'라는 용어가 사용된다. 이 두 가지는 보다 평이한 용어로 각각 '전달의 내용'과 '전달의 목적'으로 불릴 수 있다. 이 두 용어를 써서 '미필적 간접전달'과 '기필적 간접전달'

—또는, 간접전달의 칸트적 의미와 키에르케고르적 의미—을 구분하자면, 전자는 미디엄과 메시지가 구분되는 경우를 나타내는 데에 비하여 후자는 미디엄과 메시지가 일치하는 경우—또는 메시지를 직접 미디엄으로 사용하는 경우—를 나타낸다고 말할 수 있다. 어느 경우에나 전달의 메시지는 한 가지 동일한 '자기지식'이다. 그러므로 후자의 경우에도 미디엄과 메시지가 '완전히' 일치하는 것은 아니다. 다만, 후자의 경우에 미디엄은 전자의 경우에 미디엄이 전달되는 것과는 다른 방식으로 전달되어야 한다.

¶65 형이상학자들이 그들의 탐구를 통하여 드러내고자 한 것—우리에게 '보여 주려고' 한 것—은 무엇인가? 이 질문에 대답이 되는 '이름'으로는 여러 가지를 들 수 있겠지만, 그것들이 모두 대답이 되는 한, 그것들은 동일한 의미를 나타낸다고 보지 않으면 안 된다. 그중의 하나로 '절대적 진리'를 들 수 있을 것이다. 절대적 진리라는 것은, 정의상, 형이상학적 탐구에 의하여 드러나는 것이므로, 형이상학적 탐구를 하기 이전에 절대적 진리가 어떤 것인가를 규정한다는 것은 어불성설이라고 말할 수도 있겠지만, 현재 우리의 입장에서 말하자면, 우리는 이때까지 형이상학자들이 이룩한 탐구의 결과에 의지하여 그것이 대체로 어떤 것인가를 말할 수는 있을 것이다. (그뿐만 아니라,

이하의 설명에서 알 수 있는 바와 같이, 형이상학적 탐구가 드러내고자 하는 '절대적 진리'는 언설로 규정될 수 있는 것이 아니다. 이 점에서 형이상학은 언설로 규정될 수 없는 것을 언설로 규정하는, 논리적으로 불가능한—파라독스적인—일을 하고자 한다고 말할 수 있다.)

절대적 진리에 관하여 확실히 말할 수 있는 것은 다음의 두 가지이다. 첫째로, 절대적 진리는 하나뿐이다. 두 가지 진리가 있다면 그중의 어느 것도 '절대적인' 것이 될 수 없다. 그러므로 절대적 진리는 하나밖에 없다고 말할 때의 하나는 數詞수사로서의 하나—둘이나 셋이 아닌 하나—가 아닌 하나뿐인 하나이다. 둘째로, 절대적 진리는 모든 것을 담고 있으며, 그 점에서 모든 것이어야 한다. '진리'에 포함되는 것 중의 어느 하나라도 빠트리고 있는 진리는 '절대적인' 것이 될 수 없다. 이렇게 생각해 보면 절대적 진리를 규정하는 데에 사용된 '하나'와 '모든 것'은 서로 배타적인 것이 아니라 서로를 함의하고 있다. 다시 말하여, '모든 것'은 하나뿐이며, '하나뿐인 것'은 모든 것이다. 그것이 모든 것일 수 있는 것은 오직 하나뿐이기 때문이며, 그것이 하나뿐일 수 있는 것은 오직 모든 것이기 때문이다.

周敦頤주돈이가 「太極圖說」태극도설의 첫머리에서 말한 '무극이면서 태극인 것'(無極而太極무극이태극)은 위와 같은 의미에서의 절대적 진리—하나밖에 없는 모든 것—를 가장 정확하게 표현하고 있다. 여기서 '무극'은 '하나밖에 없는 것, 그것은 없는 것이다'라는 아이디어를, 그리고 '태극'은 '모든 것을 담고 있는 것, 그것은 가장 큰 것이다'라는 아이디어를 나타내고 있다. '없는 것'이면서 '가장 큰 것'—그것은 하나밖에 없는 모든 것—이다.

예컨대 만물은 理이와 氣기로 되어 있다든지, 理는 이런이런 것이며 氣는 이런이런 것이라는 말을 위시하여, 성리학자들이 하는 모든 발언과 그들이 벌이는 모든 논쟁—예컨대 理와 氣는 어떻게 發발하는가, 人性인성과 物性물성은 동일한가 상이한가 등등—은 모두 그 '하나뿐인 모든 것'이 우리의 삶과 관련하여 어떤 의미를 가지는가를 밝히기 위한 것이다. 그 관련이 도외시된 채로 그런 말을 주고받는다면, 그들의 학문은 空理空論공리공론이라는 비난을 면할 수 없을 것이다.

¶66 이제, 한 성리학자가 '하나뿐인 모든 것'을 눈앞에 두고 그것을 기술한다고 하자. 그것을 어떤 용어로 기술하는가는 차치하고, 그는 그것을 기술하는 자신의 위치를 어디에 두고 있는가? 그는 하나뿐인 모든 것 속에 들어가 있는가, 아니면 그 바깥에 서 있는가? 만약 그가 스스로 그 바깥에 서 있다고 생각한다면 그가 기술하는 것은 하나뿐인 모든 것이 될 수 없다. 그는 하나뿐인 모든 것이 아니라 그것에서 그 자신이 빠진 것을 기술하고 있는 것이다. 만약 그가 그 속에 들어가 있다면, 하나뿐인 모든 것을 기술하는 그 자신—그의 행위나 마음가짐

—또한 그 하나뿐인 모든 것과 동일한 용어로 기술되지 않으면 안 된다. 다시 말하여, 그는 자신의 행위나 마음가짐을 기술함으로써 비로소 그 하나뿐인 모든 것을 기술한다. 그 기술이 드러내고자 하는 것은 바로 '자기지식'이다. 그리고 이 '자기지식'은, 공간적인 위치로 표시하자면, 한 개인의 '마음' 속에 있는 것이지만, 그럼에도 불구하고 그것은 '하나뿐인 모든 것'—'가장 큰 것'—과 다르지 않다.

앞에서 말한 간접전달의 '메시지'—또는 전달의 목적—는 이런 의미에서의 '자기지식'이다. 만약 간접전달의 목적이 자기지식이라면, 그것과 동일한 어조로, 간접전달은 '자기전달'이라고 말할 수 있다. 자기지식이 보통의 의미에서의 '지식'이 아니듯이, 자기전달 또한 보통의 의미에서의 '전달'이 아니다.

¶67 말할 필요도 없이, 미필적 간접전달과 기필적 간접전달이라는 두 가지 간접전달은, 심성함양에 도움이 되는 그 밖의 행위나 활동들과 함께, 동일한 삶 속에서 일어난다. 이 점은 키에르케고르적인 의미에서의 간접전달—기필적 간접전달—을 보다 넓은 맥락에서 해석할 필요가 있다는 것을 시사한다. 키에르케고르의 관심은 윤리·종교적 발언—'말할 수 없는 것을 말하는 말'—을 미디엄으로 하여 그것이 '비유적으로' 표현하는 신의 관념(또는 '이념', '심성' 등)이라는 메시지를 전달하는 특

별한 방법을 고안해 내는 데에 있었다. ('비유적 표현'이라는 말에 시사되어 있는 바와 같이, 윤리·종교적 발언과 신의 관념 사이에는 과학이나 역사 등 이론적 지식과 심성 사이에 비하여 결코 더 좁다고 할 수 없는 간극이 가로놓여 있다. 그뿐만 아니라, 키에르케고르 자신이 극구 강조한 바와 같이, 윤리·종교적 발언은 그것이 신의 관념을 '직접' 표현한다는 사실로 말미암아 양자 사이에 간극이 없다는, 참된 신앙에 결정적인 장애가 되는 착각을 불러일으킨다.) 아마 이 경우에는 그의 관심이 여기에 '국한되어' 있었다고 말하는 편이 옳을 것이다. 그렇기 때문에 아마 키에르케고르는 자신이 제안하는 '간접전달'—예컨대 전달자가 그의 미디엄을 스스로 철회 또는 파괴하는 것—을 충실히 따르면 그것만으로 신의 관념—전달의 메시지—이 전달될 것이라고 생각했을 것이다.

그러나 그의 '간접전달'이 심성함양을 위한 그 밖의 행위나 활동들과 함께 삶 속에서 복합적으로 일어난다는 점을 생각해 보면, 윤리·종교적 발언과 신의 관념 사이의 관계는 키에르케고르가 생각하는 것과는 정반대되는 방향으로 성립한다고 볼 수 있다. 다시 말하여, 키에르케고르의 생각에서는 윤리·종교적 발언이 '간접전달'이라는 특별한 전달 방법을 통하여 신의 관념을 전달하는 것으로 되어 있지만, 사실상 그것보다는 오히려—또는, 그것과 병행하여—삶 속에서 일어나는 그 밖의 심성함양 활동으로 말미암아 이미 형성된 신의 관념이 윤리·종교적 발언을 '원래의 의미대로'－즉, 신의 관념을 비유적으로 표현하는 것으로－이해할 수 있게 해 주며, 이러한 이해가 신의 관념에 눈뜨게 할 수 있다고 보아야 한다는 것이다.

삶 속에서 일어나는 심성함양 행위와 활동을 일반적인 용어로 '실천'(praxis)이라고 부른다면, 위의 생각은 결국 심성과 실천이 '순환 관계'로 연결되어 있다는 것, 그리고 심성은 그것과 실천 사이의 순환 관계에 의하여 그 지위가 확보된다는 생각을 드러내어 준다. 보다 정확하게 진술하자면, 한편으로 심성은 실천에 의미를 부여하지만, 또 한편으로 실천은 심성의 존재와 역할을 확립한다고 말할 수 있다. 또는 더 간단하게, 심성은 그것이 의미를 부여하는 실천에 의하여 확립된다고 말할 수 있다. 여기서 말하는 '실천'에는 종교적 의식이나 이론적 지식의 학습－교과 공부－뿐만 아니라 일상의 도덕 등, 심성의 표현으로 간주될 수 있는 모든 것들이 포함된다. 심성과 실천이 순환 관계로 연결될 수밖에 없는 것은, 심성은 '표현 이전의 표준'을 가리킨다는, 심성의 정의상 불가피하다. 이 관점에서 보면, 메타프락시스는 심성함양을 위와 같은 의미에서의 '순환론'에 의하여 설명하는 담론형식을 가리킨다고 말할 수 있다.

¶68 불교의 진여와 생멸, 성리학의 性성과 情정(또는, 中중과 和화), 「大學」대학의 致知치지와 格物격물 등등과 같이, 중층구

조[28]의 두 층—표현 이전과 표현 이후—에 해당하는 것 사이에는 어디에나 위에서 말한 순환론의 아이디어가 적용된다. 칸트 자신은 명시적으로 인정하지 않았지만, 칸트 철학에서의 '이념'과 '개념'이 순환론에 비추어 해석될 수 있다는 것은 의심의 여지가 없다. 여기서는 '이념에서 개념으로'의 방향과 '개념에서 이념으로'의 방향이 동시적인 순환 관계를 나타내고 있다. 앞의 '이념에서 개념으로'의 방향은 이념이 개념으로 '표현'되는 과정—더 정확하게는, 이념이 '직관'에 적용되어 개념을 만들어 내는 과정—을 나타내며, 뒤의 '개념에서 이념으로'의 방향은 개념이 이념을 '실현'하는 과정—더 정확하게는, 판단이 개념을 통하여 이념을 지향하는 과정—을 나타낸다.

이와 같이 이념과 개념을 '표현'과 '실현'이라는 두 과정의 순환 관계로 파악하고 나면, 그 두 과정 사이에는 '非對稱'비대칭 관계가 존재한다는 것을 알 수 있다. 첫째로, '표현'의 맥락에서 보면, 개념은 어떤 것이든지 이념의 표현이며, 이념을 표현하지 않는 개념은 있을 수 없다. 그러나 둘째로, 만약 '실현'의 맥락에서도 이와 동일한 필연성이 확인될 수 있다면, 일체의 개념은 이념의 실현을 보장할 수 있어야 한다. 그러나 사실은 그렇지 않다. 개념을 통하여 이념을 실현하는 데는 개념으로부터 이념으로의 이행을 가로막는 장애가 있을 수 있는 것이다. 이런 종류의 '비대칭'이 존재하는 것은 표현과 실현이라는 두 맥락 사이에 관심의 차이가 있기 때문이다. 표현의 맥락에서의 관심은 개념을 이론적으로 설명하는 데에 있으며, 실현의 맥락에서의 관심은 이념의 실현을 위한 실제적인 조치를 강구하는 데에 있다. 표현과 실현 사이의 비대칭은 표현과 실현이 동시적인 순환을 나타내는 한 당연히 예상되는 결과이며, 이 점에서 비대칭은 순환론에 함의되어 있다고 말할 수 있다.

앞에서 칸트 자신은 이념과 개념 사이의 순환론을 명시적으로 인정하지 않았다고 말한 것은, 칸트는 위의 두 관심 중에서 현저하게 개념을 이론적으로 설명하는 쪽—'이념에서 개념으로'의 방향, 또는 '표현'의 맥락—에 기울어져 있었다고 보기 때문이다. (적어도 「판단력 비판」을 무자비하게 '刪撰'산찬—불필요한 부분을 잘라내고 필요한 부분을 보충하여 완전히 고쳐 쓰는 것—하기 전에는 그렇게 말할 수 있다.) 다시 말하여, 칸트는 '철학'에 관심이 기울어져 있었을 뿐, 이념의 실현을 위한 실제적인 조치를 취하는 '교육'에는 그다지 관심이 없었다. 이 점에서 표현과 실현의 비대칭은 철학과 교육학의 비대칭으로 이해될 수 있다. 그리고 그와 마찬가지로, 비대칭에 관하여 위에서 말한 내용은 표현과 실현을 각각 '메타피직스'와 '메타프락시스'라는 용어로 바꾸어서도 똑같이 말할 수 있다.

¶69 「中庸」중용 제21장에 언급된 誠성과 明명의 관계는 명백하게 이념과 개념의 순환 관계를 나타내고 있다. 즉, '誠을 출발

점으로 하여 明을 생각하는 것이 性성이며 明을 출발점으로 하여 誠을 생각하는 것이 敎교이다. 誠이 있는 곳에는 明이 있으며 明이 있는 곳에는 誠이 있다.'(自誠明 謂之性 自明誠 謂之敎 誠則明矣 明則誠矣) 여기서 誠은 '하늘의 道'도로서, 性이나 中과 마찬가지로 '표현 이전의 표준'을 나타내며, 明은 '誠으로 되는 것'(誠之), '善선을 정확히 이해하는 것'(明乎善) 등과 같은 '사람의 道'를 나타낸다. (「성리학의 교육이론」 제2장 3절 참조.) 性과 敎의 대비에서 性은 「중용」 제1장에 언급된 '하늘이 명령하는 것'(天命之謂性)을 가리키며 敎는 性의 '표현'인 道(率性之謂道)를 제도에 의하여 시행함으로써 그것을 닦고 빛내고 드높이는 것(修道之謂敎)을 가리킨다. 앞에서 쓴 용어로 말하자면, 性은 '철학'의 관심 영역에 속하며 敎는 '교육'의 관심 영역에 속한다.

¶70 현대에 와서 피터즈[30-31]와 함린은 각각 윤리학과 인식론의 측면에서 칸트 철학을 교육이론에 적용하려는 시도를 하였고 그 결과로 괄목할 만한 성과를 거두었다. 그들의 수많은 저작 중에서 「윤리학과 교육」(1966)과 「교육 인식론」(원제: 「경험과 이해의 성장」, 1973)은 이 면에서의 금자탑으로 손꼽힐 만하다. 이 두 사람은, 한때 동일한 대학에 재직하였다는 사실로 미루어, 학문적 생애의 초기에 모종의 '서약'—교육의 분야에서 칸트 철학을 윤리학과 인식론의 관점에서 해설하자—

을 하지 않고서는 도달할 수 없을 정도의 일관된 접근을 나타내고 있다.

이들은 다 같이 칸트 철학을 그 '형식' 면에서 채택하여, 윤리학적 善선과 인식론적 眞진을 도덕적 행위와 지식 추구 행위의 '논리적 가정'으로 정당화하고자 한다. 여기서 말하는 도덕적 행위와 지식 추구 행위는 다름 아니라 교육을 통하여 유도되는 행위이며, 따라서 그것은 '교육'으로 바꾸어 이해될 수 있다. 그리하여 그들의 주장을 일반적으로 해석하자면, 그것은, 무엇이 선이며 진인가, 그리고 그것이 어째서 선이며 진인가 하는 것은 그것을 유도하는 교육에 의해서가 아니고는 규정될 수 없다는 것으로 풀이된다. 말하자면, 선이나 진은 교육에서 가르치는 것 바로 그것이며, 그것이 어째서 선이요 진인가 하는 것은 교육에서 그렇게 가르치기 때문이라는 것이다. 다시 말하여, 교육에서 가르치는 것은 교육 그 자체에 의하여 정당화되며, 따라서 교육은 그 자체를 정당화한다.

앞 [68]에서 말한 '이념과 개념의 순환 관계'와 관련지어 말하자면, 이들은 칸트 철학에 두드러지게 나타나지 않은 '실현'의 맥락—'개념에서 이념으로의 방향'—을 드러낸다고 말할 수 있다. '실현'의 맥락은, '표현'의 맥락이 철학의 관심에 속하는 것에 비하여, 교육학의 관심에 속하며, 이 점에서 이들이 칸트 철학을 교육의 분야에서 해설했다는 것은 틀림이 없다. 다만, 이들이 정당화하고자 한 선이나 진은 칸트의 '이념'에는 미치지 못한 채 표현 수준에 머물러 있었지만, 그럼에도 불구하고 이들이 '이념과 개념의 순환'의 나머지 반쪽을 보완함으로써 메타프락시스적 사고방식을 위한 초석을 놓았다고 말할 수 있다.

¶71 에리히 노이만은 그의 「의식의 기원과 역사」의 첫 章장을 '우로보로스'(Uroboros)라는 제목으로 시작한다(Erich Neumann, *The Origins and History of Consciousness*, 1949, trans. R. F. C. Hull, 1954). '우로보로스'는 '꼬리'라는 뜻을 가진 '우라'(oura)와 '문다'는 뜻을 가진 '보로스'(boros)의 두 희랍어 단어를 합성하여 만든 단어이다. 그 책에 여러 가지로 예시되어 있는 바와 같이, 우로보로스는 몸을 둥그렇게 하여 자신의 꼬리를 물고 있는 뱀의 형상을 가리키며, 우리말로는 '咀尾龍'저미룡으로 번역될 수 있을 것이다.

노이만은 그 책에서 역사상 여러 시대에, 그리고 세계의 여러 지역에서 그런 저미룡의 그림이 발견된다는, 참으로 불가사의한 사실에 대한 증거를 믿을 수 없을 정도로 세밀히 수집해 놓고 있다. 그는 그 저미룡을 '의식의 기원'을 보여 주는 '원초적 상징'으로 해석하고 있다. (같은 시기에 나온 Bruno Snell, *The Discovery of the Mind in Greek Philosophy and Literature*, 1948, trans. T. G. Rosemeyer, 1960 또한 동일한 아이디어를 제시하고 있다.) 우리의 입장에서 볼 때 그 상징이 드러내는 것은

'원초적 순환'이며, 따라서 저미룡은 그대로 신의 경지로 발돋움하는 인간의 모습[56]을 보여주고 있다. 그리하여 누군가는 다음과 같은 저미룡 찬가를 노래할 수도 있을 것이다.

저미룡의 슬픔

자신의 꼬리를 물고 사는
슬픈 짐승이며
입을 벌려
그 꼬리를 놓아버릴 수만 있다면
아득히 하늘로 솟아오를 것을
무슨 숙명적인 저주가 있어
그대는
스스로 꼬리를 물고서야
살 수 있는가.
그러나 그대는 또한 알리라,
그 저주는
오직 그것에 더욱 악착같이
얽매임으로써만
거짓으로라도 풀릴 수 있다는 것을.

¶72 통상적으로 철학에서는 '진리의 이론'으로서 '대응설'(correspondence theory), '정합설'(coherence theory), '실용설'(pragmatic theory)의 세 가지가 거론되고 있다. 이들 세 가지 이론은 명제의 진위를 가리는 기준을 무엇으로 보는가에 따라 구분된다. 대응설에서 그 기준은 명제와 외부 사태와의 대응이며, 정합설에서 그것은 명제들 사이의 내적 무모순성이다. 그리고 실용설은 활동의 결과가 명제와 일치하는가의 여부를 진리의 기준으로 삼는다. 이렇게 생각해 보면, 이들 이론은 진리의 개념을 명제 수준에서 규정한다는 점에서 명제 수준의 진리 이론 또는 인식론적 수준에서의 진리 이론을 나타낸다고 말할 수 있다. 그렇다면 이들 이론과는 차원을 달리하는 보다 높은 수준에서의 진리 이론, 즉 존재론적 수준에서의 진리 이론도 생각해 볼 수 있다. (하이데거, '존재론은 인식론에 앞선다')

위에서 말한 바와 같이, 대응설과 정합설은 각각 외부 사태와의 대응과 내적 무모순성을 진리의 기준으로 삼고 있다. 안과 밖이라는 두 가지 기준 이외에, 실용설은 어떤 제3의 기준을 제시할 수 있는가? 사실상, 실용설은 밖을 기준으로 삼는 대응설과 근본적으로 다른 것이 아니라, 그것의 변형된 모습을 보여 주는 것에 지나지 않는다. 실용설에서 문제 삼는 '활동의 결과'는, '활동'이라는 요소를 제외하면, 현상 일반과 다름없는 외부 사태이며, 따라서 실용설은 대응설에 활동이라는 요소를 첨가한 이론을 나타낸다고 보아야 한다.

그렇다면 정합설에도 마찬가지로 활동의 요소가 첨가된, 변형된 모습의 이론이 있을 것으로 생각된다. 다만, 여기서 나오는 변형된 정합설은 위의 세 이론과 동일한 차원에 속하는 제4의 이론이 아니며, 그 이론에서 문제 삼는 무모순성—'정합성'—은 명제 수준에서의 무모순성뿐만 아니라, 명제들에 의미를 부여하는 궁극적 '존재'—언설 불가능한 '미발의 표준'—의 무모순성을 포함한다. 사실상, 정합설에 대하여 비판적인 견해를 가진 사람들은 이따금 완전한 내적 무모순을 나타내면서도 전혀 '객관적 사실'과 부합하지 않는 서너 개의 명제들을 제시하면서, 그것으로 정합설의 이론적 타당성이 부정되는 것처럼 말해 왔다. 정합설을 옹호하는 사람들이 그런 종류의 비판을 어느 정도로 심각하게 받아들여야 할지는 의문이지만, 변형된 정합설에서는 그 존재론적 수준에서의 진리가 삶에서 일어나는 활동—즉, 프락시스—에 의하여 확립되는 것으로 간주된다. 이런 뜻에서 그것은 '메타프락시스적 진리 이론' 또는 간단하게 '메타프락시스설'이라고 불릴 수 있다.

¶173 위에서 언급한 세 가지 전통적인 진리 이론을 명제의 형식으로 진술하면 다음과 같다.

(1) 대응설—眞은 명제와 사실의 대응이다. 명제는 사실

과 대응할 때 眞이 된다.

(2) 실용설—眞은 명제와 실제적 결과의 일치이다. 명제는 그것에 함의된 행위의 결과가 사실로 확인될 때 眞이 된다.

(3) 정합설—眞은 총체(명제의 계속적 연역이 도달할 가상적 최종 상태)의 특징이다. 명제는 그 계속적 연역이 총체에 이를 것으로 예상될 때 眞이 된다.

이 세 가지 이론에 제시된 기준을 어기는 사람은 '오류'를 저지른다. 그런데 위의 이론을 자세히 들여다보면 오류에는 두 가지가 있음을 알 수 있다. 하나는 대응설과 실용설에서처럼 명제의 내용이 외부의 사실과 부합하지 않는 경우—'착오'—이며, 또 하나는 정합설에서처럼 명제 상호 간의 내적 불일치가 일어나는 경우—'모순'—이다. 착오를 범하는 사람은 자신의 명제를 바깥의 사실에 맞게 '수정'함으로써 오류에서 벗어날 수 있지만, 모순을 범하는 사람이 오류에서 벗어나는 길은 자신의 발언을 '철회'하는 것뿐이다.

이 점을 고려하여 위의 세 가지 이론에 메타프락시스설을 합친 네 가지 이론은 하이데거의 제안에 따라 인식론적 수준—또는 명제 수준—에서의 진리 이론과 존재론적 수준—또는 존재 수준—에서의 진리 이론이라는 두 가지 유형으로 다시 분류될 수 있다. 대응설과 실용설은 전자에 속하며, 정합설과 메타프락시스설은 후자에 속한다. 그다지 정확하지는 않지만, 양자의 관심을 케치프레이즈로 단순화하여 대비시키자면, 각각 '세계에 대한 이론적 관조'와 '자아의 실천적 행위'라는 용어로 표현할 수 있을 것이다.

¶74 사람과 사물이 다르다는 것은 누구나 알고 있다. 그러나 그것이 정확하게 어떻게 다른가, 그 차이가 정확하게 어디에 있는가를 말하기는 결코 쉬운 일이 아니다. 오히려, 그 차이를 말하기 어려운 것은 그것이 너무나 명백하여 구태여 말로 나타낼 필요가 없기 때문이라고 말해야 할지 모른다. 그러나 그 차이가 통상 명시적으로 규정되지 않는다는 사실로 말미암아, 사람들은 그 차이가 당연히 중요한 고려 사항이 되어야 하는 경우에도 그 차이를 무시하고 사물에 관하여 할 수 있는 말을 그대로 사람에 관하여 하게 된다. 말하자면, 그들은 마음과 사물이 명백히 다르다는, 평소에 자신이 가지고 있었던 신념을 묵살하고, 사람도 하나의 사물에 불과하다고 생각하는 것이다.

사람과 사물의 차이를 정확하게 언어로 규정하기 위해서는 사물에 관해서 할 수 있는 말을 그대로 사람에 관해서 해서는 안 되는 이유가 무엇인가를 밝히지 않으면 안 된다. (이것과는 다른 방식으로 규정되는 양자의 차이–예컨대, 사물과는 달리 사람은 살아 있고, 영혼을 가지고 있고... 등등–는 그 자체가 정확하지 않을 뿐만 아니라—예컨대, 동물은 사람인가 사물인가—중요한 이론적 의의를 가진다고는 말할 수 없다.) 그 차이는, 한마디로 말하여, 사물을 기술하거나 조작할 때에는 그 기술이나 조작을 하는 당사자 자신이 그 사태 속에 들어 있다고 생각할 필요가 없는 반면에, 사람을 기술하거나 조작할 때에는 당사자 자신도 그 사태에 포함되어 있다고 생각해야 한다는 것이다. 더 정확하게 말하여, 한 사람이 대상 X를 기술하거나 조작할 때, 만약 그가 아무런 모순이나 오류를 저지르지 않고도 자신을 그 기술이나 조작의 사태에서 제외할 수 있다면 그 X는, 아무리 '사람'으로서의 외관을 갖추었다 하더라도, 여전히 사물이며, 만약 그가 모순이나 오류를 저지르지 않고는 자신을 그 사태에서 제외할 수 없다면 그때 비로소 그 X는 사람으로서의 지위를 획득한다. 모든 면에서 완전히 자신과 동일한 외관을 갖춘 대상을 사물로 간주할 때, 그는 자신 또한 사물로 간주한다. 그가 이런 종류의 모순이나 오류에서 벗어나는 길은 그 사태 속에 자신을 포함시키는 것뿐이다. '사람은 사물과 같지 않기' 때문이다.

그리고 이와 같이 사람과 사물이 같지 않은 것은, 물론, 사람이 영혼이나 마음을 가지고 있다는 사실과 불가분으로 관련되어 있다. 사물을 기술하거나 조작할 때와는 달리, 사람을 기술하거나 조작할 때, 그는 자신이 기술하거나 조작하는 것과 동일한 마음을 자신도 가지고 있다고 생각해야 하는 것이다.

(사람을 상대로 하는 기술이나 조작은 반드시 '행동'뿐만 아니라 행동 이면에 들어 있는 '마음'을 대상으로 하지 않으면 안 된다.)

이따금 세계의 위대한 석학들 입에서 나오는 '사람은 이런이런 일을 하는, 또는 이런이런 상태에 있는 유일한 존재이다'라는 형태의 발언은, 비록 위에서와 같은 명시적인 형태로는 아니더라도, 암묵적으로 사람과 사물의 차이를 나타낸다고 볼 수 있다. 독자는 그중의 몇 가지를 위의 견해와 비교해 볼 수 있을 것이다. 예컨대, 칸트는 '사람은 교육을 받음으로써만 사람이 된다'고 말하였다. 그러나 몇몇 동물들이 그 새끼에 대하여 하는 일은 교육인가 아닌가? 물론, 그 '교육'은 사람이 하는 교육과 다르지만, 사람의 교육과 동물의 교육을 가르는 기준은 무엇이며 그 경계선은 어디인가? 또한, '사람은 자신의 존재에 관한 물음을 물을 수 있는 유일한 존재이다'라는 하이데거의 발언은 어떠한가? 만약 이것이 사람과 사물의 차이를 말한 것이라면, 우리가 보통 '사람'이라고 부르는 존재 중에서 자신의 존재에 관한 물음을, 적어도 하이데거가 생각하는 그런 뜻으로, 물을 수 있는 존재가 몇이나 되는가?

¶75 오우크쇼트는 '정치에서의 합리주의'라는 제목의 논문에서 그의 특이한 정치이론을 제시하고 있다. 이 논문에서 그

는 '기법적 지식'과 '실제적 지식'의 대비에 의하여 '정치적 지식' —정치에 원용되는 지식—의 성격을 규정하고 있다. 그에 의하면 올바른 의미에서의 정치적 지식은 성격상 '실제적 지식'이며, 정치적 지식을 일종의 '기법적 지식'으로 파악하는 경향—'합리주의'(Rationalism)—은 재앙을 몰고 온다. '실제적 지식'이라는 용어에 함의된 그의 정치이론을 이해하기 위해서는 먼저 활동의 일반적 구조를 분석할 필요가 있다.

'활동'은 그 전형적인 의미에 있어서는 목적을 추구하는 행위를 가리킨다. 활동의 이러한 측면을 부각시키는 일반적 용어로 '실제적 활동'(practical activity) 또는 '목적론적 활동'(teleological activity)이라는 용어가 사용될 수 있다. 여기서 '실제적'이라든가 '목적론적'이라는 용어는 단순히 이론적 활동과의 대비를 표시할 뿐이며, 활동의 종류를 나타내는 것이 아니다. 또한 '이론적 활동'에서의 '활동'이라는 용어도 단순히 '무활동'과의 대비를 표시할 뿐이며, 목적을 추구하는 행위라는 활동의 일반적 특징을 나타내는 것이 아니다. 어쨌든, 활동의 의미가 실제적 활동에서 전형적으로 드러난다는 것은 분명하다.

활동을 규정하는 데에 사용된 '목적'이라는 용어는 '수단'과의 대비를 가정하며 이 점에서 그것은 '수단'과의 관련을 그 의미의 한 부분으로 포함하고 있다고 말할 수 있다. 이 점을 고려하여 앞의 일반적 정의를 확장하면, 활동은 목적을 달성하기 위하여 수단을 강구하는 행위를 가리킨다는 것으로 된다. 그런

데 이하의 고찰에서 드러나는 바와 같이, 이 규정에 사용된 '목적'과 '수단'은 정확한 용어가 아니다. 이 두 용어는 활동에 포함된 두 요소를 지칭하는 관례적 언어 사용을 그대로 따른 것이며, 활동의 두 요소로는 그 용어로 적절하게 나타낼 수 없는 측면도 있는 것이다. 이 점을 고려한다면 그 두 요소는 보다 중립적인 용어로 텔로스(telos)—'목적'에 해당하는 것—와 로고스(logos)—'수단'에 해당하는 것—라는 희랍어 단어로 고쳐 부르는 것이 더 적절하다. (사실상, 이 두 용어는 '로고스와 텔로스'라는 오우크쇼트 자신의 논문 제목에 나와 있다.)

목적론적 활동의 성격은 그 구성 요소인 텔로스와 로고스의 관련 방식 여하에 따라 두 가지로 상이하게 파악될 수 있다. 통념적인 사고방식에 의하면 텔로스는 로고스와는 별도로, 그 이전에 정립된다. 이것이 수단-목적 관계에 입각한 사고방식의 본질이다. 텔로스와 로고스의 관련을 목적과 수단의 관계로 파악할 때, 목적론적 활동은 '도구적 활동'의 성격을 띤다. 다시 말하여, 도구적 활동은 목적론적 활동 또는 실제적 활동과 완전히 동일한 것을 다른 이름으로 부르는 것이 아니라, 목적론적 활동을 수단-목적 관계라는 특수한 측면에서 추상한 것을 지칭한다. 오우크쇼트가 말하는 '기법적 지식'은 도구적 활동의 성격에 부합하는, 또는 그것에 도움이 되는 지식을 가리키며, '합리주의'는 기법적 지식을 유일 타당한 형태의 지식으로 간주하는 태도를 가리킨다. '기법적 지식'은, 그것에 대비되는 '실제적 지식'과 마찬가지로, 외부적인 진술 형태와 전수 방법이라는 두 가지 상호 관련된 기준에 의하여 특징지어진다. 즉, 기법적 지식은 명백히 언어화된 형태로 진술될 수 있으며, 의식적인 교수 행위에 의하여 전수될 수 있다. ('기법적 지식'은 주로 정치라는 목적론적 활동을 염두에 두고 정치적 지식의 성격을 파악하는 한 가지 관점을 규정하기 위하여 사용되는 용어이다. '정치에 있어서의 합리주의' 이외의 다른 글—특히 교과의 성격과 그 전수 방법을 논의한 글—에서 오우크쇼트가 사용하는 용어로 말하면, 기법적 지식과 실제적 지식의 대비는 '정보'와 '판단'의 대비, 또는 '문헌'과 '언어'의 대비에 면밀히 상응한다. 그와 마찬가지로, 오우크쇼트 자신이 직접 말한 바와 같이, 합리주의적 사고방식은 유독 정치에만 적용되는 것이 아니라, 동일하게 목적론적 활동에 속하는 교육과 종교에서도 맹렬한 기세를 떨치고 있다.)

¶176 도구적 활동을 규정하는 '로고스 전의 텔로스'는 또한, 텔로스는 로고스를 동원한 결과로 도달된다는 뜻에서의 '텔로스 전의 로고스'와 일관된다. 이러한 관련은 로고스와 텔로스가 서로 개념상 무관할 때—즉, '로고스 밖의 텔로스' 또는 '텔로스 밖의 로고스'—성립한다. 이 점은 여기에 대하여 대안적인 관련이 어떤 것인가를 직접 시사한다. 그것은 로고스와 텔로스

가 개념상으로 관련되어 있는 경우—즉, '로고스 안의 텔로스' 또는 '텔로스 안의 로고스'—이다. 수단-목적 관계의 정의[34]에 비추어, 이 경우의 로고스와 텔로스는 수단과 목적으로 바꾸어 부를 수 있는 것이 아니다. 이 경우에 텔로스는 로고스 안에 들어 있는 '의미', 또는 더 정확하게 말하여 로고스를 구사하는 사람들이, 단순히 로고스를 구사한다는 사실로 말미암아, 받아들이지 않으면 안 되는 논리적 가정이다. 또한, 텔로스는 로고스의 형태를 빌려서만 표현되며, 이 점에서 로고스는 텔로스의 '표현'이라고 말할 수 있다. 이 점은 수단-목적의 관계에서는 성립하지 않는다. 목적이 수단을 빌려서만 표현되는 것이 아니며, 수단이 목적의 표현이라는 것은 말이 되지 않는다. '로고스 안의 텔로스'를 적절하게 나타내는 용어는 '수단과 목적'이 아니라 '심성과 방편'이다[34]. 심성은 방편을 빌려서만 표현되며, 심성을 표현하는 것은 무엇이든지 방편이 될 수 있다.

'로고스 전의 텔로스'로 규정되는 활동을 '도구적 활동'이라고 부른다면, '로고스 안의 텔로스'로 규정되는 활동은, 우선 오우크쇼트의 관심사에 따라, '정치적 활동'이라고 부를 수 있을 것이다. (물론, 여기서 '정치적 활동'에 관하여 말하는 내용은 교육 활동이나 종교 활동과 같은 '심성함양 활동'에 다 같이 적용된다.) 그와 마찬가지로, '기법적 지식'이 도구적 활동을 원활하게 하는 데에 도움이 된다면, 정치적 활동을 원활하게 하는 데에 도움이 되는 지식은 '실제적 지식'이다. 앞에서 기법적 지식을 규정하는 데에 사용된 두 가지 기준에 비추어서 말하자면, 실제적 지식은 언어로 명문화하여 '책에 적어 넣을 수 있는' 지식이 아니며, 의식적인 교수 활동을 통하여 전수되는 것이 아니라, 비교적 장기간 동안, 통치자의 자격으로건 피통치자의 자격으로건, 정치적 활동에 참여한 결과로 행위 전통에 입문됨으로써 획득된다. 기법적 지식이 수단과 목적을 연결하는 데에 필요한 지식인 것과 마찬가지로, 실제적 지식은 방편과 심성을 연결하는 데에, 다시 말하여 심성함양을 위하여 방편을 활용하는 데에 필요한 지식이다.

'로고스 안의 텔로스'라는 규정이 의미하는 것은 다른 것이 아니라, 방편을 활용하는 것이 그 자체로서 심성함양 활동이 된다는 것, 그리고 심성은 방편에 의해서가 아니고는 표현될 길이 없으며, 이 점에서 심성은 방편을 활용하는 행위에 의하여 확립된다는 것이다. 이 점을 정치의 경우에 맞게 고쳐 말하면, 정치적 활동에 참여하는 것—다시, 통치자의 자격으로건 피통치자의 자격으로건—은 그 자체가 정치적 활동이 '목적'으로 하는 심성을 확립한다는 것으로 된다. 정치이론에 있어서의 오우크쇼트의 특이한 공헌은 '로고스 전의 텔로스'가 아닌 '로고스 안의 텔로스'로 규정되는 목적론적 활동이 있을 수 있다는 것, 또는 다른 말로, 목적론적 활동으로서 도구적 활동과 구분되는 정치적 활동이 있을 수 있다는 것을 지적함으로써 정치의 성격을 부각시켰다는 데에 있다.

¶77 쉴러가 그의 「인간의 심성교육」(*The Aesthetic Education of Man*)에서 구분한 '기예'(art)의 세 가지 종류는 도구적 활동과 정치적 활동의 차이를 이해하는 데에 도움이 된다. 그가 말하는 '기예'는 일반적으로 '만드는 것', 다시 말하여 A상태를 B상태로 바꾸는 것을 가리키며, 이 점에서 그것은 위에서 말한 '목적론적 활동'과 동일한 것을 가리킨다고 말할 수 있다. 그가 구분한 '기예'는 1) '技術'기술(mechanical art), 2) '藝術'예술(fine art), 그리고 3) '心術'심술(politico-pedagogical art)이다. ('아이스테티카'aesthetica에 관한 그의 설명에서 알 수 있는 바와 같이, 그가 그의 책에서 '기예'에 관하여 논의하는 내용은 심성함양 활동으로서의 정치와 교육에 그대로 적용된다.) 이 중에서 '기술'은 도구적 활동의 성격을 보여 주며, '심술'은 정치적 활동의 성격을 보여 준다. ('예술'은 두 가지 성격의 혼합을 보여 주며, 따라서 그 두 가지 활동의 차이를 어떤 기준으로 파악하는가에 따라 그중의 어느 하나에 속하는 것으로 간주될 수 있다.)

쉴러가 지적한 바와 같이, 기술과 심술의 차이로서 일차적으로 주목의 대상이 되는 것은 한편으로 각각이 다루는 대상과 또 한편으로 그것을 다루는 사람의 마음 사이의 관련 방식이다. 기술의 경우에는 그것이 다루는 대상(사물) 속에 그것을 다루는 사람의 마음이 들어 있지 않은 반면에, 심술의 경우에는 그것을 다루는 사람의 마음 또한 그 대상(마음) 속에 들어 있다. 다시 말하여, 마음을 다룰 때에는, 사물을 다룰 때와는 달리, 그것을 다루는 사람이 다른 사람의 마음과 함께 자신의 마음도 다룬다고 생각하지 않으면 안 된다. 이런 생각이 없이 마음을 다루는 것은 마음이 아닌 사물을 다루는 결과가 된다. 도구적 활동과 정치적 활동을 혼동하는 것은 결코 혼동할 수 없는 것을 혼동하는 것이다. 그리고 그 혼동이 어떤 재앙을 몰고 올지는 짐작하기 어렵지 않다.

¶78 인간 활동으로서의 정치의 성격을 올바르게 파악하기가 어려운 이유, 그리고 그것이 도구적 활동으로 그릇되게 파악되기가 쉬운 이유는 마음과 사물이 서로 떨어져 있지 않다는 점에 있다. (이 경우를 가리켜, 마음과 사물은 '개념상으로 구분되지만 사실상으로 분리되지 않는다'고 말할 수 있을 것이다.) 물론, 마음과 사물은 떨어져 있지 않다. 사람의 손길—또는, '마음의 결'—이 닿지 않는 것은 사물이라고 불릴 수조차 없으며, 사람의 손길이 닿는 곳에는 이미 마음이 작용하고 있다고 보아야 한다. 정치의 성격 문제와 관련해서 보면, 이 점은 사물을 다루는 도구적 활동 이외에, 그것과 떨어져서 정치적 활동이 있을 수 있는가 하는 문제를 제기한다. (앞에서 말한 바와 같이, 기법적 지식과 실제적 지식은 각각 도구적 활동과 정치적 활동에서의 지식의 역할 또는 성격을 나타내는 용어이며,

따라서 위의 질문은, 그것에 대한 대답과 마찬가지로, 기법적 지식과 실제적 지식이라는 용어로 바꾸어 진술될 수 있다.)

한편으로, 마음은 반드시 사물을 다루는 방식을 통하여 표현된다는 점에서 보면, 도구적 활동 이외에 따로 정치적 활동이 있을 수 있다는 주장은 성립하기 어려운 듯하다. 정치라는 활동이 '표현'된다면, 그것은 어느 시점에선가는 반드시 도구적 활동의 형태를 빌릴 것이기 때문이다. 국회의원 선거, 국회에서의 입법은 정치적 활동이요, 여기에 비하여 장사는 도구적 활동이라는 식으로 양자를 구분하려는 시도는 선거와 장사가 연결되어 있다는 점, 그 연속선상의 어느 분기점도 임의적인 것에 지나지 않는다는 사실 앞에서 붕괴되고 만다. 그러나 또 한편으로, 우리는 정치—또는 교육, 또는 종교—를 장사와는 구분되는 별도의 활동으로 하고 있다는 것도 어김없는 사실이다. 선거를 하고 입법을 하는 사람들은 스스로 장사를 한다고 생각하는 것이 아니라 '정치'를 한다고 생각하고 있고, 이 생각은 그릇된 것이 아니다. 이때 그들은 '표현'의 맥락에서는 연결되어 있는 두 가지 활동 중의 어느 하나를 따로 분리하고 있다.

앞 [68]에서 언급한, 심성 표현의 맥락과 심성 실현의 맥락 사이의 비대칭 관계는 이 문제를 해명하는 데에 직접적인 단서를 제공한다. 도구적 활동 이외에 정치적 활동이 있을 수 없다는 생각은 심성 표현의 맥락에서만 의미 있게 성립한다. 그러나 만약 심성 표현의 맥락과는 구분되는 심성 실현의 맥락이 있을 수 있다면, 이 후자의 맥락에서는, 전자의 맥락에서 도구적 활동과 함께 도구적 활동을 통하여 표현되는 정치적 활동을 '추상'하여, 심성의 실현을 별도의 '목적'으로 삼는 별도의 활동으로서 정치적 활동을 하는 것이 가능할 뿐만 아니라 절대적으로 필요하다. 그렇지 않고, 만약 실현의 맥락에서도 두 가지 활동을 뒤섞어 놓는다면, 도구적 활동의 긴박성으로 말미암아 심성 실현이라는 정치적 활동의 특이한 관심사가 언제나 뒷전으로 밀려날 것이 분명하다. (이 점은 정치뿐만 아니라 종교와 교육에도 다 같이 해당한다.) 그리하여, 만약 누군가가, 예컨대 듀이가 그렇게 하듯이 (그리고 때로 오우크쇼트가 그런 느낌을 주듯이), 도구적 활동 이외에 따로 정치적 활동이 있을 수 없다는 주장을 한다면, 그 사람은 심성 표현의 맥락과 심성 실현의 맥락 사이의 구분을 인정하지 않고 양자를 혼동하고 있으며—또는, 더 정확하게, 사실적 비분리를 개념적 무구분으로 착각하고 있으며—궁극적으로는 그 구분의 근거가 되는 중층구조를 인정하지 않는다고 보아야 한다.

¶179 오우크쇼트의 이론에서 정치는 (종교나 교육과 마찬가지로) 현재의 삶과 동떨어진, 현재의 삶이 합치해야 할 텔로스—'로고스 밖의 텔로스'—를 추구하는 행위가 아니라, 현재의 삶 속에서 현재의 삶을 받쳐 주고 있는 텔로스—'로고스 안의

텔로스'—를 드러내는 행위이다. 오우크쇼트는 전자의 텔로스를 '이데올로기'라고 부르며, 후자의 텔로스를 '背文'배문(intimation, 바탕무늬)이라고 부른다. 그가 말하는 '합리주의'는 정치의 성격을 전자로 파악하는 사고방식과 태도를 가리킨다. 합리주의자가 현재의 생활 방식을 끊임없이 '더 좋게' 바꾸려고 하는 것은 당연하다. 오우크쇼트 자신의 말대로, 합리주의자는 아침에 눈을 뜨자마자 오늘은 또 무엇을 바꾸어야 할까를 생각하는 사람이며, 하루라도 똑같은 세상에서 눈을 뜨기를 거부하는 사람이다. 합리주의에 대하여 대안적인 정치이론—오우크쇼트는 그것에 특별히 이름을 붙이지 않는다—에서 정치는 사람들로 하여금 현재의 삶을 이데올로기적 사고방식이 요구하는 것과는 다른 눈으로 보도록, 다시 말하여 현재의 삶을 텔로스의 '표현'으로 이해하도록 이끈다.

이 대안적 정치이론에서의 텔로스는 오우크쇼트가 말하는 '실제적 지식'이 실현하고자 하는 '표현 이전의 표준' 이외의 다른 것이 될 수 없으며, 그런 만큼 그것은 개인의 경험을 초월한다. 그러므로 개인의 입장에서 말하자면, 현재의 삶을 텔로스의 표현으로 이해한다는 것은 그 텔로스에 비추어 자신의 삶을 돌아본다는 것을 뜻한다. 이 경우에 그는, 현재 자신의 삶은 자신의 경험을 초월하는 기준을 따르고 있지만, 그 기준이 '선험적인' 것인 한, 자신의 삶은 그것을 오직 부분적으로 불완전하게밖에 구현하지 못한다는 것을 깨닫게 된다. '나도 그런대로 잘하고 있다'는 느낌은 표준이 명시적으로 제시되어 있는 경우에나 생길 수 있는 것이다.

그러므로 초개인적, 선험적 기준과 개인의 부족감 사이에는 거의 절대적인 것이라고 말해도 좋을 정도의 면밀한 대응 관계가 존재한다. 양자는 따로 배울 수 없다. 그중의 하나를 배우고 다른 하나를 배우지 않는다는 것은 있을 수 없으며, 하나를 배우려면 반드시 다른 하나도 배우지 않으면 안 된다. 그중의 어느 하나를 경험하지 못한 사람이 있다면 그 사람은 나머지 하나도 경험하지 못한 사람이며, 적어도 우리의 삶이 현재와 같다면 그는 인간이 아니다. 그뿐만 아니라, 현재 개인의 삶과 초월적 기준 사이의 거리는 그 초월적 기준을 의식하는 정도에 비례하며, 양자 사이의 거리를 좁히려는 노력과 그것이 불가능하다는 데에 따르는 절망은 양자 사이의 거리에 비례한다. 말하자면 초월적 기준은 개인의 부족감과 그것을 극복하려는 노력 그 자체 속에 들어 있으며 그것에 의하여 확인된다고 말할 수 있다. 이렇게 생각해 보면, 통치자의 자격으로건 피통치자의 자격으로건 정치에 참여하는 동안의 개인의 삶은 자신과 초월적 기준 사이의 거리를 점점 더 명확히 의식하는 과정이요, 이 점에서 그 초월적 기준을 확립해 나가는 과정이라고 말할 수 있다.

정치이론—합리주의적 정치이론이 아닌, 그것의 대안적 정치이론—은 정치에 참여하는 개인의 삶을 위와 같은 관점에서 설명하는 데에 필요한 개념을 제공한다. 그런데 한 가지 어김없는 사실은, 정치이론가가 설명하는 개인의 삶은 정치 분야에서 자신이 살고 있는 삶과 다른 것일 수 없다는 것이다. 정치이론가는 '정치실천가'—여기에는 통치자와 피통치자가 모두 포함된다—가 하는 정치적 활동을 설명하면서 자신이 설명하는 그 활동을 실천한다. 말하자면, 그는 자신의 설명을 통하여 그가 설명하는 정치적 활동을 실천하며, 이 점에서 그의 설명은 '실천의 실천'으로서의 의미를 가진다. 이것이 정치이론의 메타프락시스적 성격이다.

¶80 「周易」주역 繫辭傳계사전(上 5:3)에 나와 있는 '백성은 나날이 그것을 쓰면서도 그것이 무엇인지 알지 못한다'(百姓日用 而不知)라는 문장은 정치이론가와 '정치실천가'의 역할과 관련하여 심각한 문제를 제기한다. (여기서 '정치실천가'는 통치자와 피통치자를 모두 포함한다. 또한, 정치이론가와 정치실천가의 관련에 관하여 이하에서 말하는 내용은 종교이론가와 종교실천가, 교육이론가와 교육실천가의 관련에도 그대로 적용된다. 정치에서와 마찬가지로 '종교실천가'는 종교지도자와 신도를 포함하며, '교육실천가'는 교사와 학생을 포함한다.)

주역의 그 문장에서 '그것'은 道도를 가리킨다. 그 문장은 '道라는 것은 다른 것이 아니라 陰陽음양의 변화를 규제하는 원리를 일컫는다.... 仁인을 갖춘 사람은 그것을 보고 仁이라고 하고 知를 갖춘 사람은 그것을 보고 知라고 한다.'(一陰一陽之謂道 仁者 見之 謂之仁 知者 見之 謂之知)라는 말과 '그리하여 君子군자의 道는 흔히 볼 수 있는 것이 아니다.'(故 君子之道 鮮矣)라는 말 사이에 끼어 있다. 그리하여 주역의 그 문장은 道와 관련하여 '군자'와 '백성'의 역할의 차이를 나타내고 있다. 말하자면 군자는 백성이 나날이 쓰면서도 알지 못하는 道를 아는 사람이며, 따라서 그러한 '군자의 도'(자신이 쓰는 것이 어떤 것인지를 알고 쓰는 道)를 만나 보기가 쉽지 않다는 것이다.

정치이론가는 정치실천가가 정치 분야에서 살고 있는 바로 그 삶을 설명한다는 점에 비추어, 주역에서의 군자와 백성은 각각 그 두 부류의 사람을 지칭한다고 말할 수 있다. (군자와 백성 대신에 불교에서의 '보살'과 '중생'이라는 용어를 쓰더라도 마찬가지의 말을 할 수 있을 것이다.) 즉, 정치이론가는 정치실천가의 삶과 동일한 삶을 살면서, 정치실천가가 설명할 수 없는 그 삶을 설명한다는 것이다. 보다 평이한 용어로 말하자면, 정치이론가는 정치실천가가 '모르고 사는' 삶을 '알고 사는' 사람이다. (현재의 맥락에 맞추어 보면, 플라톤의 '철학자-군주' philosopher-king는 정치실천가—이 경우에는 통치자—가 바로 정치이론가여야 한다는 아이디어를 나타내고 있다. 통치를 받는 사람은 그가 어떤 삶을 살고 있는지 몰라도 좋지만, 통치를 하는 사람은 반드시 그것을 알아야 한다는 것이다. 이것이 정치실천가—통치자와 피통치자를 통틀어—가 지향해야 할 '이상'이라는 점은 아무도 부정할 수 없다. 그와 동시에, 정치에 참여하는 사람들의 자격을 정치이론가-통치자-피통치자로 3분할 때, 주역에서의 군자는 위에서처럼 정치이론가만을 지칭하는 것이 아니라, 오히려 앞의 두 부류를 포괄적으로 지칭한다고 말할 수 있다. 종교이론가-종교지도자-신도, 또는 교육이론가-교사-학생의 3분과 관련해서도 사정은 동일하다. 그러나 이 점은 이하의 논의에 하등의 실질적인 영향을 미치지 않는다.)

'정치이론가는 정치실천가가 모르고 사는 삶을 알고 산다'는 말에는 양자의 동일성과 차이가 동시에 표현되어 있다. 이것을 가리켜 '양자 사이에는 연속성이 있다'고 말할 수 있을 것이다. ('연속성'은 동일성과 차이를 한꺼번에 나타내는 용어이다.) 이제, 이 점을 고려하여 양자의 同異동이 관계를, 정치이론가와 정치실천가를 양극단으로 하는 하나의 연속선으로 표시할 수 있을 것이다. 한쪽 극단에 위치한 정치이론가는 그 반대쪽 극단에 위치한 정치실천가와 '本體'본체에 있어서 상이한 역할을 하며, 또 한쪽 극단에 위치한 정치실천가는 그 반대쪽 극단에 위치한 정치이론가와 '現象'현상에 있어서 동일한 일을 한다. 이 점에서 이 두 극단을 편의상 '본체 극단'과 '현상 극단'이라고 부를 수 있을 것이다. (이 두 극단을 '삶의 자세'로 나타낼 때, '自利的자리적 삶'과 '利他的이타적 삶'이라는 용어가 사용될 수 있다.)

정치이론이 드러내는 삶의 의미는 본체 극단이 적극적으로

'탐색'하는, 그리고 현상 극단이 단순히 '활용'하는—日用 而不知—그 삶의 의미이며, 이 점에서 전자는 후자에 비하여 그 의미를 더 완전하게 구현한다고 말할 수 있다. 또는, 더 정확하게 말하여, 현상 극단이 '현상 면에서' 본체 극단과 동일한 삶을 살 수 있는 것은 오직 본체 극단이 그 삶을 살고 있기 때문이라고 말해야 할 것이다.

정치이론이 드러내는 삶의 의미는 바로 메타프락시스가 탐색하고 드러내는—차라리, 탐색함으로써 드러내는—그 삶의 의미이다. 그것은 인간으로서 신의 경지로 발돋움하는 삶으로서의 삶의 의미[56]이다. 여기에 비하여, 모든 사람이 '평등하게' 도구적 활동에 종사해야 한다는 것을 내세우는 듀이식 민주주의는 신의 경지가 아닌 동물의 경지를 이상으로 삼는다. 거기에는 '본체'라든가 '현상'이라고 부를 수 있는 것이 존재하지 않으며, 따라서 본체 극단, 현상 극단이라는 것도 존재하지 않는다. (사도 바울의 말—로마서 1:32—을 흉내 내어 말하자면, 듀이는, 자신은 악을 행하지 않으면서 악을 행하는 사람을 옳다 하는 셈이 된다. 이것은 바울의 말에 나타나 있는, '자신이 악을 행할 뿐 아니라 악을 행하는 사람을 옳다 하는 것'—또는 더 직접적으로, '악을 행하는 사람을 옳다 하는 것은 자신이 바로 악을 행하기 때문이라는 것'—보다 더 심한 악이다.)

¶81 말할 필요도 없이, 본체 극단에 속하는 집단과 현상 극단에 속하는 집단은 동일한 사회에서 살고 있다. 그 과정에서 양자는 동일성—현상 면에서—과 차이—본체 면에서—를 동시에 드러내고 있으며, 경우에 따라 그중의 어느 한쪽을 더 강조하는 사태가 벌어질 수 있다. ('服飾복식이 다르다고 하여 그 안의 사람도 다르다고 생각하는 것이 봉건사회의 오류라면, 복식이 같다고 하여 그 안의 사람도 같다고 생각하는 것은 현대사회의 오류이다'라는 말은 이 사태를 비유적으로 표현한다.) 두 극단에 속하는 집단이 각각 반대쪽 극단에 속하는 집단에 대하여 동일성과 차이의 관점 중에서 어떤 관점을 취하는가 하는 것은 어느 경우에나 중요한 관심사가 되지만, 그중에서도 본체 극단에 속하는 집단이 현상 극단에 속하는 집단을 어떤 관점에서 보는가 하는 것은 특히 중요한 관심사가 된다.

본체 극단의 입장에서 볼 때, 현상 극단은 그들과 (현상 면에서) 동일한 삶을 살기도 하고 (본체 면에서) 상이한 삶을 살기도 하며, 그렇기 때문에 상대방에 대하여 '同論동론의 태도'와 '異論이론의 태도'라는 두 가지 상반된 태도를 취할 수 있다. 동론의 태도를 취할 때, 그들은 상대방에 대하여 '걱정하지 말라, 그대들도 우리와 마찬가지로 잘 살아가고 있다'는 투로 말할 것이며, 이론의 태도는 '가련하다, 그대들은 그것도 삶이라고 살고 있다니'라는 투의 말로 표현된다. 본체 극단에 속하는 집단은 이 두 가지 태도 중에서 어느 쪽을 취해야 하는가? 아니면,

그 두 가지 태도를 동시에 취하는 방법이 있는가?

그 선택은 궁극적으로 본체 극단에 속하는 사람 자신에 달려 있다고 보아야 할 것이다. 그러나 그 문제를 현명하게 해결하는 한 가지 방법은 동론과 이론을 상이한 개인에게 적용하는 것이다. 즉, 자기 자신에 대하여, 또는 자기 자신을 아끼는 만큼이나 아끼는 다른 사람에 대해서는 이론의 태도를 취하여, '아, 한심하다. 나(또는 그대)는 이것을 삶이라고 살고 있다니'라고 말하고, 자신과 다소 거리가 있는 사람에 대해서는 동론의 태도를 취하여, '이 세상에 특별한 삶을 사는 사람이 누가 있는가? 안심하라, 그대도 다른 사람들과 똑같은 삶을 살고 있다'고 말하는 것이다. 다만, 자신과 거리가 있는 사람 중에서도 메타프락시스라는 용어가 의미하는 이론적 탐구에 소양과 열의를 가지고 있는 사람에게는 이론의 태도를 취하는 것이 옳을 것이다. 그것은 바로 그 사람에게 합당한 방법으로 그를 구제하는 셈이 된다.

¶82 「국가론」에서 플라톤은 (소크라테스의 입을 빌려) 이상국가의 건설을 위하여 필요한 '딱 한 가지 변화'로서, 정치적 권력과 철학을 한 손에 쥔 '철학자-군주'의 등장을 제안한다. 「국가론」에서의 그 이후의 논의에 시사되어 있듯이, 플라톤 자신도 그 제안이 실현될 수 있으리라고는 믿지 않았다. 사실상,

오우크쇼트는 그의 정치이론에서, 철학자-군주는 양립 불가능한 두 요소의 결합을 나타내며, 따라서 현실적으로 실현 불가능하다는 것을 명시적으로 주장하고 있다. 표면상 양립 불가능한 그 두 요소 중에서 앞의 것은 삶의 이상('좋은 것의 형식')을 추구하고 천명하는 일을 하며, 뒤의 것은 그 이상을 삶의 현실 속에 구현하는 일을 한다. 그 두 요소를 이렇게 규정해 놓고 보면, 양자가 양립 불가능하며 실현 불가능하다는 오우크쇼트의 주장에는 얼마나 확실한 근거가 있을 수 있는지 의문이다. 오우크쇼트의 그 주장은 '철학자'와 '군주'로 불리는 두 명의 자연인을 상정할 때에만 그럴듯하게 들린다. 물론, 삶의 이상을 추구하고 천명하는 일과 그 이상을 현실에 구현하는 일은 두 가지 상이한 일이며, 그중의 어느 한쪽을 하다가는 다른 쪽 일에 지장을 초래할 가능성이 있다. 그러나 그 두 가지 일은 위의 규정에 '문법적으로' 나타나 있는 것처럼 '먼저' 삶의 이상을 추구, 천명하고 그 '다음에' 그것을 현실에 구현해야 하는 그런 성격의 일이 아니다. 삶의 현실에 구현되기 전에 먼저 삶의 이상이 정립되어야 하며 그것이 철학자의 역할이라는 식의 사고는 그릇된 형이상학이다. 철학자가 추구, 천명하는 삶의 이상은 그의 머리에서 관념적으로 뽑아낼 수 있는 것이 아니라 (정치의 도움을 받아) 이미 사람들이 그들의 삶의 현실에서 부분적으로, 불완전하게 구현하고 있는 이상이다. 그러므로 실지 사태는 위의 규정이 시사하는 것과는 정반대이다. 플라톤이 '좋은 것의 형식'이라고 부른 삶의 이상은 삶의 현실에 구현되기 이전에 정립되어 있는 것이 아니라 삶의 현실을 통하여 정립되어 나간다고 말해야 한다. 사실상, 오우크쇼트는 그의 정치이론의 다른 부분에서 정치 활동을 하기 이전에 그 '목적'을 먼저 설정해야 한다는 사고는 정치의 타락된 형태임을 역설한 바 있다. 만약 그가 이 면에서의 그의 이론에 좀 더 철저했더라면, 플라톤의 철학자-군주는 양립 불가능한 두 요소의 실현 불가능한 결합이라고 말할 것이 아니라, 정도의 차이는 있지만 정치 현실에서는 어디서나 부분적으로, 불완전하게 실천되고 있는 이상을 표현한 것이라고 말했을 것이다.

¶83 석가모니의 전기를 쓴 한 작가는 그 전기의 마지막 부분에서 불교의 가르침에 대하여 비판적인 시각을 가진 한 가상적인 비판자의 말을 다음과 같이 적고 있다—'정신이 똑바로 박힌 젊은이라면 들에 나가서 농사나 짓고 결혼하여 단란한 가정을 이룰망정, 석가모니처럼 젊은 아내를 버리고 나무 밑에 가부좌를 틀고 앉아서야 되겠는가?' 이 비판에 대한 작가의 대답은, 나무 밑에 가부좌를 틀고 앉지 않으면 농사지을 들도 없고 젊은 아내는 동네 놈팽이를 따라갈 것이라는 투의 대답을 하고 있다. 그러나 이것이 석가모니 자신이 할 만한 대답일지는 의문이다.

한국방송공사가 제작한 티베트 다큐멘터리 '茶馬古道'차마고도는 '순례의 길'이라는 프로그램에서 히말라야 근방의 자기 마을에서 수도 라싸까지 2,100km의 거리를 186일 걸려 그야말로 산을 넘고 물을 건너 五體投地오체투지로 '순례'하는 두 젊은이를 보여 주고 있다. 도중에 제작진이 '왜 이런 일을 하는가'를 물었을 때, 그 젊은이의 대답은, 정확하게 그의 말 그대로, '사람으로 태어나기도 어려운데, 인생을 낭비하고 싶지 않다'는 것이었다. 이 대답은 겨우 20대 중반이 될까 말까 한 그 젊은이 자신이 혼자서 생각해 낸 것이라고는 믿기 어렵고, 아마 사실상으로도 그의 그 대답은 티베트 특유의 종교적 분위기가 그의 입을 빌려 표출된 것이라고 보아야 할 것이다. 그 순례의 길에 나서기 전에 그는 산에서 약초를 캐고 있었고 아마 그 후에도 그는 다시 약초를 캐러 갈 것이다. 그의 대답대로라면, 약초 캐는 것은 '인생을 낭비하는 것'이다. 인생을 낭비하지 않고 '순례의 길바닥'을 기면서 그가 얻는 것은 무엇인가? 다시, 석가모니라면 이 질문에 대하여 어떤 대답을 할 것인가?

¶84 기독교의 신앙에 그다지 깊이 입문하지 못한 신자들 사이에서 우리는 이따금 '예수를 믿으면 천국 간다'는 말을 듣게 된다. 이 말은 결코 기독교의 가르침을 그릇되게 표현하는 것이 아니다. 그 문장은 지적으로 덜 세련된 용어가 사용되어

있다는 제약 속에서 기독교의 진리를 정확하게 표현한다고 보아야 한다. 문제는 그것이 두 가지 완전히 상반되는 뜻으로 해석될 수 있다는 데에 있다. 약간 전문적으로, 문장의 '통사론적 구조'와는 다른, 그것과 병렬을 이루는 구조로 '의미론적 구조'라는 용어를 사용할 수 있다면, 그 문장은 애매한 의미론적 구조를 나타내고 있다. 사실상, 이러한 의미론적 구조의 애매성은 거의 모든 심각한 사고에서 혼란의 원인이 되고 있으며, 그만큼 그 애매성을 명백히 드러내는 것은 사고를 정확하게 하는 데에 결정적으로 중요한 관건이 된다.

물론, 그 두 가지 상반된 해석은 '예수 믿는 것'과 '천국 가는 것'의 관련을 상이한 방식으로 파악하는 데서 빚어지며, 그 상이한 관련 방식은 또한 '예수 믿는 것'과 '천국 가는 것'의 의미를 상이한 방식으로 규정하도록 이끈다. (또는, 더 정확하게, 이 두 가지의 의미를 상이한 방식으로 규정하는 것이 바로 그 상이한 관련 방식을 나타낸다고 말할 수 있다.) 해석 A에서 '예수 믿는 것'은 흔히 하는 말로 '교회에 다니는 것', 다시 말하여 교회에 가서 설교를 듣고 기도를 하고 찬송가를 부르는 것 등등, 기독교 신자에게 요구되는 종교적 儀式의식에 참여하는 것을 뜻한다. 그리고 '천국'은—어디에 있든지, 언제 가게 되든지 간에—그 사람이 가지고 싶은 것이면서도 현재에는 가지고 있지 않은 것—그것이 물질적인 것이든 정신적인 것이든 간에—이 특별한 노력을 기울이거나 간절히 소원할 필요도 없이 무제

한으로 주어지는 곳을 가리킨다. 이와 같은 해석에서는 '예수 믿는 것'과 '천국 가는 것' 사이에는 의미상 하등의 관계가 없다. 예수 믿는 것과 천국 가는 것은 의미상 별개의 것이며, 양자 사이에는 전자를 하면 후자가 따라온다는 식의 관련이 있을 뿐이다. 다시 말하여, 전자는 후자의 인과적 조건이다.

그러나, 물론, 이것이 '예수를 믿으면 천국 간다'는 말을 해석하는 유일한 방식은 아니다. 해석 B에서 '천국'은 '예수 믿으면 가는' 곳이 아니다. 어떤 사람이, '지금 나에게 주어지는 모든 것—통념상으로 "좋은 것"과 "나쁜 것"을 통틀어—은 내가 바랄 수 있는 최선의 것이다'라는 믿음을 가지고 있다면, 그가 현재 살고 있는 곳, 그곳이 바로 '천국'이다. 그리고 '예수 믿는 것'은 다른 것이 아니라 그런 믿음을 가지는 것이다. 이런 의미에서 '예수 믿는 것'과 '천국 가는 것'은 의미상 별개의 것이 아니라 그것이 바로 그것이다. 해석 A에서와는 달리, 여기서 전자는 후자의 개념적 조건이다.

누구나 알고 있듯이, '지금 나에게 주어지는 모든 것은 내가 바랄 수 있는 최선의 것이다'라는 믿음을 가진다는 것은 이 세상에 사는 사람으로서 결코 쉬운 일이 아니다. 누군가가 현재 그런 믿음을 가지고 있다면, 그는 定義上정의상 '예수를 믿는' 사람이다. '건강한 사람에게는 의원이 필요하지 않듯이'(마태, 9:12), 그는 '교회에 다닐' 필요가 없다. 사람들이 '예수 믿는 것'에 해당하는 행동—'교회에 다니는 것'—을 해야 하는 것은 그렇게 하지 않고는 그런 믿음을 가지기 어렵기 때문이며, 예수를 믿는 것은 그런 믿음을 가지기 위해서이다. 그런 믿음을 가지고 사는 곳이 '천국'이라면, 이 경우를 가리켜서도 '예수를 믿으면 천국 간다'는 말을 할 수 있을 것이다. 다만, 이 경우에 그 말은, 예수를 믿는 것은 천국에 가기 위한 '수단'이요 천국에 가는 것은 그 수단으로 달성해야 할, 또는 달성되기를 바라는 목적이라는 뜻을 나타내는 것이 아니라, 천국에 가는 것이 곧 예수를 믿는 것이요 예수를 믿는 것의 '의미'는 천국에 가는 데 있다는 뜻을 나타낸다. 이 두 해석을 더 극적으로 대비시키자면, 해석 A에서는 천국에 가기 이전에도 '예수를 믿는다'고 말할 수 있는 반면에, 해석 B에서는 앞의 그 믿음을 가지기 이전에는 '예수를 믿는다'는 말을 할 수가 없다.

저자는 해석 A에 의해서건 해석 B에 의해서건 '예수를 믿는 사람'으로 불릴 자격이 없다. 그러나 두 가지 해석 중의 어느 쪽이 미신에 해당하며 어느 쪽이 종교에 해당하는지는 예수를 믿지 않고도 능히 판단할 수 있다.

¶85 해석 B의 '믿음'을 가지게 되는 데는 좁은 의미에서의 '교회에 다니는 것'으로 결코 충분하지 않다. 거기에는 심성함양을 위한 일체의 노력이 필요하다. 또한 그 믿음을 가지고 있다는 것은 '지금 주어지는 모든 것은... 등등'을 말로 할 수 있다

는 것과는 다르다. 저자가 생각하기에, 진정한 크리스찬, 예수를 진심으로 믿는 사람은 '지금 주어지는 모든 것은 … 등등'이라는 말이 불완전하게 표현하는, '표현 이전의 표준'을 마음속에 갖추고 그것을 일체의 생각과 말과 행동으로 표현하는 사람이다. 그는 참으로 심성함양을 이룩한 사람과 다르지 않다.

¶86 周易주역을 창안한 사람은, 그가 누구였든지 간에, 중국 사상권에서의 형이상학적 거보를 내디뎠다. 주역에 나타나 있는 太極태극과 만물의 관계는 우리가 일상 세계에서 경험할 수 있는 두 사물이나 사건 사이에서는 어디서도 찾아볼 수 없다. 일상적으로 경험할 수 있는 현상에 관한 한, '태극에서 만물이 생긴다'라는 표현에서와 같이, 무엇인가가 이런이런 것을 원인으로 하여 생겨났다고 말할 수 있는 경우에는 반드시 그 무엇인가가 그것의 원인으로부터 시간상으로나 공간상으로 분리되어 있다. 그러나 태극과 만물의 경우에는 만물의 바깥에, 만물과는 별도로 태극이 존재하는 것이 아니다. 그렇다면 태극과 만물은 동일한가 하면 그렇지 않다. 만물을 떠나서 따로 태극이 있는 것은 아니지만, 그래도 여전히 태극은 태극이요 만물은 만물이며, 더 나아가서 만물은 태극을 '원인'으로 하여 생겨난 것이다. 우리의 언어는 사실적 관계—시공간적으로 분리된 두 사항 사이의 인과관계—만을 표현하기에 적합하도록 고

안되어 있기 때문에 태극과 만물 사이의 그러한 관계는 우리의 언어로는 정확하게 표현할 길이 없다. 만약 그것을 우리의 언어로 기술하려고 들면 위에서와 같이 '태극은 만물의 바깥에 따로 떨어져서 존재하지 않으면서도 만물을 만들어낸다'는 어불성설—'말이 안 되는 말'—이 되고 만다.

주역이 내디딘 형이상학의 발걸음은 큰 걸음이기는 하지만 첫걸음에 불과하다. '易역에는 태극이 있다. 태극은 음양을 낳고 음양은 四象사상을 낳으며 사상은 八卦팔괘를 낳는다'(繫辭上 11:5)—그리고 8괘는, 그것을 더욱 상세화한 64괘와 마찬가지로, 삼라만상과 인간만사(즉, 만물)의 象상이다—라는 주역의 문장은 우리의 언어로써는 표현할 수 없는 태극과 만물의 관계를 비유적으로 나타낸 것이다. 그러나 이 비유는 불가피하게 태극과 만물의 관계를 도토리에서 참나무가 생겨나는 것과 동일한 관계로 잘못 생각하도록 이끌 염려가 있다. 宋代송대에 와서 성리학을 이론적으로 체계화한 사람들은 주역의 태극을 理이로 바꾸면서 그 비유가 가진 한계를 다소간 완화하려고 하였다. (성리학의 선구적인 작업이, 周敦頤주돈이의 「太極圖說」태극도설로 나타났다는 것은 우연한 일이 아니다.) 理이라는 것은 玉옥의 무늬를 뜻하며, 옥의 무늬(理)는 만물을 비유적으로 표현하는 옥 속에 이미 들어 있다. ('나뭇결'에 해당하는 한자어는 '木理'목리이다.)

옥과 옥의 무늬의 비유는 태극이 만물과 시공간적으로 분리되지 않는다는 것을 드러낸다는 점에서는 도토리와 참나무의 비유가 자아내는 그릇된 연상을 불식시키지만, 그것도 여전히 비유인 이상 태극과 만물의 관계를 정확하게 표현하는 것이 아니다. 태극은 옥 속의 무늬처럼 만물 속에 가시적인 형태로 들어 있는 것이 아니다. 뿐만 아니라, 여기서 따라오는 당연한 귀결로서, 만물은 각각 태극의 한 부분씩(예컨대 만분의 1)을 갖추고 있는 것이 아니다. 만물의 각각은 태극을 '남김없이'—그러나 '불완전하게'—갖추고 있으며, 하나인 태극은 모든 만물에 고스란히 들어 있다. 성리학에서는 이것을 '달이 만 개의 시내에 영상을 드리우는 것'(月映萬川)으로 비유하고 있지만, 이 비유 또한 시내에 비친 달 이외에 하늘의 달이 있다는 점 때문에 태극과 만물의 관계를 나타내는 데는 부족한 점이 있다. 태극은 만물이 존재한다는 사실로 말미암아 비로소 그 존재가 확인된다. 그리고 이것은 태극이 만물을 '낳는다'든가 만물의 '원인'이 된다는 말이 나타내는 것과는 완전히 정반대되는 관계를 나타낸다. 말하자면 주역의 그 말은 실지 사태가 따르는 '사실적 순서'를 정반대되는 '문법적 순서'로 표현하는 것이다.

¶87 孟子맹자는 '본성이 善선'(性善)이라는 명백한 증거로서 '우물에 빠지는 아이를 건져 주는' 사태를 들고 있다. 이제 어떤 사람이 막 우물에 빠지려는 아이를 본다고 하자. 이 경우에는

누구든지 애처롭고 측은한 마음을 가지게 된다. 이것은 그 부모의 환심을 사기 위해서도 아니요 동네 친구들에게서 칭찬을 듣기 위해서도 아니요 (아이를 건져주지 않았을 때의) 나쁜 평판을 두려워해서도 아니다. 이것으로 미루어 보건대, 측은한 마음이 없는 사람은 사람이 아니요, 잘못에 대하여 부끄러워하고 분개하는 마음이 없는 사람은 사람이 아니며, 사양하는 마음이 없는 사람은 사람이 아니요, 옳고 그름을 가리는 마음이 없는 사람은 사람이 아니다. 측은한 마음은 仁인의 발단이요, 잘못에 대하여 부끄러워하고 분개하는 마음은 義의의 발단이며, 사양하는 마음은 禮예의 발단이요, 옳고 그름을 가리는 마음은 智지의 발단이다(公孫丑공손추 上6). 맹자가 말한 '본성'이라는 것은 이 구절에 나와 있는 仁義禮智의 '네 가지 발단'(四端)을 가리킨다고 볼 수 있을 것이다.

맹자가 의도했던 대로, 우물에 빠지려는 아이를 보는 사람은 '누구나' 측은한 마음이 일어나서 그 아이를 건져 준다는 사실이 사람은 '누구나' 측은히 여기는 마음의 발단(즉, 선한 본성)을 가지고 있다는 증거가 된다는 주장을 일단 받아들인다고 하자. 여기서의 문제는 '누구나 그 아이를 건져 준다'고 할 때의 그 '누구나'는 과연 누구인가, 또는 더 정확하게 말하여, 어떤 상태에 있는 사람인가 하는 것이다. 물론, 그 '누구나'는 특정한 사람을 한정적으로 지칭하는 것이 아니라 '모든' 사람을 지칭하지만, 그렇다고 하더라도 위의 질문이 무의미한 것은 아니다.

'누구나'라는 말로 지칭되는 모든 사람은 분명히 우리와 같은 세상에서 살고 있는 모든 사람을 가리킨다. 그렇다면 맹자의 그 주장은 무엇인가를 설명하기보다는 오히려 하나의 근본적인 질문을 제기한다. 맹자의 그 말이 의미 있게 이해되기 위해서는 우리와 같은 세상에서 산다는 것은 어떻게 사는 것이며, 그렇게 사는 것이 어떻게 우물에 빠지는 아이를 건져 주지 않을 수 없게 만드는가가 설명되지 않으면 안 된다. 가장 원초적인 수준에서 말하자면 교육이론은 이 점을 설명하는 데에 목적이 있다.

¶88 교육학에서 공부할 내용을 맨 밑바닥까지 파내려 가면 무엇에 다다르는가?—저자가 이 질문을 발설하는 것은 칠순을 바로 눈앞에 바라보는 시점에서이다. 그 '맨 밑바닥'이라는 것이 어떤 것인지, 심지어 그 '맨 밑바닥'이라는 것이 있을 수 있는지도 분명하지 않지만, 그럼에도 불구하고 그 질문이 무의미하다고 생각되지 않는 것은, 지금 이 시점에서 돌이켜 보면 저자의 학문적 생애는 '마치' 그 질문에 대한 답을 추구한 과정인 듯한 느낌이 들기 때문이다. 저자를 가르친 선생님들의 탓이라기보다는 저자 자신의 탓이겠지만, 저자가 학생 때 공부한 교육학은 교육학의 잠재적 깊이와 비교해 볼 때, 표면에 생채기조차 내지 않은 정도였다고 말할 수 있다. 그리고 지금 교육

학을 가르치고 배우는 상황 또한 많은 경우에 이것과 별로 다르지 않을 것이다.

'교육학 공부의 맨 밑바닥이 어떤 것인지, 그것이 있는지 없는지는 거기에 다다르지 않고는 알 수 없다'—맞는 말이다. 그러나 또한, 거기에 완전히 다다르지 않고서도, 교육이라는 활동의 성격 그 자체에 관한 약간의 논리적 분석을 통하여, 그리고 그것과 현재 교육학을 가르치고 배우는 대부분의 상황에서 다루어지는 내용과의 비교를 통하여 우리는 그 밑바닥을 향한 방향 정도는 알아낼 수 있다. 현재 대부분의 상황에서 교육학 공부는 다분히 임의적으로 상정된 교육의 '효율성'을 드높이기 위한 방안들을 제안하는 것에 치중해 있다. 그뿐만 아니라, 이 일에 종사하는 사람들은 그것을 교육학 공부의 가장 중요한 목적이라고 생각한다. 그러면서도 그들은 그들이 추구하는 효율성이 어디에 근거를 두고 있는지, 그것이 무엇을 위한 효율성인지는 생각해 보려고 하지 않는다. 그들에게는 그것을 생각하는 데에 필요한 '개념' 또는 '이론'이 없는 것이다. 그러한 개념이나 이론이 없이 효율성을 제고하는 방안을 제안하는 데는 '교육학자'가 필요하지 않다. 그것은 교육행정을 담당한 관리들의 창의성에 안심하고 맡겨도 좋다. 이렇게 말하는 것은 그 관리들의 지력을 과소평가(또는 과대평가)해서가 아니라 단순히 교육학자의 역할이 그것과 다르다는 것을 말하기 위해서이다.

¶89 교육이론이 설명해야 할 대상은, 가장 궁극적으로 말하여, 인간이 어떻게 신의 경지로 발돋움할 수 있는가 하는 것이다. 여기서 '어떻게'라는 말은 현재의 교육을 개선 또는 개혁하기 위한 처방을 요구하는 것이 아니다. 이 점을 고려하여 위의 말을 고쳐 하자면, 교육이론은 궁극적으로 '현재의 교육은 인간이 신의 경지로 발돋움하기 위한 행위이다'라는 말을 설명해야 한다는 것으로 된다. 위의 '궁극적으로'라는 말에 암시되어 있듯이, 모든 교육이론이 그 설명을 직접 내어놓아야 하는 것은 아니라 하더라도, 그 궁극적 설명을 향하여 방향 지어지지 않은 교육이론은 교육이론이 아니라고 말할 수 있다. 플라톤의 「국가론」은 그 설명을 제시하고 있다. 만약 그의 설명이 오늘날 우리에게 납득될 수 없다면 그것은 그의 용어가 우리에게 낯설기 때문이며, 그의 시도 자체가 완전히 정곡을 벗어났기 때문이 아니다. 혹시 독자는 「국가론」에서 플라톤이 내어놓은 질문과 대답은 몽땅 공허하게 들린다고 생각할지 모른다. 만약 그렇다면 그 독자는 플라톤의 그 설명과, 아무리 길게 잡아 늘이더라도 결코 그것에 연결될 가능성이 없는 '교육이론'을 비교하면서 과연 어느 쪽이 공허한지를 따져 볼 필요가 있을 것이다.

¶90 (정년퇴임을 맞은 교육학 교수가 '나는 교육에 관하여 모르는 것이 아무것도 없다'라고 말하는 경우를 상상해 보라.

그는 아는 것이 단 하나라도 있는가? 그의 머리에는 단 하나의 '교육학적 사고'라도 남아 있는가?)

¶91 '그 사람이 말이나 글로 표현하는 학문과 그의 행동은 완전히 딴판이다. 그는 입으로는 온갖 옳은 말을 하면서 마음 속으로는 전혀 다른 생각을 한다'—이 말은 한 학자에 대한 평가로서는 치명적인 것이다. (학자들이 그런 치명적인 평가를 받지 않도록 그들을 보호할 책임이 다소간은 사회에도 있다고 보아야 할 것이다.) 그러나 요새 사람들이 '학문'이라고 부르는 것 중에는 그런 평가가 애당초 해당되지 않는 것들이 있다. 다시 말하여, 학자 중에는 마음속으로 어떤 생각을 하는지에 관계없이 그의 학문을 발설할 수 있는 사람들이 있는 것이다. 가장 쉬운 예로, 물품이 국내 시장에 어떻게 효율적으로 유통될 수 있는가를 연구하는 '학문', 또는 심지어 복잡한 시내 교통량을 어떻게 원활하게 소통시킬 수 있는가를 연구하는 '학문'과 같이 거의 전적으로 외부 사태의 변화에 관심을 두는 학문은 '마음속으로 완전히 딴생각을 한다'는 말을 들을 필요가 없이 '옳은 말'을 발설할 수 있다. 교육학은—그리고 정치학과 종교학은—그런 학문이 아니다. '교육의 목적은 이런이런 사람을 길러내는 데에 있다'든지 '우리는 자녀를 이런이런 사람으로 길러야 한다'는 말을 할 때 교육학자는 자신이 그런 사람과 동일한

마음을 가지고 있어야 하며, 스스로 그것에 어긋나는 마음을 가지고 있다는 것을 깨달을 경우에는 마땅히 자신의 그 말을 철회하거나 적어도 의심해 보아야 한다.

¶192 과학과 형이상학이 서로 대안적인 논의 양식을 나타내고 있다는 것, 그리하여 과학적 지식과 형이상학적 지식—만약 이것도 '지식'으로 불릴 수 있다면—은 서로 양립 불가능하다는 점에 대하여 이의를 제기할 사람은 아마 별로 없을 것이다. 그러나 그럼에도 불구하고 양자가 다 같이 '인간의' 사고에 속하는 한, 양자는 다 같이 인간 사고의 본질에서 오는 제약 속에 머무를 수밖에 없으며, 그만큼 양자 사이에는 근본적인 유사성이 존재한다고 보지 않으면 안 된다. 그 제약이라는 것은 개념을 '경험적' 사례에 의하여 파악해야 한다는 것이다. 양자 사이의 양립 불가능성은 오로지 개념을 파악하는 데에 동원되는 사례의 성격, 그리고 그에 따른 개념과 사례의 관련 방식의 차이에 기인한다.

과학의 경우에 개념이 그것을 규정하는 사례를 필요로 한다는 것은 쉽게 납득될 수 있다. 사실상, 개념을 표현하는 사례를 만들어내는 것(이른바 '操作'조작)은 과학적 활동을 하기 전에 거쳐야 할 준비 단계가 아니라 그 자체가 과학적 활동의 핵심적 부분이다. 아마 과학과 형이상학 사이의 근본적 양립 불가능성에 관한 통념 때문이겠지만, 형이상학의 경우에도 과학의 '조작'에 해당하는 활동—형이상학적 개념이 표현되는 사례를 만들어내는 활동—이 필요할 뿐만 아니라 그런 활동이 실지로 일어나고 있다는 점에 주의를 기울이는 경우는 거의 없다. 다만, 과학의 개념은 기압이나 지능과 같이 한정된 현상을 다루는 데에 비하여 형이상학의 개념은 총체를 다룬다. 이런 차이에도 불구하고 예컨대 '實在'실재와 같은 형이상학적 개념이 사례에 의하여 확인된다는 점에서는 과학과 다름이 없다. 형이상학의 경우에 사례는 우리의 삶—우리가 살아가는 동안에 하는 모든 행위—이외의 다른 것이 될 수 없다. 과학의 개념이 조작에 의하여 확인되는 것과 마찬가지로, 형이상학의 개념은 삶의 행위 또는 '실천'에 의하여 확인된다. 과학의 개념에 의미를 주는 사례가 없을 때 과학적 지식이 성립할 수 없는 것과 마찬가지로, 형이상학의 개념이 실천에 의하여 확립된다는 사실이 도외시될 때 형이상학은 공리공론임을 면할 수 없다. ('인간의 삶은 살아 움직이는 형이상학이다.')

¶93 질문에는, 그것과 대답과의 관련 방식 여하에 따라, 두 가지가 있다. 하나는 대답을 하기 전에 이미 질문의 의미가 분명한—그리하여 질문 속에 대답 그 자체는 아니더라도 대답의 방향이나 방법이 분명히 제시되어 있는—그런 질문이며, 또

하나는 대답에 의하여 비로소 그 질문이 규정되는 그런 질문이다. 대체로 말하여 앞의 것은 경험적, 사실적 질문이며, 뒤의 것은 형이상학적 질문이다. '質問明則 答亦在其中'(질문이 분명하면 답 또한 그 속에 있다)이라는 格率격률은 형이상학적 질문의 이러한 성격을 드러낸다.

¶94 「교육의 목적과 난점」의 저자는 '교육과 형이상학'이라는 제목이 붙은 한 장(3장)에서 '교육과 형이상학은 각각 상대방의 정당성을 확립해 주는 과제를 안고 있다'고 말하고 있다. 이 말을 약간 풀이하자면, 형이상학에서 세상의 궁극적 원인으로 내세우는 '실재'의 정당성—실재라는 것이 있는가, 그리고 그것은 어떤 것인가—은 교육이라는 행위가 그것을 '정당한' 것으로 만들기 때문에 확립되며, 교육의 정당성—교육이 원래 해야 할 일은 무엇이며, 현재의 교육은 그것을 올바르게 하고 있는가—은 형이상학에서 제시하는 실재의 개념에 의하여 확인된다고 말할 수 있다. 이 풀이에 나타나 있는 '순환론적 오류'—교육은 왜 하는가? 실재의 존재를 알리기 위하여. 실재가 있다는 것을 어떻게 아는가? 교육에서 그렇게 가르치기 때문에—는 일단 제쳐 두더라도, 그 저자는 그의 그 발언이 삶과 교육의 이론에 얼마나 광범위한 반향을 일으키는지에는 생각이 미치지 못했던 것이 분명하다. 그는 '메타프락시스'라는 담론형식

의 태아적인 형태를 발설하면서도 그 사실을 인식하지 못한 것이다.

¶95 '총체적 사고'는 모든 사실들을 한꺼번에 고려하여 사고하는 것이 아니라 한 가지 사실에 관한 사고('부분적 사고')를 그 이전 상태와 관련하여 사고하는 것, 즉 총체의 표현으로서의 그 사실에 관하여 사고하는 것을 뜻한다. 사고는 '부분'에 관한 것일 수밖에 없으며, 총체는 부분에 관한 사고에 의하여 확인된다.

그런데 총체적 사고를 설명하는 사람은 그 설명하는 행위 자체로 말미암아 총체적 사고를 하고 있다고 보아야 한다. 그의 총체적 사고는 그것을 설명하지 않은 채 그냥 총체적 사고를 하는 사람의 그것과 동일한 '차원'에 속하는 것은 아니라 하더라도—총체적 사고에도 '차원'이라는 용어를 적용할 수 있을지 의문이다—총체적 사고가 아니라고는 말할 수 없다. 총체적 사고가 이런이런 것이라고 말하는 것이 총체적 사고를 표현하지 않는다는 것은 논리적으로 불가능하다.

¶96 비트겐슈타인은 그의 '윤리학 강의'(1929-30)에서 절대적 가치판단을 표현하는 문장(즉, 윤리학적 발언)은 넌센스

임을 말하는 중에 보통 사람에게는 분명히 충격적으로 들릴 만한 비유를 든다. 즉, 한 전지전능한 존재가 세계에서 일어나는 모든 일들—모든 몸의 움직임과 모든 사람의 정신 상태—을 하나의 거대한 책 속에 적어 넣는다고 할 때, 그 책에 적혀 있는 문장은 모두 동일한 수준 위에 서 있는 사실들이며 '윤리학'은 그 책에 들어갈 자리가 없다고 말한다. 그 강의에서의 그의 의도와는 별도로, 그의 이 말이 보여주는 것은 단순히 윤리학을 이루고 있는 절대적 가치판단은 '사실'이 아니라는 것이다. 물론, '윤리학'은, 만약 '사실'을 '과학'에 국한되는 것으로 생각하면, 사실이 아니며, 따라서 사실만을 적어 놓은 책에, 사실과 나란히 적어 넣을 수 있는 것이 아니다. 그렇다면 윤리학은, 전지전능한 존재가 만든 거대한 '세계 책'에 적어 넣을 수 없기 때문에, 넌센스이며, 비트겐슈타인 자신의 말대로, '학문이 될 수 없는 것'인가?

그는 또한, 절대적 가치 판단을 언어로 표현할 때, 우리는 언어를 비유적으로 사용하는 듯하지만, 그 비유에는 비유되는 사실이 없으며, 그렇기 때문에 그 언어는 무의미한 말, 즉 넌센스라고 말한다. 예컨대 '별처럼 빛나는 그대 눈동자'라는 보통의 비유에서는 '별'로 비유되는 '그대 눈동자'는 사실로 존재하며, 이 경우에 비유와 그것으로 비유되는 사실은 '동일한 수준 위에' 놓여 있다고 말할 수 있다. 그러나 절대적 가치 판단을 표현하는 데에 사용되는 비유는 그러한 보통의 비유가 아니다.

그 비유는 원래 비유가 아닌 사실적인 언어로 표현될 수 있는데도 수사학적인 고려에 의하여 일부러 사용되는 비유가 아니라, 그 비유로 표현되는 절대적 가치 판단이 언어로 표현될 수 없다는 사실로 말미암아 불가피하게 사용되는 비유이다. 말하자면 그 비유는 수사학적 필요에 의하여 사용되는 것이 아니라 논리적 필연에 의하여 사용된다. 그리하여 절대적 가치 판단은 비유로 표현되기 이전에 '사실로서' 존재하는 것이 아니라 비유로 말미암아 비로소 그 존재가 확인된다고 말할 수 있다. 전지전능한 존재가 만든 '세계 책'에 적혀 있는 모든 사실은 절대적 가치 판단을 성립시키는 비유이다.

¶97 앞의 그 강의의 마지막에 비트겐슈타인은 윤리학적 발언은 인간의 지식에 아무것도 보태어 주는 것이 없으며, 따라서 그것은 결코 '학문'이 될 수 없다고 말한 뒤에, 동일하게 단호한 어조로, '윤리학은 인간의 마음이 따르는 자연적 흐름을 보여주는 문서'라고 말한다. 비트겐슈타인은 전혀 의식하지 못했을지 모르지만, 여기서 '자연적'이라는 말은 그가 그 강의 내내 심혈을 기울여 분석한 '절대적 가치판단'에 못지않게, 아니면 그보다 더 세밀한 분석을 필요로 한다. '이런이런 것은 "절대적으로" 옳다'는 판단, 또는 칸트의 용어로 '定言命令'정언명령(categorical imperative)이 '인간의 마음이 따르는 자연적 흐름'

을 보여준다는 것은 무슨 뜻인가? 인간은 태어날 때 마음속에 그런 '흐름'을 타고난다는 뜻인가? 그렇지 않으면 인간은 태어나서 세상에서 살아가다가 보면 '저절로' 그런 마음의 흐름을 가지게 된다는 뜻인가? 만약 후자라면, 살아가다가 하게 되는 일은 모두 '자연적인' 것인가? 도대체 살아가면서 저절로 하는 그 '일'이라는 것은 어떤 것이며 그것이 어떻게 하여 그런 '마음의 흐름'을 따르도록 하는가? 그 일을 하는 것, 그리고 그 결과로 따르게 되는 '마음의 흐름'이 '자연적인' 것이라면, '자연적이지 않은' 것은 어떤 것인가?―이런 것들이 밝혀지기 전에는 그의 그 발언은 그가 윤리학적 발언을 지칭한 바로 그 넌센스에 육박해 간다.

¶98 다음과 같은 두 개의 순환명제를 생각해 보자.

(1) 인식은 미발의 표준을 적용하는 행위임에 못지않게 그것을 확립하는 행위이다. 인식은 미발의 표준을 적용하는 행위이지만, 인식에 적용되는 미발의 표준은 인식 행위에 의하여 비로소 확립된다.

(2) 도덕은 심성의 표현임에 못지않게 그것을 확립하는 행위이다. 도덕은 심성의 표현이지만, 도덕으로 표현되는 심성은 도덕에 의하여 비로소 확립된다.

위의 두 명제는 각각 인식과 도덕을 언급하고 있지만, 그럼에도 불구하고 인식과 도덕을 서로 바꾸어도 마찬가지로 성립한다고 볼 수 있을 정도로 그 두 명제는 사실상 동일한 명제이다. 앞의 명제에서 '미발의 표준을 적용한다'는 말은 뒤의 명제에서 '심성을 표현한다'는 말과 완전히 동일한 의미를 나타내고 있는 것이다. 그와 마찬가지로, 이 명제는 인식과 도덕에만 해당하는 것이 아니라 흔히 眞善美聖진선미성이라는 용어로 표현되는 네 가지 가치—인식과 도덕뿐만 아니라 예술과 종교—에도 다 같이 해당한다.

그런데, '순환론'은 보통의 경우에 A를 B로 설명하고 B를 다시 A로 설명하는 설명 방식을 가리키며, 그것은 사실상 아무것도 설명하는 것이 없다는 뜻에서 논리상의 오류—'말만 허비하는 것'—를 나타낸다. (예컨대 사전에서 A단어의 뜻을 알고 싶을 때, A단어를 찾아보면 B를 보라고 하고 B를 찾아보면 다시 A를 보라고 하는 것은, 만약 그런 사전이 있다면, 순환론의 전형적인 경우이다.)

그러나 위에 제시된 순환명제는 두 가지 점에서 '용납 가능한' 것이 된다고 말할 수 있다. 첫째로, 위의 순환론은 동일한 차원—'현상'—에 속하는 두 사항 사이에서 일어나는 것이 아니라 중층구조의 두 층—미발의 표준과 그 표현—사이에서 일어난다. 또는, 앞 [68]에서 말한 '비대칭'의 용어로 말하면, 그것은 '표현'(미발의 표준 → 표현)과 '실현'(표현 → 미발의 표준) 사이의 순환이다. '미발의 표준'이라는 것은, 정의상, 그것의 표현에 의해서밖에 달리 확인될 수 없기 때문에, 미발의 표준이 현상으로 표현되거나 현상에 적용되어야 한다면 그것은 표현이나 적용에 의하여 확인되는 그 미발의 표준 이외의 다른 것이 될 수 없다. 이 점에서 중층구조에서의 순환론은 '불가피한'—다시 말하여, 중층구조를 경험적 사실을 표현하는 언어로 설명하려고 하는 한, 불가피한—'형이상학적 오류'이다.

그뿐만 아니라, 둘째로, 위의 순환론에서의 '순환'은 처음부터 끝까지가 매끈한 연속적 순환이 아니며, 거기에는 '출발점'이라고 해야 할지 '진입구'라고 해야 할 일종의 단절점이 존재한다. (도대체 '순환'이라는 용어 자체가 비유로서, 거기에 실지로 '순환하는 운동' 같은 것이 있는 것은 아니다.) 이 점을 약간 자세하게 설명하면 다음과 같다. 앞에서 '비대칭'을 설명할 때 말한 바와 같이, '표현의 맥락'에서 보면, 심성과 그 표현—심성을 표현하는 일체의 사고와 행위—은 사실상 분리될 수 있는 것이 아니다. 심성은, 만약 표현된다면, 반드시 그 표현과 함께, 그 표현을 빌려 표현된다. 그러나 '실현의 맥락'에서는 심성을 그 표현으로부터 분리하여 오로지 심성함양을 위한 별도의 활동을 마련하는 것이 가능할 뿐만 아니라 반드시 필요하게 된다. 심성함양 활동으로서의 교과 공부는 그 대표적인 보기이며, 정치와 종교에도 이와 비슷한 활동이 일어나고 있다. 사실상으로 분리되지 않는 것을 분리해 내는 작업은 '추상'이라고 불리며, 추상은 순환론이 오류인 것과 다름없이 '오류'이다. 그러나 이 추상은 순환론의 순환에 일종의 출발점 또는 진입구를 제공해 준다. 그리하여 추상은 순환론의 오류를 덜 치명적인, '용납 가능한' 것으로 만들며, 그와 마찬가지로 순환론 또한 추상의 오류에 대하여 동일한 효과를 나타낸다. 다시 말하여, 순환론과 추상이라는 두 가지 오류는 각각 상대방의 오류를 완화 또는 상쇄하는 결과를 가져온다.

¶99 앞 [72-73]에서 '세계에 대한 이론적 관조'와 '자아의 실천적 행위'라는 용어로 단순화하여 대비시킨 두 가지 진리이론—한편으로 대응설과 실용설, 그리고 또 한편으로 정합설과 '메타프락시스설'—을 다시 음미해 보면, 그것은 각각 진리를 세계와 마음에 귀속시키는 견해를 나타낸다고 말할 수 있다. 이 점은 다시, 앞 [26]에서 말한 '중층구조'를 단순화할 가능성이 있음을 시사한다. 앞에서 설명한 바에 따라, 중층구조는 '마음과 사물(또는 세계)이 구분되는 아래층—표현 이후—과 마음과 사물(또는 세계)이 구분되지 않는 위층—표현 이전—으로 구성된, 세계의 구조와 마음의 구조를 하나로 포괄하는 존재론적 구조'로 정의된다. 이 정의는 정확하기는 하지만, 약간 지나칠 정도로 번거로운 느낌을 준다. 가령 중층구조를 일컬어 '마음과 세계의 중층구조'라고 부를 때, 이것을 '마음과 세계를 각

각의 층으로 하는 구조'로 이해하는 것은, 위의 정의에 의하면, 옳지 않다. 위의 정의에 의하면, 그 명칭은 '마음의 중층구조'와 '세계의 중층구조'라는 두 개의 중층구조가 마음과 세계가 구분되지 않는 위층으로 말미암아 하나로 통합되어 있는 '하나의' 구조를 일컫는 것으로 이해되어야 한다.

위에서 말한 두 가지 진리이론은 중층구조를 이와 같은 번거로움이 없이 그대로 '마음과 세계의 중층구조'로 부를 수 있다는 것을 시사한다. 우선, 위의 정의에서 아래층의 마음—세계와 구분되는, 세계를 대면하는 마음—과 위층의 마음—세계와 구분되지 않는 마음—은 다 같이 '마음'으로 불리기는 하지만, 완전히 동일한 마음이 아니다. 王陽明왕양명의 표현을 빌리자면, 그 각각은 '心外有物'심외유물로서의 마음과 '心外無物'심외무물로서의 마음이라고 부를 수 있다. ('마음의 신비와 교육의 신비' 참조.) 심외유물로서의 마음은 사물(세계)과의 구분에 의하여 성립하는 만큼 세계에 의존하는 마음이며, 이런 뜻에서 세계에 속하는 마음이라고 말할 수 있다. 그리하여, 단순화된 형태의 중층구조는 '세계와 마음을 아래층과 위층으로 하는 존재론적 구조'로 정의된다. (원래의 정의에서 아래층에 속하는 마음이 그대로 위층으로 올라가게 되는 불합리는 마음과 세계를 '중층'이라는 공간적 비유로 표현하는 한, 불가피하다고 말할 수 있다.)

이 단순화된 형태의 중층구조는 단순히 중층구조를 더 간단하게 규정할 수 있다는 것에 그 의의가 국한되는 것이 아니다.

그것은 위에서 말한 두 가지 진리이론을 좀 더 정확하게 이해하는 데에도 도움이 된다. 앞에서 규정된 바에 의하면, '세계에 대한 이론적 관조'와 '자아의 실천적 행위'는 영원한 평행선을 달리는 두 가지 '대안적' 진리 이론을 나타내는 것처럼 생각된다. 그러나 세계에 관한 진리가 마음에 관한 진리에 연결되지 않는다는 것은, 그 반대로 마음에 관한 진리가 세계에 관한 진리에 연결되지 않는 것과 마찬가지로, 상상할 수 없다. 그렇게 생각하는 것은 자아가 세계에 속한다는 사실을 부정하는 것과 마찬가지이다. 메타프락시스는 이 두 가지 진리 사이의 순환에 의하여 세계에 관한 진리가 마음에 관한 진리로 연결된다는 것을 설명하는 담론형식이다.

¶100 周易주역의 太極태극을 理이로 바꾸었을 때[86] 성리학자들은, 자신도 명확히 인식하지 못하는 사이에, '혁명'이라고밖에 달리 부를 수 없는 사상의 근본적인 전환—'파라다임의 변화'—을 일으켰다. (제자들로부터 '태극은 理인가'라는 질문을 받고 난 뒤에 朱熹주희는 약간의 망설임을 보이면서도 그것에 대하여 긍정적인 대답을 했다고 한다. 그러나 그 '혁명'의 의미를 생각해 보면, 주희는 '양자 사이의 유사성은 표면적인 것이지만 차이는 근본적인 것이다'라고 대답했어야 마땅하다.) 태극에서 理로의 전환은 칸트의 '코페르니쿠스적 전환'—인식의

무게 중심을 대상에서 주체로 옮겨 놓은 것—과는 비교도 되지 않을 정도로 엄청난, 세계를 파악하는 근본 비유에 있어서의 전환을 나타낸다. 태극을 理로 바꾸었을 때, 성리학자들은 태극과 만물의 관계—'태극은 만물을 낳는다'—가 연상시키는 횡적, 인과적 연결을 理와 만물 사이의 종적, 논리적 연결로 대치하였다. 횡적, 인과적 연결에서는 태극이 만물에 시간상으로 앞서는 반면에, 종적, 논리적 연결에서 理와 만물은 위아래로 연결되어 있다. 이로 말미암아 理는, 태극이 만물의 인과적 원인으로 간주되는 것과는 달리, 만물의 '논리적 원인'으로서 확고한 지위를 차지하게 된다.

더 나아가서 성리학자들의 이 혁명은 理를 '性성과 동일한 것'으로 규정함으로써 그 완전한 결말을 보게 된다. 그들은 존재론적 개념인 理의 인식론적 대응물로서 性을 상정함으로써 세계와 마음의 구조적 동일성—세계의 중층구조와 동일한 마음의 중층구조—을 주장한 것이다. '性은 곧 理이다. 다만, 마음을 언급할 때에는 性이라고 하며, 사물을 언급할 때에는 理라고 한다.' (性卽理也 在心 喚做性 在物 喚做理, 중용 首章에 대한 朱熹 註.) 중층구조의 용어로 말하자면, 性과 理는 '미발의 표준'으로서 위층에 자리 잡고 있으며, 각각은 아래층의 情정과 만물로 표현된다. '性은 곧 理'라는 명제는 性과 理가 다 같이 '미발의 표준'을 가리킨다는 점에서 논리적으로 불가피하다. '미발'에서는 같다든가 다르다는 말을 포함하여 이것이 이러이러하다는 말이 의미를 가질 수 없다. 다만, 理가 만물로 표현되는 데는 그 '표현'—'發'발—을 가능하게 하는 氣기의 도움이 필요하지만, 性이 情정으로 표현되는 데는 그런 도움이 필요하지 않다. 아마도 이것은, 性은 情에 대하여 理와 만물의 관계보다 더 직접적인 관련을 맺고 있다는 점, 그리고 氣의 개념에 대하여 특별한 주의를 기울일 필요가 있다는 점에 관한 성리학자들의 사고를 반영하는 듯하다.

¶101 쉽게 짐작할 수 있다시피, 위에서 말한 성리학의 혁명—마음과 세계에 관한 근본 비유의 전환—은 무엇보다도 윤리학(또는 도덕교육)의 분야에서 가장 심각한 반향을 드러내었다. (물론, 윤리학 분야에서의 반향은 그것이 가지는 인식론 분야에서의 의의와 면밀히 상응한다.) 이 점을 이해하기 위해서는 性과 情의 개념에 대응하는 中중과 和화의 개념을 중심으로 하여 우리의 도덕 생활을 가능한 한 구체적으로 고찰할 필요가 있다.

우선, 중용 수장에는 中과 和가 다음과 같이 정의되어 있다—'희로애락으로 표현되기 이전을 가리켜 中이라고 하며, 희로애락이 中에 맞게 표현된 상태를 가리켜 和라고 한다'(喜怒哀樂之未發 謂之中 發而皆中節 謂之和). 여기서 말하는 '희로애락'은 단순히 그것을 포함하는 '일곱 가지 감정'(七情)만을 지칭하는 것이 아니라 일체의 의식적 정신작용을 포괄적으로 지칭하며, 나아가서는 그것의 행동적 표출까지도 지칭한다. 中이 '희로애락으로 표현되기 이전'을 가리키는 한, 그것은 표현 이전의 표준으로의 性과 다른 것일 수 없다. 다만, 中은 性을 심리적 특징과 관련하여 규정한다. 中을 '치우치거나 기울어짐이 없고 넘치거나 모자람이 없는 것'으로 풀이했을 때, 주희는 中을 한 가지 측면에서 드러낸 것이다. 中에는 이와 같이 '균형 잡혀 있다'는 뜻의 형용사적 의미 이외에, '한가운데 또는 핵심'이라는 뜻의 명사적 의미와 '적중한다, 들어맞는다'라는 뜻의 동사적 의미도 들어 있다. 中에는 이 모든 의미가 들어 있지만, 그중의 어느 하나도, 또는 그것을 모두 합친다 하더라도 그것은 中의 올바른 의미가 될 수 없다. 中은 性과 마찬가지로 '표현 이전의 표준'으로서 그 자체는 어떤 말로도 규정될 수 없으며, 다만 그것에 맞게 표현된 것이 和—주희의 풀이대로, '올바르게 표현된 情의 모습'(情之正)—가 되는, 和의 의미상의 기준이다.

이러한 中의 개념이 윤리학이나 도덕교육과 관련하여 어떤 '혁명적' 의의를 가지는가는 짐작하기 어렵지 않다. 그것은 윤리학적 논의와 도덕교육에서 사용되는 도덕적 개념과 그것이 궁극적으로 적용될 도덕적 사태 사이에는 도저히 메울 수 없는 간극이 가로놓여 있다는 사실과 관련되어 있다. 예컨대 '용기'가 도덕적 개념에 속하는 것은 그것이 도덕적 사태에서 행동으로 표현될 것이 예상되기 때문이다. 그런데 용기라는 '일반적' 개념이 적용되는 사태는 그중의 어느 두 가지도 완전히 동일하다고 볼 수 없을 만큼 끝없이 다양하다. 일반적 개념은 그러한 다양성을 무시하고 단 하나의 개념으로 그것을 요약하며, 그럼에도 불구하고 그 개념을 사용하는 사람은 그것이 그 모든 사태에 의미 있게 적용되리라고 기대한다.

이 점은 도덕적 개념이 장차 학생의 행동을 이끌 목적으로 사용되는 도덕교육에서 특히 심각한 문제를 야기한다. 통념상의 도덕교육—즉, 성리학의 혁명적 의의를 도외시하는 도덕교육—에서는 도덕적 개념과 관련된 교훈—'용기를 가지라'—을 제시하고 그것이 학생의 행동—이 경우에는 '용기 있는 행동'—을 이끌 수 있으리라고 단순하게 가정하지만, 정작 도덕적 사태에 당면했을 때 학생은 용기가 그 특정한 사태에서 어떤 행동으로 표현되는지, 또는 심지어 자신이 표현해야 할 도덕적 개념이 용기인지조차도 알지 못한다. 문제는 여기에 그치지 않는다. 만약 학생이 표현해야 할 도덕적 개념이 오직 용기밖에 없다면 도덕적 개념과 도덕적 사태 사이의 문제는 그토록 치명적인 것이 되지 않을 것이다. 그러나 인간 사회에는 완전히 상반되는 도덕적 개념들이 동일한 호소력을 가지고 제시되어 있다. 예컨대 '사람은 자신의 분에 맞게 살아야 하며 지나친 야망은 파멸을 가져온다'—'오르지 못할 나무는 쳐다보지도 말라'—라는 말과 '사람은 원대한 포부를 품고 그 실현을 위하여 꾸준히 정진해야 한다'—'천 리 길도 한 걸음부터'—라는 말은 거의 정면으로 상반되는, 그러나 동일하게 타당한 두 가지 교훈을 나타내고 있다. 도덕교육에서 이 두 가지 교훈을 들은 학생은 자신이 당면하는 사태 중에서 어느 것이 '쳐다보지 말아야 할 나무'에 해당하며 어느 것이 '천 리 길을 위한 한 걸음'에 해당하는지를 판단해야 하는, 자신이 받은 그 도덕교육에 의해서는 해결할 수 없는 어려운 과제를 안게 된다.

그러나, 그렇다고 하여 도덕교육을 하는 교사가 장차 학생이 당면할 모든 사태에 대하여 그 사태의 모든 세부 사항에 정확하게 들어맞는 행동 지침을 내려야 한다면, 우리가 알고 있는 대로의 도덕교육은 완전히 불가능할 것이다. 그것은 도덕을 '가르치는' 것이 아니라, 교사가 학생의 삶을 대신 살아주는 것에 해당한다. '미발의 표준'으로서의 中—또는 性—의 개념은 도덕교육이 필연적으로 당면하는 이 문제—학생의 삶을 대신 살아주듯이 하지 않으면서도 학생으로 하여금 사태에 적절한 행동을 하도록 해야 한다는 문제—에 대한 유일 타당한 이론적 해결책을 제시하고 있다. 中의 개념은 도덕교육을 통한 도덕적 실천을 '우회적으로'—또는 더 정확하게는, '순환론적으로'—보장할 수 있게 해준다. 일반적으로 도덕적 지침을 일러주는 것이 적절한 도덕적 실천으로 연결되지 않는다는 것은 성리학자가 아니더라도 도덕을 가르쳐 본 사람이라면 누구나 알고 있다. 그것은, 흔히 생각하듯이, 학생에게 도덕적 '실천 동기'가

부족해서가 아니라 원칙상 기대하기 어려운 것을 기대하기 때문이다. 中의 개념에 의하면, 도덕교육은 학생에게 도덕적 교훈을 제시함으로써 이루어질 수 있는 것이 아니라 中의 표현인 和를 통하여 마음속에 中을 심어줌으로써 이루어질 수 있다. '미발의 표준'으로서의 中은 모든 올바른 생각과 말과 행동의 원천이 되는 마음의 핵심부이다. 그리고 中을 실현하는 데에 기여하는 和는 좁은 의미에서의 도덕적 교훈만 아니라 性(또는 理)의 표현으로 간주될 수 있는 모든 것—주희의 용어로 '禮樂刑政'예악형정—을 포함한다. 만약 和를 통하여 中이 마음속에 갖추어지면 거기서 흘러나오는 모든 생각과 말과 행동은 '자연히' 사태에 적절한 것으로 될 것이다.

¶102 불교 수행론은 성리학이 나타내는 것과 같은 도덕교육의 순환론적 관점을 보여주는 또 하나의 예로 해석될 수 있다(「대승기신론 통석」 p. 179, p. 184 참조). '육바라밀'로 일컬어지는 불교의 '여섯 가지 수행'—布施보시, 持戒지계, 忍辱인욕, 精進정진, 禪定선정, 智慧지혜—은, 마지막 두 가지를 제외하면, 통념상 수행의 '목적'으로 간주될 수 있다. 이 통념에 의하면 예컨대 '보시'라는 수행은 수행의 목적이면서 동시에 수행의 방법이 된다. 다시 말하여, 불교의 수행은 보시라는 방법을 통하여 보시라는 목적을 달성하기 위한 노력으로 간주된다. 이것은 앞

에서 말한 도덕교육의 통념—도덕적 교훈을 일러주고 그것을 실천하도록 기대하는 것—과 다르지 않다.

그러나 「대승기신론」에 의하면, 6바라밀은 어디까지나 수행의 '방법'(또는 '수단')이며, 수행의 목적은 '眞如'진여—또는 더 정확하게는, 마음이 진여를 향하도록 하는 것—이다. ('진여'는 성리학의 理와 性을 한꺼번에 지칭하는 '미발의 표준'이다.) 육바라밀을 행하는 것은 그것 자체가 중요해서가 아니라 그것이 진여의 표현이기 때문이며 진여로 돌아가는 통로가 되기 때문이다. 물론, 6바라밀을 통하여 마음에 갖추어진 진여는 6바라밀이 의미하는 행동으로 표현된다. 그러므로 불교 수행은 진여의 표현—和—을 통하여 진여—中—를 구현함으로써 그것이 모든 사태에서 표현되도록 한다는 순환론의 논리를 따르고 있다.

¶103 앞 [80]에서 말한 '이론과 실제의 연속성'은 한편으로 심성함양을 이론적으로 설명하는 이론가와 또 한편으로, 심성함양을 이끄는 지위에서건 이끌림을 받는 지위에서건, 단순히 그 실제에 참여하는 실천가 사이에는 '본체'의 측면에서의 차이에도 불구하고 '현상'의 측면에서의 동일성이 존재한다는 것을 가리킨다. 이론가와 실천가가 현상적으로 동일성을 나타낸다는 것은, 이론가는 실천가가 참여하는 심성함양의 실제를 설명하는 동안에 그 자신도 실천가들이 종사하는 바로 그 활동에

종사한다는 것을 뜻하며 이것은 곧 그에게는 이론과 실천이 한 가지 동일한 활동을 통하여 이루어진다는 것을 뜻한다. 앞에서도 지적한 바와 같이, 이것은 심각한 사회철학적 의의로 연결된다.

성리학은 위와 같은 의미에서의 이론과 실제의 연속성을 전형적으로, 아마 다소간 극단적인 형태로 예시한다. 우선, 성리학을 '교육이론'으로 파악할 때, 교육이론가와 교육실천가가 현상의 측면에서 동일성을 나타낸다는 것은 교육이론가가 교육을 설명할 때 공부하는 내용—즉, '교육이론'—이 교육실천가가 교육의 실제에 종사할 때 공부하는 내용—즉 '교육내용'—과 동일하다는 것을 뜻한다. 성리학은 바로 이런 특징을 나타낸다. 학생들이 자신의 심성을 함양하기 위하여 공부하는 내용—'성리학'—은 그 자체가 심성함양에 관한 이론적 설명으로 이루어져 있다. 다시 말하여, 학생들은 교육이론을 교육내용으로 삼는다. 이 점은 학생들이 공부하는 '최초의 교과서'라고 말할 수 있는 「小學」소학의 경우에도 마찬가지로 성립한다. 「소학」에 나와 있는 말은 대부분이 거의 그대로 높은 수준의 이론서—심성함양에 관한 이론적 설명—에서 발췌한 것들이다. 이 점에서 성리학의 경우에 이론과 실제의 동일성은 현상의 측면에서만 아니라 본체의 측면에서도 성립한다고 말할 수 있다.

교육내용(과학과 수학, 문학과 역사)이 교육이론(교육학)과 내용상으로 완전히 구분되어 있다는 오늘날의 통념에 비추어 보면, 성리학의 그러한 조치는, 교육의 '효율성' 문제와는 별도로, 일단 경탄의 대상이 된다. 성리학이 이론과 실제의 연속성을 전형적으로 예시하는 한, 그리고 이론과 실제의 연속성이라는 특징이 메타프락시스의 한 가지 의미 요소를 나타내는 한, 하나의 이론이 메타프락시스적 성격을 띠는 것은 그것이 성리학의 그 '理想'이상에 접근할 때이며, 또 그 정도에 한한다고 말할 수 있다. (물론, 성리학이 유독 교육이론의 측면에서만 파악될 수 있는 것은 아니다. 성리학에도 정치이론이 포함되어 있으며, 또한 그 나름으로의 종교이론도 포함되어 있다. 교육이론과 관련하여 성립하는 위의 관점은 정치이론이나 종교이론과 관련해서도 다 같이 성립한다.)

¶104 그렇다면 교육내용—예컨대 수학—과 교육이론이 완전히 별개의 것이라는 오늘날의 통념은 과연 어느 정도로 타당한가? 이 통념대로라면, 과학이라는 '교육내용'에 관한 설명은 어디까지나 '과학이론'이며, 거기에는 '교육이론'이 들어설 자리가 전혀 없는 것처럼 생각된다.

그러나, 저자가 보기에, 이 생각은 통념에서처럼 자명하게 옳은 것이 아니다. 가령 어떤 사람이 과학—교육내용으로서의 과학—의 내용을 마지막 세부 사항에 이르기까지 완전하게 설명한다고 하자. 만약 그것이 이런 의미에서의 '완전한' 과학이론이 되려고 하면 거기에는 반드시 그것이 어떻게 전수되며 그것을 전수하는 것이 우리의 삶에서 어떤 의의를 가지는가에 관한 설명이 포함되어야 할 것이다. 이것은 바로 교육이론이 제시하고자 하는 설명이다. 과학이론이 교육이론과 다른 교육내용을 담고 있는 것으로 생각되는 것은 그것이 그 완전한 경지까지 나아가지 않고 설명을 중도에서—즉, '교육내용'의 경지—정지해 버렸기 때문이다[61]. 이 점에서 과학이론—또는, 일반적으로 '교과이론'—은 잠재적인 교육이론을 나타낸다고 말할 수 있다.

¶105 '메타프락시스는 심성함양을, 그리고 오직 심성함양만을 설명하는 데에 원용되는 담론형식을 가리킨다'는 말은 메타프락시스를 형식적인 면에서 정의하고 있다. 이때까지 여러 항목에서 논의한 내용은 메타프락시스에 포함되는 몇 가지 의미 요소를 확인시켜 준다. 이들 의미 요소는 메타프락시스를 내용 면에서 정의한다고 말할 수 있다. 그 의미 요소는 중층구조, 순환론과 간접전달, 그리고 이론과 실제의 연속성으로 요약된다. 이 중에서 중층구조는 메타프락시스의 정태적 특징을 규정하며, 순환론과 간접전달은 각각 그것의 동태적 특징을 기술적 측면과 처방적 측면에서 규정한다. 그리고 이론과 실제의 연속성은 그것에 함의되어 있는 사회철학적 의의를 드러낸다.

앞의 논의에 시사되어 있는 바와 같이, 이들 의미 요소는 함의나 논리적 가정의 관계로 서로 연결되어 있다. 이것은 메타프락시스가 하나의 '정합된' 체계를 나타낸다는 점에서 당연한 것이다. (위의 의미 요소는 이후 중층구조, 순환론, 당사자적 자세로 재정립되었다.)

¶106 담론형식으로서의 메타피직스와 메타프락시스의 차이를 비유적으로 느끼는 데에 도움이 되는 좋은 수수께끼가 하나 있다. 그것은 이런 것이다—수수께끼를 좋아하는 왕이 다스리는 나라에 사형수 세 명이 복역하고 있다. 왕은 자신의 생일을 기념하기 위하여 그 세 명의 사형수에게 수수께끼를 내어주고 답을 맞히는 사람은 형을 면제해 주기로 결정한다. 왕은 세 사람을 검은 모자 3개와 흰 모자 2개가 들어 있는 암실에 들여보내면서 각각 하나씩 쓰고 바깥으로 나오도록 한 뒤에 삼각형의 위치로 세워 놓는다. (세 사람은 암실에 어떤 색깔의 모자가 몇 개씩 들어 있는지 알고 있다.) 왕은 A, B, C로 불리는 세 명에게 차례대로 각자가 무슨 색깔의 모자를 쓰고 있는가를 알아맞히라고 한다. 추측에 의한 답은 용납되지 않으며, 답은 엄밀한 논리적 추론에 의하여 주어지지 않으면 안 된다. 먼저, A는 B와 C의 모자 색깔을 둘러보고 난 뒤에 불쌍하게도 '모르겠다'고 대답한다. 그다음, B 또한 A와 C를 둘러보고 난 뒤에

'모르겠다'고 대답한다. 이제 C 차례이다. C가 A와 B를 둘러본 즉, 두 사람은 모두 검은 모자를 쓰고 있다. 그런데 C도 A나 B와 다름없이 완벽한 추론 능력을 갖추고 있다. C는 자신의 모자 색깔을 알고 사형을 모면한다. C는 무슨 색깔의 모자를 쓰고 있으며, 그는 어떻게 그런 결론에 도달할 수 있었는가?

순전히 암실에 들어 있는 모자 개수와 세 사람이 쓰고 있는 —또는 쓰고 있어야 하는—모자만을 고려한다면, C는 자신의 모자 색깔을 알 리가 없다. 그는 흰 모자를 쓸 수도 있고 검은 모자를 쓸 수도 있는 것이다. (심지어 '확률'로 보면, 흰 모자를 썼을 가능성이 더 크다.) 그러나 C는 논리적 추론에 의하여 자신이 '검은 모자'를 쓰고 있다는 것을 안다. 어째서인가? 먼저 C는 자신이 흰 모자를 쓰고 있다고 가정한다. 어느 경우에나, A는 자신의 모자 색깔을 알 수가 없다. ('매도 먼저 맞는 놈이 낫다'는 말이 들어맞지 않는 경우도 있다.) 그러나 B 차례가 되었을 때, B는 'A의 그 대답으로 말미암아' 자신의 모자 색깔을 알아야 한다. A가 '모르겠다'고 대답한 것은 오직 자신이 흰 모자를 쓰고 있지 않기 때문이다! 그런데도 B 또한 '모르겠다'고 대답한 것을 보면, C 자신의 원래의 가정—C는 흰 모자를 쓰고 있다는 가정—이 그릇된 것이 분명하다.(Q.E.D.)

암실에 들어 있는 모자 개수와 세 사람이 쓰고 있는 모자만으로 왕의 문제를 풀려고 하는 경우와 세 사람의 대답을 차례대로 밟아 나가면서 그 문제를 푸는 경우 중에서, 어느 쪽이 메타피직스와 메타프락시스에 각각 비유되는가, 또 어떤 점에서 그러한가—이것은 우리의 '수수께끼'인가?

¶107 글을 쓰는 사람은 의식적으로든 무의식적으로든 그 글을 읽을 사람—독자—을 염두에 두고 있을 것이다. 그런데 그 독자가 자기 자신인가 다른 사람인가에 따라 글을 쓰는 자세에는 두 가지가 있을 수 있다. 글은 일차적으로 다른 사람에게 자신의 생각을 알리기 위하여 쓴다는 통념 때문에, 그리고 그 두 가지 자세는 따로 떼내어 생각하기가 어려울 정도로 거의 언제나 혼합되어 있기 때문에, 글은 다른 사람이 읽으라고만 쓰는 것이 아니라 자기 자신을 위해서도 쓴다는 사실이 얼른 납득되지 않을지 모른다. 그러나 만약 글을 쓰는 사람이 그 글을 쓸 당시에 그 두 가지를 의식적으로 구분한다면, 그리고 만약 우리가 그 글에서 그 사람의 어조를 상상해 낼 수 있다면, 두 경우의 글은 명백히 다른 어조를 나타낼 것이다. 이 차이는 특히 이론적인 문제를 다루는 글에서 두드러지게 나타난다. 다른 사람을 위하여 이론적인 문제를 설명할 경우에 글을 쓰는 사람은 당연히 독자가 그의 견해에 찬성하기를 바랄 것이다. 그러자면 그는 독자가 받아들일 수 있는 말을 하고 분명히 자신이나 독자에게 의심을 자아낼 만한 말을 꺼내지 않으려고 할 것이다. 자기 자신을 위하여 글을 쓸 경우에, 만약 철두철미 그

럴 수 있다면, 글을 쓰는 사람은 오로지 자기 자신에게 의심스러운 부분을 해결까지는 아니더라도 명료화하는 데에 관심을 가질 것이다. 이것이 이른바 '知的지적 정직성'의 최고의 표현이다. 이론적인 문제에 관한 글을 쓸 때, 글 쓰는 사람은 될 수 있는 대로 자기 자신을 위하여 글을 쓰도록 노력해야 할 이유가 여기에 있다. 칸트 「순수이성 비판」 제2판 서문에 인용되어 있는 라틴어 詩시 구절—

너의 집 안 구석구석을 찬찬히 살펴보라
그러면 네가 가진 것이 얼마나 보잘것없는지 알게 되리라.
(아니면, 네가 가진 것이 얼마나 풍부한지 알게 되리라.)

¶108 플라톤의 대화편 「메논」에서, '소문에 듣자 하니 소크라테스 선생은 아테나이 앞바다에 있는 전기가오리—만지는 사람을 마비시키는 물고기—와 같다고 하더니 과연 소문대로 군요'라는 메논의 말에 대하여, 소크라테스는 '만약 그 전기가오리가 스스로 마비되면서 만지는 사람을 마비시킨다면 그 비유는 맞지만, 그렇지 않으면 그 비유는 그릇되다'라고 말한다. 소크라테스가 다른 사람을 혼란에 빠트린다면 그것은 자신이 빠져 있는 혼란이 다른 사람에게 전염되기 때문이라는 것이다.

¶109 동일한 악곡(예컨대 베토벤 9번 교향곡)을 두 명의 지휘자에게서 들을 경우에 듣는 사람에 따라 여러 가지 반응이 있을 수 있다. 어떤 사람은 그것이 동일한 악곡을 연주하는 것인 이상, 모두 베토벤 9번일 뿐이라고 생각하겠지만, 어떤 사람은 지휘자가 다른 만큼 거의 다른 악곡을 연주한 것이라고 말할 정도로 두 연주를 다르게 느낄 것이다. 또 어떤 사람은 그냥 다르다는 느낌 이상으로 그 느낌을 음악 이론의 용어로 표현할 수도 있을 것이다. 그냥 느끼는 것과 언설로 표현하는 것의 차이는 어떤 차이인가? 그중의 한 가지는, 다음과 같이 나타낼 수 있을 것이다. 즉, 두 명의 지휘자의 연주 사이에 얼른 식별되기 어려운 미세한 차이가 있을 때, '그냥 느끼는' 사람이 느끼지 못하는 그 차이를 '언설로 표현하는' 사람은 느낄 수 있다는 것이다. 위에서 말한 반응의 차이에도 불구하고 그 세 사람을 가리켜 다 같이 '음악을 듣는다'고 말한다는 사실을 우리는 어떻게 받아들여야 하는가? 이것은 놀라운 사실이라고 말해야 하는가, 아니면 당연하고도 중요한 사실이라고 말해야 하는가?

¶110 이름 높은 學僧학승이 '이해와 증득은 어떻게 다른가'라는 신도의 물음에 '이해와 증득의 차이는 요리책을 읽는 것과 요리를 먹는 것의 차이이다'라고 대답한다. 이 대답은 좋은 대답인가? 그 당시의 상황이나 그 질문을 하는 신도의 지적 수준

으로 보아서는 아마 그 대답은 '좋은' 대답은 될 수 없을지 몰라도 '적절한' 대답은 될 수 있을 것이다. 그러나 만약 그 학승이 이해와 증득의 차이를 자신의 그 대답 이상으로 이해하지 못한다면 그는 아는 것보다는 모르는 것이 더 많다. 그것을 알기 위해서는 (더 정확하게, 알려고 노력하기 위해서는) '요리책과 요리'의 비유로 하는 대답과는 정반대 방향으로 나아갔어야 한다.

¶111 언어의 기원에 관하여 말할 때, 사람들은 대체로 의사소통의 필요를 언급할 것이다. 그리고 언어를 낳게 한 그 '의사소통'이라는 것이 어떤 종류의 것인가를 말하라고 하면 그들은 대체로 여럿이서 공동으로 해결해야 할 문제 사태—예컨대 집단 사냥—를 들 것이다. 이것이 단순히 언어의 기원에 관한 견해에 그친다면 그것은 별로 해로울 것이 없다. 그러나 그것이 그 이상으로 언어의 기능이나 의미에 관한 견해로 연장될 때에는 문제가 발생한다. 왜냐하면 현재 우리가 사용하는 언어의 기능이나 의미를 두고 생각해 보면, 문제해결 사태에서의 의사소통은 오직 언어의 부차적, 파생적인 기능에 불과하며, 그 일차적, 근본적인 기능은 그것의 정반대에 있다고 말해야 한다. 다시 말하여 언어는 꼭 필요한 말을 하기 위하여 있는 것이 아니라, 하지 않아도 좋을 말을 하기 위하여 있는 것이기 때문이다.

가령 서로 꼭 필요한 말 이외에 아무 말도 하지 않는 부부를 생각해 보라. 그들 사이에 '꼭 필요한 말'이라는 것이 어떤 것인지도 알 수 없는 노릇이지만, 만약 그런 부부가 있다면 그들은 영락없이 '서로 말을 하지 않는' 부부일 것이다. 쉴러가 예술의 본질을 나타내는 말로 사용한 '꼭 필요한 것 이상을 하는 것'(superfluity)이라는 표현은 예술에만 아니라—또는 예술보다도 더—언어에 적절하게 들어맞는다. (아마 이 점에서 언어는 '예술 중의 예술'이라고 말해야 할지 모른다. 언어가 예술로 인식되지 않는 것은 사람이면 누구나 그것에 종사하기 때문일 것이다.) 또한, 콜링우드가 그의 「예술의 원리」에서 '언어는 원래 사고를 전달하기 위한 것이 아니라, 정서를 전달하기 위하여 고안된 것이 사고를 전달하는 데에 차용된 것이다'라고 말한 것도 이와 동일한 의미를 (한 단계 뒤로 물려서) 나타낸 것이라고 말할 수 있다. 콜링우드의 이 말을 현재의 맥락에 맞게 고쳐 말하면, 언어는 원래 문제해결을 위한 의사소통의 필요에서 생겨난 것이 아니라 오로지 문제해결을 위해서라면 '하지 않아도 좋을' 그런 말을 하기 위하여 생겨난 것이 의사소통의 수단으로 轉用전용되었다고 말할 수 있을 것이다.

¶112 글을 쓰는 것과 읽는 것, 그리고 말을 하는 것과 듣는 것은 반대 방향을 따르는 동일한 작용이다.

(1) 글을 잘 읽는다는 것은 내가 그 글을 쓰듯이 읽는 것이며, 글을 잘 쓴다는 것은 남이 그 글을 읽듯이 쓰는 것이다.

(2) 내가 말할 때 나는 내 안에 있는 다른 사람이 하는 그 말을 듣는 것이며, 내가 들을 때 나는 내 안에 있는 다른 사람이 듣는 그 말을 하는 것이다. 그러므로 내가 말하는 것이 아니라 내 안에 있는 다른 사람이 말하는 것이며, 내가 듣는 것이 아니라 내 안에 있는 다른 사람이 듣는 것이다. 그 다른 사람이 없이는 나는 말할 줄도 들을 줄도 모른다.

¶113 「孟子」맹자 全卷전권을 달달 외우면서도 자신의 생각을 표현하는 데에 단 한 번도 그중의 한 구절을 인용할 수 없는 독자와 단 한 구절을 읽고도 그것을 자신의 생각과 관련지을 수 있는 독자 중에서 어느 쪽이 훌륭한 독자인가?

¶114 누군가가 나에게 묻는다고 하자—당신은 이 책에 적힌 생각을 어떻게 하게 되었는가?—이 질문을 하는 사람은 아마 내가 그런 생각을 하게 된 과정을 그대로 밟아 나간다면 이 책에서 내가 하는 말을 믿을 수 있으리라고 생각할 것이다. 그러므로 그의 질문에 대답하기 위해서는 그동안에 내가 읽은

책, 내가 한 생각을 시간의 순서를 따라 차례대로 말해야 할 것이다. 그러나 이것은 불가능하다. 그 질문에 대답하기 위하여 내가 할 수 있는 일은 이미 그런 생각을 하게 된 현재의 시점에서 그 생각을 떠받쳐 주고 있는 근거를 아주 기초적인 것에서부터 차례대로 설명해 주는 일일 것이다. 이것 또한 쉬운 일이 아니다. 내가 할 수 있는 일은 기껏해야 그 생각의 말단적 표현들을 머리에 떠오르는 대로 순서 없이 나열하는 것뿐이다. 그 단편적 표현들을 종합하여 그 생각을 이해하는 일은 독자에게 맡겨져 있다. 세계 4대 성인이라는 공자, 석가, 예수, 소크라테스가 한 일도 이것과 다르지 않다. 그들은 오늘날의 저자들이 하듯이, 제1장, 제1절 등으로 그 생각을 조직하여 제시한 것이 아니라, 누군가가 질문을 하는 것과 같은 모종의 계기가 발생할 때 자신의 사상에 비추어 '단편적인' 대답을 해 주었을 뿐이다.

¶115 한때 전 세계에서 베스트셀러였던 *God Delusion*(국역: 「만들어진 신」)의 저자 도오킨즈(R. Dawkins)는 그의 TV 다큐멘터리, 'Root of All Evils?'에서 러셀이 든 다음과 같은 예를 찬성하는 어조로 인용하고 있다. 즉, 만약 모든 사람이 우주의 어느 궤도 위에 중국 도자기 주전자가 돌고 있다고 오랫동안 믿고 그 믿음을 다음 세대에 전수해 왔다면 그것은 '사실'이

되는가? 도오킨즈는 그가 신봉하는 과학(진화론)이 종교(창조설)에 의하여 위협당하고 있는 현실에 의분을 느끼고, 신에 관한 믿음은 전 인류를 사로잡고 있는 '위험한 바이러스'와 같은 것—'모든 악의 근원'—이라고 말하고 있다. 러셀의 그 예로서 도오킨즈가 말하고자 하는 것은, 물론, 아무리 많은 사람들이 오랫동안 신이 천지를 창조했다는 것을 믿어 왔다고 하더라도 그것이 창조설을 '사실'로 확립할 수는 없다는 것이다. (도오킨즈의 그 책 제목은 우리말로 '신이라는 이름의 착란'으로 번역될 수 있다.)

그러나 도자기 주전자에 관한 믿음과 신에 관한 믿음 사이의 비유는 도오킨즈가 생각하는 만큼 간단하게 받아들일 수 있는 것이 아니다. 양자 사이에는 도오킨즈가 목숨을 걸고라도 지키려고 하는 '사실과 가정의 차이'가 있는 것이다. 도자기 주전자에 관한 믿음과는 달리, 신에 관한 믿음의 경우에는 그 믿음의 차이—때로는 웃음을 자아낼 정도의 차이—로 말미암아 오랜 세월을 두고 피비린내 나는 전쟁을 벌였다. 도자기 주전자가 우주를 돌고 있는가—그리고 어떤 모양으로 돌고 있는가—하는 문제로 전쟁을 벌인다는 것은 상상조차 할 수 없다.

¶116 종교철학의 두 가지 그릇된 극단은 懷疑회의와 盲信맹신이다. 이 중에서 앞의 것은 '종교 없는 종교이론'이 빠지는 극

단이며 뒤의 것은 '종교이론 없는 종교'가 빠지는 극단이다. 후자의 경우 종교는 거추장스러울 때 언제나 벗어던질 수 있는 '義觀念'의관념(false consciousness)이며, 벗어던지지 않고 계속 가지고 싶을 때에는 그것을 옹호하기 위하여 다른 사람이나 사회 일반에 해를 입히는 것(예컨대 전쟁)도 마다하지 않는다.

¶117 겉으로 보이는 것—外樣외양—과 진짜인 것 또는 원래의 것—實在실재—의 구분은 일상의 상식적인 사고에서도 널리 받아들여지고 있다. '겉으로는 그런 것 같지만 그것은 원래의 모습이 아니다'라는 말은 일상에서 자주 들을 수 있다. 문제는 무엇이 외양이며 무엇이 실재인가에 있다. 가령 한때는 이 세상에서 둘도 없이 사랑스럽고 아름다웠던 사람이 어느 때부터 가장 추하고 가증스럽게 보일 때, 플라톤의 경우라면 그 두 상태의 인간은 어느 것도 진짜가 아니며, 다만 그 두 인간을 '초월하여' 존재하는 '형식'이 겉으로 드러난 외양일 뿐이라고 말할 것이다. 플라톤과 같이 권위 있는 사람의 말이라면 아무것이나 무턱대고 믿어 버리는 사람이라면 모르되, 그런 사람이 아니라면 어째서 그 말을 옳은 것으로 받아들여야 하는지 알 수 없다고 생각할 것이다. 이런 사람이 보기에는 하나의 동일한 인물이 한때는 사랑스럽고 아름답다가 또 한때는 추하고 가증스럽게 변했다는 것 그것뿐이며, 이 간단명료한 설명 대신에 그 두

상태의 인물은 모두 그 양자를 초월해 있는 실재를 드러내는 외양이라는 식의 설명을 받아들일 이유가 없는 것이다. 백 보를 물러나서, 설사 그 설명에 등장하는 '실재'라든가 '형식'이라는 것이 외양과 구분된다고 하더라도 그것은 외양을 '초월'해서 그것과 별도로 존재하는 것이 아니라 외양을 규정하는 개념으로서 그 속에 '내재'한다고 보아야 한다. 이런 생각을 하는 사람들은, 말하자면, 플라톤의 이데아 이론에 대한 비판으로 제시된 아리스토텔레스의 견해를 따르는 것이다.

위의 두 가지 (또는 그 밖의) 견해 중에서 어느 쪽이 옳은가 —그 두 견해를 오직 위와 같은 용어로만 대비시키고 난 뒤에 그중에서 어느 쪽이 옳은가를 판단하려고 하는 것은 어리석은 일이다. 이 단계에서 할 수 있는 대답은 '이러면 어떻고 저러면 어떤가'라는 반문뿐이다. 중요한 것은 '이러면 어떻고 저러면 어떤가'를 할 수 있는 한 자세하게 말하는 것이다. 그 두 견해를 따를 때 삼라만상과 인간만사가 각각 어떻게 파악되는가를 말하기 전에는 그 견해 자체가 그중의 어느 쪽이 옳은가를 판단할 수 있을 정도로 충분히 자세하게 파악되지 않는다.

¶118 내가 '나'라고 부르는 이 존재는 어떤 존재인가, 내가 살고 있는 세상은 어떤 것이며 그 세상과 나는 어떤 관계를 맺고 있는가—어떤 사람이 이런 것은 알 필요가 없다고, 그것을

아는 것은 나날의 삶을 살아가는 데에 아무런 도움도 되지 않는다고, 그리고, 그런 것을 모르고도 얼마든지 좋은 삶을 살 수 있다고 믿는다면 그 사람은, 그가 아무리 '좋은 삶'을 살고 있다고 하더라도, 결코 교육받은 사람은 아니다. 여기에 대하여 그 사람은 '그래, 교육받은 사람이 아니어도 좋다'라고 말할 수 있겠는가? 사실상, 그 사람은 '나는 "사람"이 아니어도 좋다'라고 말하는 것이다.

¶119 존 듀이는 서양 말의 interest가 가지고 있는 불길한 2중 의미를 자신의 interest에 맞게 최대한으로 활용한다. 그 서양 말은 우리말의 '흥미'와 '이해관계'라는, 오직 긴 추론에 의해서만 그 관련을 확인할 수 있는, 두 가지 의미로 번역될 수 있다. 후자의 의미에서의 interest는 실제적 활동에 의하여 어떤 방식으로든지 종결될 수 있으며, 이 점에서 그것은 그 스스로를 종결하는 데에 목적을 둔다고 말할 수 있다. 헤르바르트의 '흥미'(Interesse, G)는 이것과 정반대가 된다. 그가 말하는 흥미에는 충족이나 발산이라는 것이 있을 수 없으며, 그것은 끝없는 동경으로 이어진다. 물론, 흥미는 그다음 단계로 '이해관계'를 실현하기 위한 실제적 활동으로 연결될 수 있지만, 이 단계에서의 '흥미'는 헤르바르트의 말대로 '욕망'이라고 불러야 마땅하다. 헤르바르트에 의하면, 공부하는 사람은 흥미가 욕망으로

나아가는 길을 가능한 한 차단하도록, 그리하여 흥미가 종결되는 법이 없이 언제나 지속되도록 해야 하며, 여기에는 인내와 노력이 필요하다. 헤르바르트의 용어로 말하자면, 듀이는 욕망과 흥미를 체계적으로 혼동함으로써, 교과 공부를 뒷받침하고 있는 진정한 흥미를 욕망 충족의 수단으로 바꿔치기하고 있다.

¶120 '교육은 인간 행동의 계획적 변화이다'—이 말은 교육을 매우 엄밀하게 정의하는 듯하지만, 사실은 교육에 관하여 아무것도 말해 주는 것이 없다. '인간 행동의 계획적 변화'에 드는 것이면 무엇이든지 교육이라는 말을 듣고 교육이 무슨 일을 하는지 알았다고 생각할 사람이 있겠는가? 어떤 사람은 말할지 모른다—'그렇지 않다. 그 정의는, 원래의 의도대로, 교육학을 공부하는 사람에게 행동의 변화를 일으키는 계획을 여러모로 강구하도록 촉구한다. 그것이 그 정의의 "의미"이며, 그것으로도 그 정의는 충분한 의미를 지닐 수 있다.' 아마 그럴지 모른다. 그러나 교육학자들이 행동의 변화를 위한 계획을 강구하는 데에 그 정의를 기다릴 필요가 있는가? 오히려 그 정의는 오우크쇼트가 정치에서의 합리주의를 비판한 바로 그 점에서 교육을 그릇된 방향으로 이끈다. 그러므로 교육학자는 오우크쇼트가 합리주의에 대하여 취한 것과 동일한 태도로 위의 정의를 받아들여야 한다.

¶121 '존재란 무엇인가'—이 질문은 분명히 '형이상학적 의도'라고 할 만한 것을 담고 있으며, 차라리 '형이상학적 의도'의 집약체이다. (이하의 분석은 '존재'와 유사한 의미를 나타내고 있는 그 밖의 용어들—실재, 진여, 심성 등—에도 다 같이 해당된다.) 그것에 집약된 '형이상학적 의도'라는 것은 그 질문을 처음으로 한 사람이 마음속에 품고 있었던 의도를 가리킨다. 그 의도가 어떤 것이었던가는 나중에 다시 생각해 보기로 하고, 여기서는 우선 전통적 형이상학적 사고에 입문되지 않은, 그러면서도 예리한 분석력에다가 용기와 정직성을 갖춘 사람들—비트겐슈타인은 분명히 그중의 하나이다—에게 위의 질문이 어떻게 이해될 수 있는가를 생각해 보겠다.

'존재란 무엇인가'라는 질문이 무엇을 묻는가를 이해한다고 생각하는 사람은 십중팔구 그것을 '존재하는 것들' 중의 하나—예컨대 컵—에 관한 질문으로 바꾸어 이해한다. 'X란 무엇인가'라는 질문은 X가 예컨대 컵일 경우에 의미 있게 성립하며, 원래의 질문에서 '존재' 또한 그 X에 해당한다고 생각하는 것이다. 그러나, 물론, 그 질문에서 '존재'는 그런 것이 아니다. 거기서 '존재'는 '이런이런 것'을 가리키는 것이 아니라 '그냥 인 것'을 가리키며, '존재란 무엇인가'라는 질문은 '이런이런 것'이 무엇인가를 묻는 것이 아니라 '그냥 인 것'이 무엇인가를 묻는 것이다. '이런이런 것'이 아닌 '그냥 인 것'은 '아무것도 아닌 것'이며, '그냥 인 것'이 무엇인가를 묻는 것은 '아무것도 아닌 것'이 무엇인가를 묻는 것과 같다. (영어의 What is Being?에서의 Being 또한 이와 같다.) 그러므로 이 질문에 대해서는 어떤 말로도 대답할 수 없다. 그것은 우리의 '지식'이 모자라서가 아니라 그 질문이 원래 대답할 수 없는 질문이기 때문이다. 다시 말하여, 그 질문은 '원칙상' 해답 불가능한 질문이다.

그럼에도 불구하고 만약 우리가 '존재란 무엇인가'라는 질문을 하고 그것에 대하여 대답을 한다면, 그것은 우리가 '존재란 무엇인가'라는 질문과 '컵이란 무엇인가'라는 질문이 동일한 문법적 형식을 갖추고 있다는 사실을 근거로 하여 양자 사이의 근본적인 차이를 도외시하기 때문이다. 비트겐슈타인이 철학—더 정확하게는 형이상학—은 '언어의 홀림'(bewitchment of language)이라고 말한 것은 이 점을 나타낸다. 여기서 '언어의 홀림'이라는 것은 우리가 문법적 형식의 동일성이라는 마법에 홀려 '존재란 무엇인가'라는 질문이 '컵이란 무엇인가'라는 질문과 동일한 의미를 가지고 있고 동일한 방식으로 대답될 수 있다고 생각하는 정신 상태를 가리킨다. 이러한 사태는 또한, 비트겐슈타인의 말과 동일한 의미로, 문법에 '사기당한' 사태라고 부를 수 있을 것이다.

'언어의 홀림'이라든가 '문법의 사기'로 불리는 이 사태를 그런 표현이 자아내는 부정적인 의미를 빼고 보다 중립적인 용어로 기술하는 것은 언제나 가능하다. 말하자면 '존재란 무엇인가'라는, 원칙상 해답 불가능한 질문을 하고 그것에 대하여 대답을 하는 것은 '비유'를 사용하는 것이며, 이 '비유'라는 것은, 좀 더 상세하게 말하자면, '컵이란 무엇인가'라는 질문과 그 대답에 정상적으로 적용되는 언어를, 그것이 적용될 수 없는 맥락에 '차용'하는 것이다. 문제는 이 '비유'와 '차용'을 왜 해야 하는가, 그것을 함으로써 얻으려고 하는 것이 무엇인가에 있다. 이 비유와 차용을 해야 하는 이유, 그것이 앞에서 말한 '형이상학적 의도'이다.

¶122 '존재란 무엇인가'라는 질문—존재론적 질문—의 성격에 관한 위의 분석을 인식의 분야에 적용하면 어떤 결론이 따라 나오는가? '안다'는 말은 최소한 아는 사람(X)과 그가 아는 대상 또는 내용(Y)을 논리적으로 가정하며, 일상적으로 그 단어를 사용할 때 우리는 비록 표면에 명시적으로 내세우지 않더라도 그 두 가지를 염두에 두고 있다. (전통적 인식론에서 인식을 '주체'—X—와 '대상'—Y—의 관계로 규정하려고 한 것은 분명히 이 점을 근거로 삼았기 때문이겠지만, '안다'는 말이 그 두 가지를 논리적으로 가정한다는 위의 말은 그 전통적 인식론의 견해와 하등 상관이 없다. 다시 말하여, 인식에 그 두 가지 요소가 필연적으로 포함되어 있다고 해서 인식이 그 두 요소의 관련으로 설명될 수 있다고 말할 수는 없다.) 그리하여 '안다는 것은 무엇인가'—또는, '인식이라는 것은 무엇인가'—라는 질문

에 대답할 때, 학자들은 비록 명시적으로 거론하지는 않더라도 그 질문 속에 인식의 주체와 대상을 암묵적으로 포함시키고 있다. 이것은 '존재란 무엇인가'라는 질문을 대답할 때 그 '존재'라는 단어를 '존재하는 것들'로 바꾸어 이해하는 것과 비슷하다.

그러나 존재론의 경우에 '존재하는 것들'이 아닌 존재 그 자체—'이런이런 것'이 아닌 '그냥 인 것'—를 논의하는 것이 가능하다면, 그와 마찬가지로 생각하여, 인식론에 있어서도 인식 그 자체—'이런이런 것을 아는 것'이 아닌 '그냥 아는 것'—를 논의하는 것이 불가능하다고 볼 이유가 없다. 물론, 일상적인 개념으로 말하자면, 이런이런 것이 없이 '그냥 아는 것'은, 이런이런 것이 아닌 '그냥 인 것'이 그렇듯이, 정상적인 문법 규칙—의미론적 규칙—을 어기는, '말이 안 되는 말'이다. 존재론적 질문이 그 정상적인 문법 규칙을 어기면서도 '의미 있게' 성립한다면, 똑같은 문법 규칙을 어기는 인식론적 질문이 '의미 있게' 성립할 수 없다고 볼 이유가 없는 것이다.

사실상, 인식론 분야에서의 칸트의 가장 중요한 업적은 바로 위와 같은 의미에서의 '그냥 아는 것'이 있을 수 있다는 것, 그리고 이 '그냥 아는 것'을 상정하지 않고는 보통의 의미에서의 인식—'이런이런 것을 아는 것'—이 설명되지 않는다는 것을 밝혔다는 데에 있다. 칸트 철학에서 '그냥 아는 것'을 나타내는 용어는 '아프리오리'(a priori)이다. 아프리오리는, 정의상, '이런이런 것을 안다'고 할 때의 '이런이런 것'을 초월해 있으며,

따라서 그것은, 정의상, 인식의 내용도 아니요 인식의 결과도 아니다. 그렇지만 그것은 인식과 전혀 무관한 것이 아니다. 보통의 의미에서의 인식—'이런이런 것을 아는 것'—은 아프리오리의 '표현'이며, 아프리오리는 그 보통의 의미에서의 인식이 설명 가능한 것이 되기 위해서는 받아들이지 않으면 안 되는 논리적 가정이다.

아프리오리는 '표현 이전'을 가리키며, 바로 이 점 때문에 그것은 언어의 정상적인 용법으로는 기술될 수 없다. (정상적인 용법에서 벗어난다는 점에 있어서 아프리오리는 '그냥 인 것'을 나타내는 '존재'와 완전히 동일하다. 그리하여 아프리오리는 존재의 인식론적 대응물이라고 말할 수 있다. 그리고 이 점은 양자가 '실체'에 있어서도 동일하다는 것을 뜻한다. 말하자면 '아프리오리'와 '존재'는 한 가지 동일한 실체를 각각 인식론과 존재론의 측면에서 표현한다.) 그럼에도 불구하고, 만약 우리가 아프리오리를 기술하려고 한다면, 우리는 필연적으로 '표현 이후'('아포스테리오리' a posteriori)에 정상적으로 적용되는 언어를 '차용'하여 그것을 '비유'로 사용할 수밖에 없다. 이러한 차용과 비유에 의하여 아프리오리를 규정하자면, 그 상태—이 '상태'라는 용어 또한 비유적인 의미를 나타낸다. 아프리오리는 엄밀한 의미에서의 '상태'가 아니다—는 아무것도 아는 것이 없는 상태를 가리킨다고 말할 수 있을 것이다. 그러나 여기서 '아무것도 아는 것이 없다'는 말은 단순히 거기에 '이런이런 것'이 완전히 배제되어 있다는 것을 가리키며, 그 속에 그야말로 '아무것도 들어 있지 않다'는 것을 뜻하는 것은 아니다. 아프리오리가 '아무것도 아는 것이 없는' 상태를 나타낸다는 것은 차라리 그 속에 모든 '아는 것'이 들어 있다는 뜻이며, 이 점에서 그것은 모든 것을, 이런이런 것을 아는 것으로 표현되기 이전의 상태로 압축하여 알고 있다는 뜻이다.

플라톤이 그의 '회상 이론'에서 말하고 있는 '망각된 전생의 지식'은 바로 이와 같이 모든 것을 아무것도 아는 것이 없는 형태로 알고 있는 상태를 나타낸다. 플라톤이 말하는 그 전생의 지식—'전생'은 무한히 계속된다—은 칸트에 와서 아프리오리라는 형태로 모습을 바꾸어 표현된다. 아프리오리가 모든 것을 아는 상태를 가리킨다고 말할 때의 '모든 것을 안다'는 말은 우리가 일상 사용하는 '안다'라는 말에서처럼 아는 대상을 하나씩 열거하여 그 모든 것을 안다는 뜻이 아니라 인식의 주체(X)가 곧 인식의 대상(Y)이 된 상태에서의 아는 것—다시 말하여 '모르는 것'이 불가능하다는 것—을 뜻한다.

¶123 쉴러는 그의 「인간의 심성교육」(열한 번째 편지)에서 인간과 신—또는, 더 일반적으로 '신적 존재'(godhead, Gottheit)—의 차이를 '본체'(person)와 '상황'(condition)의 관련 방식에 비추어 규정하고 있다. 여기서 '본체'라는 것은 시공간의 차이

에 구애받지 않고 언제나 동일한 측면을 가리키며, '상황'은 그 차이에 따라 변화하는 측면을 가리킨다. 인간의 경우에는 이 두 측면이 개념상으로 구분된다. 인간은 상황에 따라 변하지만, 이 변화는 본체의 변화에 의존하는 것이 아니라 상황의 변화에 의존한다. 다시 말하여, 인간은 상황의 변화에 따라 '다른 인간'으로 나타나지만, 그러한 변화에도 불구하고 변하지 않는 본체로 말미암아 '동일한 인간'으로 남아 있을 수 있는 것이다.

그러나 신적 존재에 있어서는 본체와 상황이 구분되지 않는다. 인간의 경우에는 '본체의 항구적인 지속 속에서도 상황은 변화하며, 모든 상황의 변화 속에서도 본체는 항구적으로 지속하지만', 신적 존재에 있어서는 '본체와 함께 모든 상황적인 속성이 항구적으로 지속한다.' 신적 존재에 있어서는 모든 상황적인 속성이 본체 속에 들어 있으며 모든 상황적 속성이 본체에서 나온다. 신적 존재가 영원불변의 특성을 나타낸다고 볼 수 있는 것은 이 때문이다. 뿐만 아니라, '상황'의 의미로 보아 모든 상황을 동시에 갖춘다는 것은 생각할 수가 없다. 그러므로 신적 존재가 모든 상황을 동시에 갖추고 있다는 것은 결국 어떠한 상황도 갖추고 있지 않다는 뜻이다. 다시 말하여, 신적 존재는 '표현 이전'이며, 만약 표현된다면, 오직 인간의 형태로밖에 표현될 수 없는 것이다. (신적 존재의 특성을 나타내는 '영원불변'과 '표현 이전'은 서로 모순되는 것이 아니라 동의어이다. 표현된 것—상황 속에 들어온 것—은 어떤 것도 영원불변일 수 없으며, 영원불변이 되려면 '표현 이전'일 수밖에 없다.)

신적 존재의 개념에 관한 위와 같은 분석은 유독 쉴러에서만 찾아볼 수 있는 특이한 것이 아니며, 용어의 차이를 적절하게 감안한다면 어느 사상가나 사상 체계에서도 쉽게 찾아볼 수 있다. 심지어 그것과 가장 거리가 먼 것으로 생각되는 성리학 안에서도 그것과 동일한 의미를 확인할 수 있다. 성리학에서 만물은 理이와 氣기의 결합으로 이루어져 있다. 氣와의 결합에 의하여 만물로 표현되기 이전의 理는 모든 만물을 무형태 또는 무구분으로 압축해 있으며, 그 점에서 쉴러가 말한 '신적 존재'—모든 상황을 한꺼번에 담고 있는 본체—와 다른 것이 아니다. 그리고, 앞 [100]에서 말한 바와 같이, 성리학에서 理와 性성은, 각각 사물과 마음에 적용된다는 차이를 제외하면, 동일하게 '신적 존재'를 지칭한다. 그런데 한 가지 대단히 중요한 사실은, 氣와의 결합에 의하여 만물로 표현된 理는 氣와 결합되기 이전의 理와 다른 것일 수 없으며, 情정으로 표현된 性은 표현되기 이전의 性과 다른 것일 수 없다는 점이다. (성리학에서는 때로 앞의 理와 뒤의 理를 '分殊理'분수리와 '理一'이일, 그리고 앞의 性과 뒤의 性을 '氣質之性'기질지성과 '本然之性'본연지성으로 구분하지만, 이것들은 '두 가지 理'나 '두 가지 性'을 가리키는 것이 아니다.)

쉴러의 분석이 우리에게 특별히 주목의 대상이 되는 이유는 그것이 인간의 한 측면을 이루고 있는, 상황과의 결합에 의하여 '표현된 본체'와 신적 존재를 규정하는 '표현 이전의 본체' —상황과 구분되지 않는 본체—의 동일성을 드러냄으로써 인간과 신적 존재의 연속성을 훨씬 더 직접적으로 시사한다는 데에 있다. 쉴러가 본체와 상황의 구분, 그리고 그것의 관련 방식에 의한 인간과 신적 존재의 차이—또는 연속성—를 그의 '심성교육론'의 기초로 삼았던 것은 당연하다. 그리고 바로 이 점에서, 쉴러의 분석은 앞 [120]에서 언급한 존재론적 질문—'존재란 무엇인가'—에 함의되어 있는 '형이상학적 의도'가 어떤 것인가를 선명하게 보여 주고 있다. 만약 '신적 존재'가 인간이 지향할 수 있는 최선의 상태를 나타낸다면, 그 질문은 그 이면에 인간을 그 최선의 상태로 끌어올리려는 '교육적' 관심을 깔고 있다고 말할 수 있다.

¶124 '나는 어떻게 살아야 하는가'를 묻는 사람에게 '당신은 이때까지 어떻게 살았는가'를 되물었을 때, 그 사람은 이 후자의 질문에 대답할 수 있는가? 만약 그 사람이 이 질문에 대답할 수 있다면, 그 사람은 앞의 질문을 하지 않았을 것이다. '나는 이때까지, 또 현재에도, 어떻게 살고 있는가'에 대답하기 위해서는 아무리 초보적인 것이라 하더라도 '삶의 이론'을 가져야 하며, 삶의 이론은 반드시 그 속에 어떻게 살아야 하는가에 대한 대답을 이미 포함할 것이기 때문이다. (여기서 '삶의 이론'이

라고 하는 것은 삶을 기술하는 데에 원용되는 개념체계를 가리킨다.)

¶125 조선 시대 우리 민족은 어떻게 살았는가?—이 질문에서 '어떻게'는 그것에 대한 대답을 찾기 위하여 무엇을 조사하는가에 따라 상이한 의미를 가질 수 있다. (질문의 용어는 대답의 용어를 결정하며 그 역도 마찬가지이다.) 가령 어떤 사람은 당시의 정치 형태—통치 방식과 제도—에서 그 대답을 찾으려고 할 것이며, 또 어떤 사람은 재화의 획득과 유통 방식에서, 또 어떤 사람은 관혼상제 등의 풍속에서 그 대답을 찾으려고 할 것이다. 조선 시대의 역사는 일차적으로, 또는 궁극적으로, 그 시대에 우리 민족이 어떤 삶을 살았는가에 대한 대답을 제시하는 데에 목적을 두는 것이며, 위의 여러 가지 대답은 각각 그것을 정치사, 경제사, 문화사의 측면에서 제시한다고 말할 수 있다. 이들 여러 가지 대답은 하나같이, 앞의 질문에 대한 대답이 될 수 있다. 그러나 그중의 어느 한 측면에서의 대답은 말할 것도 없고 그 측면을 모두 '종합'한 대답조차도 조선 시대의 우리 민족의 삶의 모습을 '구체적으로' 보여 주지는 못한다. 가령 조선 시대의 통치 방식과 제도를 듣고 난 뒤에 그 대답에 따라 조선 시대의 삶의 모습을 머릿속에 떠올린다고 생각해 보자. 어떤 그림이 떠오르는가? 뿐만 아니라, 모든 측면의 대답을

'종합'한다고 할 때, 그 '종합'은 각각의 측면을 차례대로 나열하는 것 이외에 어떤 방식으로 이루어질 수 있으며, 그렇게 '종합된' 대답이 과연 우리가 바라는 구체적인 삶의 모습을 떠올릴 수 있겠는가?

그런데 이제 어떤 사람이 앞의 그 질문에 대답하기 위하여 '조선 시대 우리 민족은 아이를 어떻게 가르치려고 했는가'를 알아본다고 하자. 이 사람이 제시하는 대답도 위의 정치사, 경제사, 문화사 등과 같이 '교육사'라는 한 '측면'에서의 대답이라고 생각될지 모른다. 그러나 이 측면에서의 대답은 위의 어느 것과도 동일하지 않다. 가령 그 사람이 '교육'의 가장 두드러진 양상으로서, 조선 시대의 서당에서는 아이들이 어떤 책을 어떤 순서로 읽었는가를 든다고 하자. 이것이 조선 시대 우리 민족은 아이를 어떻게 가르치려고 했는가에 대한 '한 가지' 대답이 된다는 것은 부정할 수 없다. 그러나 이 대답은 바로 다음 순간에, 그런 책을 그런 순서로 읽도록 함으로써 우리 민족은 아이를 어떤 사람으로 기르려고 했으며, 그것이 어떻게 아이를 그런 사람으로 만들 수 있었는가 하는 질문을 불러일으키며, 이 점에서 이 질문은 그 대답 속에 이미 포함되어 있다고 말할 수 있다. 뿐만 아니라, 조선 시대의 삶이 하나의 '유기적으로 통합된 전체'—'총체'—를 나타낸다고 볼 수 있는 한, 정치적, 경제적, 문화적 측면에서의 삶은 각각 특이한 방식으로 아이를 완전한 인격체로 형성하는 일에 기여하고 있으며, 이 일과 관련하여 의미를 가진다고 말할 수 있다. 그러므로, 교육사는 역사의 여러 측면들 중의 하나가 아니라 그 밖의 다른 측면들을 '종합'할 수 있게 하는 구심점이 된다. 역사에서 교육사가 차지하는 '왕관적' 지위가 여기에 있다. 그리고 그와 마찬가지로 교육사에 관한 하나의 단편적인 진술도 그 속에 총체로서의 삶을 잠재적인 형태로 배태하고 있다고 보아야 한다. 교육사를 서술하는 사람과 그것을 읽는 사람은 다 같이 이 점을 염두에 두어야 한다.

¶126 사람은 누구나 뿔 없는 악마요 날개 없는 천사이다. 다시 말하여, 사람은 누구나 악마의 뿔을 달고 살거나 천사의 날개를 달고 살 수밖에 없다. 문제는 그중의 어느 것을 달고 사는가에 있다.

¶127 '二項對立'이항대립—그런 것(A)과 그렇지 않은 것(−A)—은 모든 구분의 원초적인 형태이다. 이 원칙을 사람에 적용하면, 사람은 '그런 사람'과 '그렇지 않은 사람'으로 구분된다. 여기서 '그런' 또는 '그렇지 않은'에 들어갈 수 있는 용어—즉, 구분의 기준—로는 수많은 것들을 생각할 수 있을 것이고, 또 그것들은 각각의 측면에서 해당 개인이 '어떤' 사람인가를 알려

줄 수 있을 것이다. 그러나 그 수많은 용어(또는 기준) 중에서 단 하나의 결정적인 것을 들라면 무엇이라고 말해야 하는가? 다시 말하여, '한 사람이 그 밖의 모든 기준에서는 어떤 특징을 나타내든지 간에, 이 한 가지 기준에서 볼 때 "그런" 사람이라면 우리는 그 사람이 어떤 사람인가를 확실히 알 수 있다'고 말할 때의 '이 한 가지 기준'은 어떤 것인가? 다만, 그 기준은 해당 개인을 '그런 사람'이나 '그렇지 않은' 사람으로—비록 즉각적으로는 아니라 하더라도 하루나 이틀 동안 같이 살아 보면—분명히 식별할 수 있을 정도로 명확한 것이어야 한다. 예컨대 '하늘의 뜻에 맞게 사는 사람'과 '그렇지 않은 사람'은 그러한 기준으로서 적합하지 않다. 하루 이틀이 아니라 10년 20년을 같이 산다고 하더라도, 그 사람이 그중의 어느 쪽에 속하는지 확실하게 판단할 수 없는 것은 물론이요, 설사 그중의 어느 쪽으로든지 판단할 수 있다 하더라도 그것만으로는 그가 '어떤' 사람인지 확실하게 알 수 있는 것이 아니다.

이 문제에 관한 독자의 의견은 어떤 것인지 모르지만, 저자의 의견으로 볼 때 그 '단 하나의 결정적 기준'은 '책 읽는 사람'과 '책 읽지 않는 사람'이라는 말로 표현된다. ('단 하나의 기준'인 만큼 그것은 절대적으로 완전한 기준은 못 되지만 상당히 완전한 기준임에는 틀림이 없다.) 물론, 그 사람이 읽거나 읽지 않는 책의 '종류'는 약간 더 엄밀하게 규정되어야 한다. 그러나 하루 이틀 같이 생활하는 동안에, 만약 그 사람이 단 한 번도 책을 읽는 일이 없다면, 그 밖의 모든 다른 기준은 생각할 필요가 없이 우리는 그 사람이 '어떤' 사람인가를 확실히—또는 거의 확실히—알 수 있다. 사람이 악마의 뿔을 달고 사는가 천사의 날개를 달고 사는가가 책을 읽는가 읽지 않는가에 달려 있다고 말한다면 이것은 과연 잘못 말한 것인가? '하루라도 책을 읽지 않으면 입에 가시가 돋는다'라는 孔子공자의 말을 고쳐서, '하루라도 책을 읽지 않으면 머리에 뿔이 돋는다'라고 말한다면, 이것은 잘못 말한 것인가?

¶128 '책을 읽어서 밥이 나오느냐 옷이 나오느냐'—이 말은 그것이 겨냥하는 사람을 바보로 만들지는 확실하지 않지만, 그 말을 하는 사람 자신을 속물로 만드는 것은 확실하다.

¶129 亡國망국의 원인은 거의 언제나 망국의 현상과 혼동된다. 예컨대 스웨덴에서는 '아바'(Abba)라는 4인조 록 그룹의 인기를 표현하는 말로, '스웨덴 왕관은 내줄지언정 아바는 내줄 수 없다'는 말이 있다고 한다. ('인도는 내줄지언정 셰익스피어는 내줄 수 없다'는 영국 사람들의 말과 비교해 보라.) 만약 스웨덴 국민의 반수 이상이 그런 생각을 한다면, 스웨덴은 장차 망하는 것이 아니라 이미 망한 나라이다. 그와 마찬가지로 국

민의 반수 이상이 '책에서 옷이 나오느냐 밥이 나오느냐'고 말한다면, 그 나라는 이미 망한 나라이다.

¶130 '너희는 종잇장에 묶인 "닫힌 책"을 읽지 말고 세상이라는 "열린 책"을 읽어라'—과연, 막힌 숨통을 탁 틔워주는 시원한 수사학이다! 이 말을 한 사람에 대하여 거의 확실히 말할 수 있는 것은, 그는 보통 사람들보다 더 오래, 더 많이 '종잇장에 묶인 닫힌 책'을 읽은 사람이라는 것이다. 아마도 그는 그 오랫동안의 '불필요한 고역'이 그의 숨통을 틀어막았다고 생각할 것이다. (책에 대한 존 듀이의 편견으로 미루어 그 사람은 듀이의 교육이론을 적극적으로 지지할 가능성이 있다.)

그러나 그의 수사학은 지적으로 그릇되고 도덕적으로 위험하다. 세상이라는 열린 책은 페이지 속에 갇힌 닫힌 책을 읽지 않고는 판독될 수 없으며, 닫힌 책을 읽는 것은 바로 그 열린 책을 읽는 데에 목적이 있다. ('세상은 그것을 말할 입이 없는 자에게는 말하지 않는다.') 아직 우리나라가 망하지 않았다면, 그것은 그의 그 수사학에도 불구하고 많은 사람들이—입학시험 때문이건 아니건 간에—숨통이 막혀 가면서도 종잇장에 묶인 닫힌 책을 읽고 있기 때문이다.

¶131 '호메로스는 희랍인의 교육자였다'는 말이 무슨 뜻인지 이해하기 위해서는 「일리아스」와 「오뒤세이아」를 썼을 때 호메로스가 한 일이 무엇인가를 알아보아야 할 것이다. 그 말을 통념상으로 해석하자면, 그 두 작품에 나와 있는 영웅들의 말과 행동은 희랍인들이 따라야 할 모범이며, 호메로스가 한 일은 희랍인들로 하여금 그 모범을 따르도록 했다는 식으로 말할 수 있을 것이다. 이와 같이, 교육이라는 것은 통념상 교육받은 사람이 장차 (비슷한 사태에서) 해야 할 말과 행동을 가르쳐 주고 그대로 따라 하도록 하는 것을 뜻한다. 그 과정을 얼마나 복잡하게 설명하는가, 그 결과를 얻기 위한 처방을 얼마나 정교하게 고안하는가 하는 것은 교육의 이 근본적인 성격에 하등 영향을 미치지 않는다. 통념에서는, 이것과는 다른 방식으로 교육의 성격을 파악하는 것이 과연 가능한가가 의심이 될 정도로, 그것은 교육의 성격을 파악하는 유일 타당한, 또는 자명하게 옳은 방식으로 간주된다.

통념에 완전히 젖어 있는 사람들을 대상으로 하여, 그 통념과 동일한 수준에서 메타프락시스적 사고방식을 대비시키자면 ―그렇게 하는 것이 꼭 필요한지는 의문이다―'호메로스는 희랍의 교육자였다'는 위의 말은 어떻게 해석되는가?

우선, 통념에는 '심성'의 개념이 들어설 자리가 없다. 통념에서 '심성'이라는 것은, 만에 하나 그런 용어가 사용된다면, 그 자체로서 '실체'를 가진 것으로 인정되는 것이 아니라 단순히 그런 말과 그런 행동을 하는 상태를 부르는 '이름'에 지나지 않는다. 메타프락시스에서는 심성의 개념이 주축을 이루고 있으며, 그렇기 때문에 교육의 관심이 통념에서와는 반대 방향으로 작용한다고 말할 수 있다. 메타프락시스적 설명에서는 호메로스의 그 두 작품에 나와 있는 영웅들의 말과 행동이 심성의 표현이라는 점, 그리고 그것이 표현하는 심성은 그러한 말과 행동을 통하여 그 이전에 그들이 함양한 바로 그 심성이라는 점에 일차적 관심이 주어진다. 그 영웅들이 그와 같이 말하고 행동했다면 그 말과 행동을 빚어낸 심성은 어떤 것이었으며, 그것은 어떤 경로를 통하여 함양된 것인가—메타프락시스에서는 이것이 해답해야 할 질문으로 등장한다. 그 영웅들의 말과 행동은 그 이전에 그와 똑같은 말과 행동을 한 다른 영웅들의 모범을 본받은 결과라는 것으로는 결코 충분히 설명될 수 없다. 아마 틀림없이, 그들의 말과 행동은 그보다는 훨씬 광범하고 다양한 경험—「일리아스」와 「오뒤세이아」에 아름답게 묘사된, 표면상 그런 말과 행동과는 하등 직접적인 관련을 맺고 있을 것 같지 않은 경험—에 의하여 함양된 결과일 것이다. 통념에서는 이 광범하고 다양한 '교육적 경험'이 정당하게 존중되지 않으며, 따라서 '인간답게 된다'든가 '인간을 인간답게 만든다'는 말은 공허한 口頭禪구두선에 지나지 않는다.

¶132 '동기에 의하여 설명되는 행동이 따로 있고 이유에 의하여 설명되는 행동이 따로 있는 것이 아니라, 하나의 동일한 행동이 동기에 의하여 설명되기도 하고 이유에 의하여 설명되기도 한다'—저자가 이전의 저작 여기저기에 적어 넣은 이 진술은 완전한 것이 아니다. '하나의 동일한 행동'은 오직 제3자에 의하여 파악되는 것이며, 행동을 하는 당사자의 입장에서 보면 그 행동은 '동일한 행동'이 아니다. 의미가 다른 두 행동은 '다른 행동'이다.

¶133 존 듀이의 교육이론에서 일체의 행동은 동기에 의하여 설명되며, 그런 행동 이외에 이유에 의하여 설명되는 행동은 있을 수 없다. 바로 이 점 때문에 그의 교육이론은 앞 [131]에서 말한 통념을 '창안'한 것은 아니라 하더라도 한층 더 확고한 것으로 만드는 데에 기여한 것은 분명하다.

¶134 존 듀이의 경우, 「민주주의와 교육」(1916)의 인식론적 기저를 제공한 것으로 간주될 수 있는 그의 저작, *How We Think*(1933)의 제목은 How We Should Think로 고쳐 읽어야 한다. 이 책에서 듀이는 형식도야 이론을 비판하면서 그것에 대한 대안으로서 자신이 생각하는 '올바른' 사고의 방법을 제시

하고 있다. 그것은 '실제적 문제해결'의 방법이다. 만약 듀이가 '우리는 어떻게 사고해야 하는가'라는 질문 대신에, 참으로 '우리는 어떻게 사고하는가'라는 질문에 대답하려고 했더라면, 그는 결코 그 책에서 말한 것과 동일한 내용을 말할 수 없었을 것이다. 이 후자의 질문에 대한 대답으로는 그가 비판한 형식도야 이론이, 그 약점에도 불구하고, 훨씬 타당한 것으로 간주될 수 있기 때문이다.

형식도야 이론에서 제시하는 사고에 비하면 듀이가 올바른 것으로 내세우는 사고는, '지식'에 비하여 '정보'가 그렇듯이 애당초 비교가 될 수 없는 것이다. 지식과는 달리, 정보는 전달되는 순간에 즉각적으로 받아들이거나 부정하면서도 그것으로부터 자신의 사고에 아무런 영향을 받을 필요가 없는 '지적 내용'을 가리킨다. 누군가가 우리에게 새로운 정보를 제공하거나 우리가 가지고 있던 그릇된 정보를 교정해 줄 때, 그것에 대한 적절한 반응은 '아, 그래요?'라는 것이며 그것으로 그만이다. (그 정보가 지식으로 연결되지 않는 한, 그렇게 말할 수 있다.) 위의 '지적 내용'에서 '지적'이라는 말은, 만약 그것이 사고와의 관련을 암시한다면, 오직 비유적인 의미를 나타낸다. 다시 말하여, 정보는 '사고의 바깥'에 있는 것이다.

¶135 이때까지 저자가 자신의 저작 여기저기서 존 듀이의

교육이론에 대하여 해온 논평—앞의 두 항목에 나타난 것과 동일한 논조의 논평—을 읽어본 사람들 중에는 저자가 듀이를 '피상적으로 이해'했거나 '오해'했다고 말하는 사람들이 있다. 그들의 이 논평은 정곡을 벗어난다. 저자가 듀이의 이론에 관하여 이런저런 논평을 할 때, 저자의 관심은 '듀이'를 이해하거나 '듀이는 옳았는가'에 대한 대답을 하는 데에 있는 것이 아니라, 저자가 논평하는 그 책—예컨대 「민주주의와 교육」—에 나타난 '생각'을 이해하거나 평가하는 데에 있으며, 그렇기 때문에 그것이 '듀이의' 생각인가 아니면 다른 사람의 생각인가는 관심의 대상이 되지 않는다. 그러므로, 만약 듀이가 「민주주의와 교육」에 나타난 것과는 다른 견해를 표방했다는 것이 과연 사실이라면, 그들이 저자에게 하는 말은 저자를 '향하여' 할 것이 아니라 듀이를 '향하여' 해야 할 것이다. 말하자면 다음과 같다—'듀이여, 그대는 「민주주의와 교육」을 쓴 이후에 그것과 일관되지 않는, 또는 그것에 나타난 것과는 다른 함의를 가진, 생각을 표현했으면서도 어찌하여 「민주주의와 교육」의 내용을 수정하거나 취소하지 않았는가?'

만약 누군가가 저자의 비판으로부터 듀이를 구출해 내려는 노력을 한다면 그 전략은 두 가지 중의 하나이다. 즉, 1) (수단-목적에 의한 사고—'도구적 사고'—를 교육에 적용하는 것은 그릇되지만) 듀이는 도구적 사고를 교육에 적용한 사람이 아니다. 2) (듀이는 도구적 사고를 교육에 적용했지만) 도구적 사고를 교육에 적용하는 것은 그릇된 것이 아니다. 위의 두 가지 전략의 규정에 명백히 나타나 있는 바와 같이, 양자는 서로 모순되며, 따라서 그 두 전략을 동시에 사용할 수 없을 것이다. 만약 그 사람이 (1)을 전략으로 삼는다면, 저자는 그의 구출 작전에 관심이 없다. 그 사람은 자신의 가정에 의하여 저자의 비판을 받아들이고 있다. 듀이에 대한 저자의 비판은 그가 교육에 적용한 도구적 사고에 대한 것이다.

¶136 앞의 [27]에서 저자는 '메타프락시스 3부론'으로서 정치이론, 종교이론, 교육이론을 들고, 그 각각이 다루는 활동들—정치활동, 종교활동, 교육활동—은 다 같이 심성함양이라는 동일한 목적에 기여하면서도 그 활동들이 사용하는 '매체'에 의하여 서로 구분된다고 말한 바 있다. 그때까지, 그리고 그 이후에도 저자는 심성함양의 세 가지 매체를 [5]에서 구분된 발언의 종류—1) 말할 수 없는 것을 말하는 말, 2) 말할 수 없는 것을 보여 주는 말, 3) 말할 수 없는 것을 느끼게 하는 말—와 관련지으면서 양자 사이에 부분적인 대응 관계가 있음을 시사하였다([49] 참조). 그러나 그 후 저자가 쓴 '산찬 성리학'(「성리학의 교육이론」, 부록 제8-11항목)에 제시된 '매체이론'에 지적되어 있는 바와 같이, 심성함양의 매체는 언어에 국한되는 것이 아니다. 그리하여 메타프락시스 3부론에 포함된 세 가지 활동을

각각의 매체에 따라 정확하게 구분하자면, 1) 교육-개념, 2) 정치-비언어적 상징, 3) 종교-언어적 상징과 같이 된다. 이 중에서 나중의 두 가지—'비언어적 상징'과 '언어적 상징'—는 '개념'을 매체로 사용하는 교육에 의존해서만 심성함양의 매체로서 효력을 발휘할 수 있다. 그리고 이 점에서 교육은 심성함양 활동에서 '왕관적' 지위를 차지한다고 말할 수 있다.

¶137 王陽明왕양명이 '言說'언설과 '實心'실심을 대립적인 관계로 파악하면서 한쪽의 중요성을 부각시키기 위하여 다른 한쪽의 중요성을 부정한 것은 그 안에 불행한 조짐을 내포하고 있다. 왕양명이 보기에, '언설'은 반드시 남의 것이요 '실심'은 반드시 자기 자신의 것이며, 그렇기 때문에 남의 언설을 뜻 모르고 옮기는 것은 자신의 실심에 연결될 가능성이 없는 것으로 생각될 수 있다. 그러나 자신의 실심은 남의 언설에 의해서가 아니면 어떻게 형성될 수 있는가? (언설과 실심의 대립적 관계에 관해서는 정인보, 「陽明學 演論」양명학 연론 참조.)

¶138 칸트의 '이성 비판'—이성의 한계를 분명히 하는 것—은 원래의 의도와는 완전히 정반대되는 결과를 가져왔다. 이성의 한계를 분명히 하려는 그의 노력은 결국 이성의 그 한계

가 극복될 수 있다는 것을 보여 주었다. 사실상, 그것은 처음부터 예상될 수 있었던 결과였다. 이성의 한계를 밝히는 그 일도 이성에 의하여 이루어질 수밖에 없는 것이며, 한계를 의식한다는 것은 그것을 극복하는 것과 다른 것일 수 없다. 칸트 철학과의 관련에서 보면, 메타프락시스는 이성의 한계를 밝히려는 칸트의 노력이 어떻게 그 한계를 극복할 수 있게 해 주는가를 설명한다고 말할 수 있다. 여기서 '이성의 한계를 극복한다'는 것은 이성의 한계 안에 머물면서 그 한계 너머의 경지로 발돋움하는 것을 뜻한다. 이성의 한계 너머에 있는 것, 그것이 이성의 가능성이다.

¶139 중층구조는 이른바 '2항형 종합'을 전형적으로 예시한다(쉴러, 「인간의 심성교육론」, 영역본 역자해설 참조). 보통의 경우 두 개의 대립되는 항 사이의 종합은 제3의 항에 의하여 이루어진다. 이것이 '3항형 종합'이다. 그러나 중층구조에서는 아래층을 이루는 두 항인 마음과 세계가 그중의 하나인 마음(또는 세계)에 의하여 종합된다. 물론, 이 종합에서 '종합된 이후의 마음'—종합하는 마음—은 '종합되기 이전의 마음'—종합되는 마음—과 완전히 동일한 것은 아니지만 전혀 무관한 것도 아니다. (앞의 [99] 참조.)

보통의 3항형 종합에 비하여 2항형 종합이 가지는 이론적 의의는 성리학의 分殊理분수리에 가장 여실히 드러나 있다. 분수리는 중층구조의 위층인 理一이일과 동일한, 理一의 아래층의 대응물이다. 다시 말하여, 理는 동일한 것이 아래 위층에 다 같이 있으면서 아래층의 분수리와 만물을 종합한다. 만약 아래층—현상계—에 위층—이념계—과 동일한 理가 없다면 아래층을 발판으로 하여 위층을 지향하는 일—심성함양—이 설명 불가능하게 될 것이다. 그리하여 분수리는 인간이 현상계에 속하면서 어떻게 이념을 지향할 수 있는가를 설명하는 성리학의 개념이다.

¶140 서양 철학의 연원을 플라톤에서 찾는 데 대하여 이의를 제기할 사람은 거의 없다. (물론, 플라톤이 '태초의' 철학자는 아니다.) 만약 서양 철학자들이 그의 「국가론」에 나오는 세 개의 비유—태양, 선분, 동굴의 비유—를, 플라톤 이후 서양 철학의 진전에 나타난 것과 같이 다분히 직설적인 언어로 파악하지 않고 철저하게 비유적인 언어로 파악했더라면, 서양 철학이 과연 현재와 같은 형태로 '타락'해 왔을지는 의문이다. 그 비유를 '비유'로서 파악하는 한, 거기에는 이데아와 동의어로 사용되는 '좋은 것의 형식'이 외양 또는 현상 이전에 존재한다는 명백한 단서가 나타나 있지 않을 뿐 아니라, 오히려 현상으로부터 추론해 낸, 현상이 일치해야 할 표준으로 작용하는, 현상

의 형식이라는 해석을 지지하는 단서가 나타나 있는 것이다. (저자의 '태양과 선분과 동굴', 「교육과정 탐구」 참조.)

성리학과의 비교가 여기에 도움이 된다. 「중용」 首章수장의 첫 문장은 天命之謂性 率性之謂道 修道之謂教(性이라는 것은 다른 것이 아니라 하늘이 명령한 것이며, 道라는 것은 다른 것이 아니라 性이 자국을 남긴 것이며, 教라는 것은 다른 것이 아니라 道를 닦고 빛내고 드높이는 것이다)로 되어 있다. 이 문장은 순전히 문법적인 형식으로 보면 道가 있기 이전에 性이 있고 教가 있기 이전에 道가 있는 듯한 연상(性-道-教 계열)을 자아낸다. 그러나 「중용」 본문에 시사되어 있는 바와 같이(앞의 [69] 참조), 이 문장은 실지로 「중용」의 저자가 하는 추론이나 사고를 반대 방향으로 진술하고 있다. 실지 사고의 순서는 教가 있다는 사실로부터 그 내용인 道가 추론되며, 道가 있다는 사실로부터 그 원천인 性이 추론된다는 순서(教-道-性 계열)를 따른다. (저자의 「성리학의 교육이론」 참조.)

¶141 서양 철학의 최근 동향인 포스트모더니즘(Postmodernism)은 종래의 형이상학을 '定礎主義'정초주의(Foundationalism)로 규정하고 그것에 대한 자신의 입장을 '反定礎主義'로 표방한다. 여기에 사용된 '정초'라는 용어는 서양 철학의 '實在'실재와 불교의 '眞如'진여, 그리고 성리학의 理나 性을 포괄적으로 지칭

한다. 우선, 이런 것들을 '정초'라는 용어로 지칭하는 것은 그들의 입장을 스스로 손상시키는 자해행위에 해당한다는 점을 지적할 수 있다. '정초'는 그 語義어의로 보면 무엇인가를 튼튼하게 받쳐 주는 기초 또는 토대에 해당하는 만큼, 그것을 부정하는 것은 그 위에 세워진 건축물이 沙上樓閣사상누각이나 뿌리 없는 浮萍草부평초와 다름없다는 것을 인정하는 셈이 된다. 만약 그들이 자신의 용어에 좀 더 세밀한 주의를 기울였더라면 그들은 자신이 부정하는 것을 '정초'라는 용어로 규정할 것이 아니라 '철학적 신기루'로 불렀어야 마땅하다. 그들이 보기에 종래 철학에서 모든 것을 받쳐 주는 토대로 여겨졌던 실재, 진여, 理와 性 등등은 신기루처럼 착각에 의해서만 '있는' 것으로 보이는, 그러나 사실은 '없는' 것이다.

사실 여부를 떠나서, 반정초주의자들이 정초를 부정하기 전에 '정초는 어디에 있는가'라는 질문—수사학적인 질문이 아닌 진짜 질문—을 하고 그에 따라 실지로 정초의 '장소'(locus)를 확인하려고 했다고 하자. 그들이 정초를 부정한 것으로 보아 그들은 정초의 '장소'를 확인하는 데에 실패한 것이 분명하다. 그러나 그 장소를 확인하기 위하여 그들이 어딘가를 두리번거렸다면 그것은 어디이며, 어딘가를 뒤졌다면 그것은 어디인가? 만약 그들이 정초라는 것을 어딘가를 두리번거리거나 뒤져서 찾아낼 수 있는 것으로 생각했다면 그들의 노력은 애당초 실패로 끝날 수밖에 없다. 정초라는 것은 그렇게 두리번거리거나 뒤져서 찾아낼 수 있는 것이 아니기 때문이다. 정초의 '장소'가 바깥 어딘가를 가리키는 한, 그리고 정초가 바깥의 어느 '장소'에 있지 않는 한, 정초는 없는 것이다.

그러나 그들은 엉뚱한 곳을 뒤진 것이다. 정초의 '장소'는 바깥 어딘가가 아니라 내 마음속이며, 그들이 정초를 찾기 위하여 어딘가를 뒤져야 한다면 그것은 내 마음속이어야 한다. 내 마음속을 뒤졌을 때도 그들은 정초가 없다는 결론을 내릴 수 있었겠는가? 내 마음속을 뒤지는 일은 바깥 어딘가를 뒤지는 일과 같지 않다. 그동안 형이상학자들이 정초가 있다는 것을 알아낸 것은 바깥 어딘가를 뒤져서가 아니라 내 마음속을 뒤져서이며, 따라서 반정초주의자들이 정초가 있는지 없는지를 알아내기 위해서는 그 형이상학자들의 노력을 되풀이하지 않으면 안 된다. 그 노력을 기울이지 않는 철학자는 직무를 포기하는 사람이며, 노력을 기울였는데도 정초를 찾지 못한 철학자는 무능한 사람이다. 반정초주의자들은 자신의 직무유기와 무능을 선대 형이상학자들의 '오류'로 호도한다.

¶142 근래 서양 윤리학의 최근 동향으로 각광을 받고 있는 '덕 윤리학'(Virtue Ethics)은 예컨대 칸트의 '定言命令'정언명령이 나타내는 것과 같은 보편적, 절대적 규범—윤리학의 '정초'—에 대한 대안으로서 '德'을 내세우고 있다는 점에서 반정초주

의의 윤리학적 표현으로 간주될 수 있다. (S. C. Angle and M. Slote (eds.), *Virtue Ethics and Confucianism* 참조.) 덕 윤리학에서 말하는 '덕'은 '잘 사는 것' 또는 덕 윤리학자들의 용어로 '번영하는 삶'(flourishing life)에 도움이 되는 심리적 성향을 지칭한다. 이 관점에서 볼 때 윤리학은 본질상 '번영하는 삶'에 도움이 되는 심리적 성향을 탐구하는 학문으로 규정된다.

그러나 이런 의미에서의 '윤리학적 탐구'가 구체적으로 어떤 모습을 띨 것인가는 결코 분명하지 않다. 얼른 생각해 보면, '번영하는 삶'에 기여하는 심리적 성향은 그것이 기여하는 '번영하는 삶' 그 자체와 마찬가지로 개인에 따라 천차만별일 것이기 때문에, 모든 종류의 '번영하는 삶'에 기여하는 모든 종류의 심리적 성향을 '덕'으로 간주할 수밖에 없으며, 그렇게 되면 사람의 심리적 성향으로서 '덕'에 포함되지 않는 것은 하나도 없다고 말해야 할 것이다. 그러나, 물론, 덕 윤리학자들은 이 성급한 판단에 찬성하지 않을 것이다. 말하자면 '번영하는 삶'이나 '덕'이 개인에 따라 차이가 있다고 하더라도 그것은 그야말로 '천차만별'이 아니라 개인 사이에 상당히 보편적인 합의가 이루어져 있다는 것이다. 일부 덕 윤리학자들은 그 '보편적 합의'의 근거로 '전통'이라든가 심지어 비트겐슈타인의 '삶의 형식'을 들고 있다. 말하자면 여기서 '합의'라는 것은 현재 살고 있는 두 자연인 사이의 합의가 아니라 인류의 역사만큼이나 긴 시간을 두고 면면히 전해 내려온 집단적 합의를 가리킨다는 것이다. (사실상, 덕 윤리학과 병렬적으로, 인식론에서 대두된 반정초주의적 동향에서는 인식이나 진리의 기준을 다분히 개인 사이의 합의로 규정하고 있다.)

덕 윤리학의 이러한 반론을 인정한다 하더라도, '윤리학적 탐구'의 성격에는 크게 달라지는 것이 없다. 몇 년 동안에 걸친, 몇 명 사이의 합의건 간에 '보편적인 합의'의 내용을 알아내는 것이 윤리학적 탐구라면, 윤리학은 철학이 아니라 사회학이나 심리학에 속해야 마땅하다. 윤리학을 사회과학으로 규정하려는 윤리학은 한마디로 윤리학의 수치이다.

문제는 이러한 윤리학이 '철학자들' 사이에 광범한 호응을 얻고 있다는 사실에 있다. 따지고 보면 그 이유는 짐작하기 어렵지 않다. '정초주의' 윤리학—즉, '전통적인' 윤리학—에서 내세우는 보편적 절대적 규범은 '보통 사람들'이 따르기에는 너무나 버거운 것이며, 대부분의 경우에 그것은 '번영하는 삶'에 도움이 되기보다는 죄책감이나 절망감을 안겨주고 그렇게 함으로써 그것에 역행하는 것이다. 물론, 그 '보통 사람들'은 바로 덕 윤리학자 자신이다. 그는 그 '전통적인' 윤리학 규범이 자신에게 부담을 안겨준다고 하여 다른 사람들도 그 부담에서 해방되어야 한다고 주장한다. 비유컨대 자신만 물에 빠질 것이 아니라 모든 사람을 한꺼번에 빠트리겠다는 것과 같다. (덕 윤리학자들이 '번영하는 삶'에 도움이 되는 심리적 성향에 '전통적인' 규범을 포함시키면서 스스로 모순을 느끼지 않는다면 그것은 철학의 기적이다. 그러나 그들의 발언에서는 '전통적인 규범 "이외에도" 번영하는 삶에 도움이 되는 규범이 많이 있다'는 식의 발언이 적잖게 발견된다.)

¶143 덕 윤리학자들이 그들의 대담성으로도 차마 입 밖에 발설하지 못하는 내심의 은밀한 생각을 드러낸다면 어떻게 될까?—종래의 윤리학이 내세우는 '절대적 규범'을 따르는 것이나 그것을 따르지 못하는 데서 오는 회한은 나로서는 감당하기 어렵다. 그러나 내가 왜 반드시 그것을 감당해야 하는가? 누가 나에게 그토록 가혹한 요구를 할 수 있단 말인가? 아니다. 그 요구는 내가 감당할 수 있을 정도로 '덜 가혹한' 것이 되어야 한다, 등등.

결국, 그들이 주장하는 윤리학은 '자기용서'의 윤리학이다. 그리고 '자기용서'가 모순적인 개념인 만큼, 그 윤리학 또한 모순의 윤리학이다.

¶144 '도덕성은 선행에만 나타나는 것이 아니라 후회에도—또는, 더 강하게, 선행에 나타나는 것이 아니라 후회에—나타난다'—도덕성의 통념에 비추어 보면 이 진술은 받아들여지기 어려울 것이다. 만약 도덕성이 후회에도—또는 후회에 더 명백

히—나타난다면 도덕성을 함양하는 일은 그다지 어렵지 않을 것처럼 생각되는 것이다. 그러나 과연 그러한가? 후회하는 데에 '능력'이 필요하지 않은 것도 아니요, 심지어 그 능력이 선행을 하는 데에 필요한 것보다 더 사소한 것도 아니다. 가령 朱子十悔주자십회에 나오는 열 가지 후회 중에서 첫째로 꼽히는 不孝父母 死後悔(부모에게 불효하면 돌아가신 뒤에 후회한다)는 사람이면 누구나 할 수 있는 '쉬운' 후회인가? 마지막 열째로 열거된 不接賓客 去後悔(손님을 잘 대접하지 않으면 떠난 뒤에 후회한다)는 어떠한가? 주위에 그런 후회를 하는 사람들이 선행을 하는 사람들보다 더 많은가? 아니면 그 반대인가?

¶145 신을 보는 데는 눈부심 차단막이 필요하다. '개념'—이론적 지식—은 神을 직접 표현하는 것이 아니라 그 논리적 가정을 통하여 간접적으로 표현한다. 개념은 神을 볼 때 써야 하는 눈부심 차단막이다. '언어적 상징'은 神을 직접 표현한다. 언어적 상징을 써서 神을 보려고 할 때에는 특별한 눈부심 차단막이 필요하다. 키에르케고르의 '간접전달'은 이 특별한 장치를 가리킨다.

¶146 긍정(A)과 부정(−A)이 결합되는 방식(A · −A)은 다

음과 같은 2×2 방안에 따라 네 가지로 분류될 수 있다. 그 분류의 한 가지 기준은 그 결합이 명제의 영역에 적용되는가 아니면 행위의 영역에 적용되는가 하는 것이며, 또 한 가지 기준은 그 결합이 나타내는 표면상의 '모순'(A · −A)이 해소 가능한가 아니면 해소 불가능한가 하는 것이다. 이 두 가지 기준의 결합에서 생기는 네 개의 象限상한을 표로 나타내면 다음과 같다.

A · −A의 결합 방식

	명제의 계면	행위의 계면
해소 불가능	모순	딜레마
해소 가능	파라독스	아이로니

위의 표에서 설명하기 쉬운 것은 첫 행의 두 상한—모순과 딜레마—이다. 모순에서 긍정과 부정은 양립 불가능하며, 따라서 그중의 어느 한쪽을 받아들이면 다른 한쪽은 포기하지 않으면 안 된다. 양자를 동시에 주장하는 것은 한쪽이 말하는 내용을 다른 한쪽이 말소하는 것이며, 그것은 결국 아무 말도 하지 않는—목소리나 잉크를 허비하는—셈이 된다. 딜레마는 명제의 계면에서의 모순이 행위의 계면으로 옮겨져서 두 개의 양립 불가능한 행위 방침을 동시에 따르려고 하는 경우를 가리킨다. 모순에서와 마찬가지로 딜레마에서도 하나의 행위 방침을 따르는 것은 필경 다른 하나를 포기하지 않으면 안 되는 결과를

가져오며, 양자를 동시에 따르려고 하는 것은 단순히 불가능한 일을 하려고 하는 것이다.

첫째 행의 모순과 딜레마에 비하여, 그 각각에 상응하는 파라독스와 아이로니는 긍정과 부정의 결합(A · −A)을 나타낸다는 점에서는 다르지 않지만, 그럼에도 불구하고 양자는 앞의 경우와는 달리 마지막까지 '해소 불가능한' 오류—언제나 오류로 남아 있어야 하는 오류—가 아니다. 양자가 나타내는 표면상의 '오류'는 양자가 다 같이 중층구조의 위층을 표현한다는 점에서 빚어지는 '불가피한' 오류이며, 중층구조의 위층의 특징을 이해함으로써 '해소될' 수 있다.

이 책의 첫머리[2] 이후 여러 차례 되풀이된 바와 같이, 중층구조의 위층은 '언설 불가능성'을 그 한 가지 특징으로 하고 있으며, 아래층에 정상적으로 적용되는 문법 형식을 차용함으로써만 비로소 언설로 표현될 수 있다. 그러나 그와 같이 차용된 언설은 원래의 정상적인 의미를 가질 수 없다. 여기에 파라독스라는 표현 형식이 등장한다. 周敦頤주돈이의 '無極 而太極'—없는 극이면서 가장 큰 극이여!—은 그 대표적인 예이다. 여기서 '없는 극'이라는 것은 거기에 이러이러하다는 말로 나타낼 만한 것은 아무것도 없다는 뜻을 나타내며, '가장 큰 극'이라는 것은 모든 것을 담고 있다는 뜻을 나타낸다. '아무것도 담고 있지 않은 것'(−A)이 동시에 '모든 것을 담고 있다'는 것(A)은 정상적인 문법 형식으로 이해하려고 하는 한, 어불성설이다. 그러나 또한 이 어불성설은 無極 而太極이 중층구조의 위층을 언설로 표현하려고 하는 한, 불가피하다. 어째서인가? 만약 중층구조의 위층이 그것의 표현—已發—인 아래층으로 표현되기 이전—未發—이라면 그것은 아래층의 모든 것을 고스란히 담고 있지 않으면 안 된다(太極). 그러나 그것이 '표현 이전'인 한, 그것은 아래층에 표현된 것은 아무것도 담고 있어서는 안 된다(無極). (주돈이의 그 말은, 그것이 「周易」을 해설한 '태극도설'의 첫 문장에 나와 있다는 사실로 미루어 분명히 「주역」의 사고체계에서 영향을 받은 결과일 것이며, 또 아마 틀림없이 眞如진여는 空이면서 不空이라는 불교의 사고체계에서 영향을 받은 결과일 것이다. 그러나 그렇다고 하더라도, 그것이 인간의 지력이 이룩한 가장 위대한 발견이라는 점에는 변함이 없다.)

기독교의 신은 중층구조의 용어로는 위층에 해당한다. 신을 '언설로' 나타내는 데에 사용되는 無所不在—없는 곳이 없다—는 긍정과 부정의 파라독스적 결합 방식의 또 하나의 예를 보여 준다. 정상적인 어법에 의하면 '어디어디에 있다'라는 말은 특정한 시공간의 위치를 차지한다는 뜻을 나타낸다. 그러나 '없는 곳이 없다'는 말은, '여러 곳에 널리 퍼져 있다'는 일상적인 의미를 나타내지 않는 한, 그 어법에 맞지 않는다. 그 경우의 '없는 곳이 없는' 존재(A)는 '아무것도 아닌' 존재(−A)이며, '아무것도 아닌' 존재만이 '없는 곳이 없는' 존재가 될 수 있다. (신에 관한 또 하나의 규정인 全知全能—모든 것을 알며 모든 일을 할 수 있다—에 관해서도, 적절한 변경을 가하면, 마찬가지 말을 할 수 있다. '신은 자신이 들어 올릴 수 없는 물건을 만들 수 있는가'라는 철학적 농담의 포인트는 신의 全知全能을 인간의 언어로 표현할 때 발생하는 불합리를 드러내는 데에 있다.) 신의 존재를 이와 같이 파라독스적 형식으로 표현하는 것은 그것을 정상적인 문법 형식을 차용하여 표현할 수밖에 없는 한, 불가피한 것이다.

위의 표의 마지막 상한에 나와 있는 아이로니는 파라독스가 행위의 영역으로 옮겨진 형태를 가리킨다. '아이로니'라는 영어 단어에 해당하는 희랍어 단어인 '에이로네이아'(eironeia)는 '무지의 가장'—알면서도 모르는 체하는 것—을 뜻한다. 플라톤의 대화편에는 소크라테스가 그 당시 아테나이에서 소문난 에이로네이아의 대가로 묘사되어 있다. 말하자면 소크라테스는 주위의 사람들이 보기에 분명히 알고 있을 법한 내용에 관해서도 시종 '모른다'는 말로 일관하였고 주위의 사람들에게는 그것이 영락없는 '능청'—야유와 조롱—으로 보였던 것이다. 키에르케고르가 그의 「아이로니의 개념」이라는 논문에 '끊임없이 소크라테스를 돌아보며'라는 부제를 달았다는 것은 전혀 기이한 일이 아니다. 키에르케고르에게 아이로니의 개념을 연구하는 것은 소크라테스라는 인물의 행적을 연구하는 것을 의미하였다. 위의 표와 관련지어 말하자면, 소크라테스는 파라독스라는 신적 존재의 특징을 인간의 몸짓으로 구현한 인물이었다고 말할 수 있다. 키에르케고르가 소크라테스의 아이로니에 관심을 가졌던 것은 그것이 기독교적 인간의 형성을 위한 방법상의 원리를 시사한다고 보았기 때문이다. 앞에서 여러 차례[52, 62-67] 언급한 '간접전달'은 다름 아닌 '아이로니적 전달'—아이로니적 자세에 의한 전달—을 가리킨다.

¶147 결핍은 충족에 대하여 상대적인 의미를 나타낸다. 결핍은 충족되지 않은 상태이며, 충족은 결핍을 해소하는 행위이다. 그러나 이와는 달리, 결핍과 충족이 공존하는 상태—하나는 결핍되고 다른 하나는 충족된 상태가 아니라 결핍된 바로 그것이 충족되어 있는 상태—가 있을 수 있다. 에로스는 이런 의미에서의 '절대적 결핍'—자신에게 충족되어 있는 바로 그것이 결핍되어 있다고 느끼는 사람의 정신 상태—을 의미한다. 아이로니는 에로스의 몸짓이다.

¶148 중세의 보편 논쟁은 아리스토텔레스가 보편자(실재)에 관한 플라톤의 말을 일부러 악의적으로 해석하지 않았더라면 일어날 필요가 없었던 불행한 논쟁이었다. 만약 아리스토텔레스의 악의적 해석이 아니었더라면 '보편자는 특수자의 "저편에" 있다'라는 플라톤의 말은, 하나의 동일한 보편자 U가 특수자 P1, P2, P3 '속에' 들어 있다는 뜻으로 해석될 수도 있었다.

이것이 '초월'의 진정한 의미이다. 그러나 아리스토텔레스처럼 '저편'(초월)에 있다는 말과 '속에'(내재) 있다는 말을 구분하면서 하나를 긍정하고 다른 하나를 부정한다면 보편자는 U가 아닌 U1, U2, U3로 되고 원래의 보편자는 보편자로서의 지위를 상실하게 된다. 또한, 특수자 P1, P2, P3마다 '특수한' 보편자는 보편자가 아닌 특수자이다. '아리스토텔레스의 배반은 현대에 이르기까지 철학적 사고의 근본—중층구조—을 뒤흔들 정도의 악영향을 끼쳐 왔다'라는 「통석」의 말(p. 278)은 이런 뜻으로 이해될 수 있다.

¶149 실재를 '사물처럼'(real: thing-like) 만든 사람은 플라톤이 아니라 아리스토텔레스이다. '인간의 삶은 살아 움직이는 형이상학이다'라는 말은 플라톤의 경우에 가장 잘 들어맞는다. 만약 삶이 살아있는 형이상학이라면 아리스토텔레스에 있어서 형이상학은 '죽은 형이상학'—삶에서 살아 움직이는 것이 아니라 책에서 말라비틀어진 형이상학—이다.

¶150 '定礎'—실재, 神, 眞如, 未發—의 정체를 밝히기 위해서는 세 가지 질문에 대답하지 않으면 안 된다. 즉, 정초는 1) 어디서 왔으며, 2) 무슨 일을 하며, 3) 어떻게 그 일을 할 수 있는가 하는 것이다. 여기에 대한 대답은 다음과 같다. 1)

정초는 우리 각자의 삶—더 구체적으로는 우리 각자가 삶에서 드러내는 생각과 말과 행동—에서 왔다. 우리의 삶은 아무리 정초에서 멀리 떨어져 있다 하더라도 그 속에 그것이 지향해야 할 이상적 형식을 품고 있다. 정초는 그 이상적 형식을 가리킨다. 불완전한 인간이 어떻게 완전한 형식을 품을 수 있는가 하는 것은 아무도 파헤치지 못할 불가사의 중의 불가사의이다. 여기에 대해서는, '인간은 그가 (불완전하게밖에) 따를 수 없는 형식을 마음속에 품을 수 있도록 저주받았다'는 말로서가 아니고는 대답을 할 수 없을 것이다. 그 저주는 낙원 추방에서의 신의 벌에서 온 것이다. 2) 정초가 무슨 일을 하는가는 위의 대답에 이미 나타나 있다. 즉, 정초는 우리의 삶이 지향해야 할 표준—이상적 형식을 제시한다는 것이다. 3) 정초가 이 일을 할 수 있는 것은 그 표준이 바로 현재의 삶이 불완전하게 따르고 있는 이상적 형식이기 때문이다.「中庸」의 비유를 빌려 말하자면 그것은 '도끼로 도낏자루를 깎는 것'(伐柯伐柯, 13)과 같다.

¶151 앞의 제98항목에서 저자는 '순환론과 추상'이라는 주제를 고찰한 바 있다. 여기서 '순환론'이라는 것은 미발이 이발로 '표현'되는 과정—'표현의 맥락'—과 이발이 미발을 '실현'하는 과정—'실현의 맥락'—이 '순환론'에 의하여 서로 연결된다는 것을 가리킨다. 그런데 미발과 이발은 사실상으로 분리되는 것

이 아니라 개념상으로 구분될 뿐이며, 순환론에서 가정하듯이, 미발과 이발을 각각 별도의 자리에 세워 놓고 미발에서 이발로의 운동—표현—과 이발에서 미발로의 운동—실현—이 순환을 이룬다고 말하는 것은 그 중요한 사실을 어기는 '오류'이다. 사실상, 여기서 순환론이라는 것은 어느 것이 먼저고 어느 것이 나중인가를 가릴 수 없는 두 가지 운동을 억지로 갈라놓았을 때 양자 사이의 운동을 기술하는 데에 사용되는 용어에 지나지 않는다.

그러나 또한, 만약 그 순환 운동이 시작되려고 하면 거기에는 관념상으로나마 그 운동이 시작되는 '출발점' 또는 그 순환의 고리를 뚫고 들어가는 '진입구'가 설정되지 않으면 안 된다. '추상'은 이 진입로의 설정을 가능하게 한다. 위에서 말한 바와 같이, 미발과 이발—심성과 그 표현—이 사실상 분리 불가능한 것이라면 심성과 그 표현 또한 서로 떨어질 수 없다. 이것은 곧 심성은 그것이 표현되는 수준에서는 그 수준에서 벌어지고 있는 일체의 활동들과 불가분으로 관련되어 있다는 것을 뜻한다. 만약 우리가 심성을 함양한다는 명분으로 심성을 그 활동으로부터 '분리'하여 심성함양을 위한 별도의 특별한 활동을 한다면, 우리는 활동으로부터 분리될 수 없는 심성을 활동으로부터 분리하는 '오류'를 저지른다. 다시 말하여, 우리는 심성을 활동으로부터 '추상'하여 그것을 마치 별도의 실체인 양 취급하는 것이다. 그럼에도 불구하고 한 가지 어김없는 사실은 우리가 언제나 그 일을 하고 있다는 것이다. 교과를 가르치는 것은 그 대표적인 보기이다. 교과를 가르칠 때 우리는 활동 중에서 심성에 해당하는 부분을 따로 떼내어 심성함양을 위한 별도의 활동을 한다. 이처럼 명백하지는 않지만, 종교와 정치에도 이와 비슷한 현상이 일어나고 있다. 이하의 도해에서 볼 수 있듯이, 이것은 이들 세 가지 활동에서 일어나는 순환 운동에 출발점이나 진입구를 마련하기 위한 조치로 필요불가결하다.

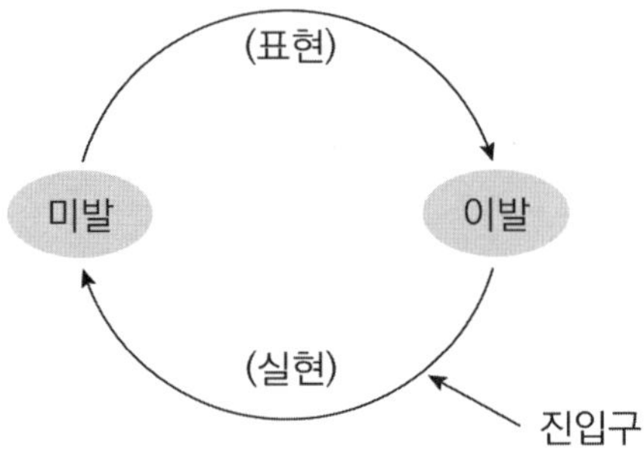

(이 그림에서 주목해야 할 점은 순환 궤도상의 진입구는 이발에서 미발로 가는 궤도 위에 위치하고 있다는 점이다.)

놀랍게도 위의 그림은 즉각적으로 이전에 저자가 「대승기신론 통석」(p. 133, p. 137)에 그려 넣은 '염법훈습'과 '정법훈습'의 순환 궤도를 상기시킨다. 거기에는 두 가지 훈습을 각각 다른 그림으로 표현하고 있지만, 그것을 하나로 통합하자면 다음과 같이 된다.

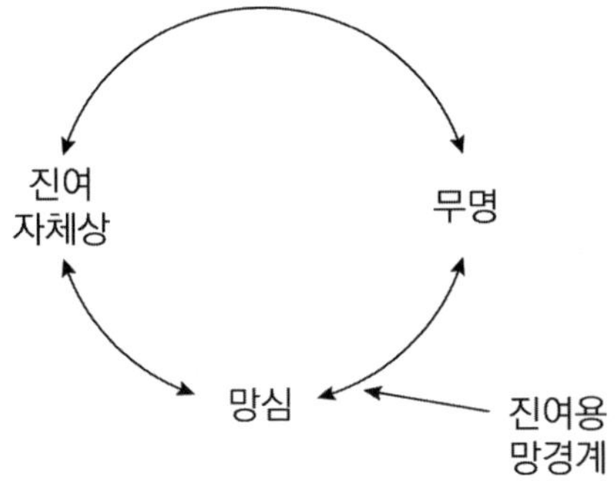

이 그림을, 앞의 그림과의 대응 관계가 더 잘 드러나도록 고쳐 그리면 다음과 같이 된다.

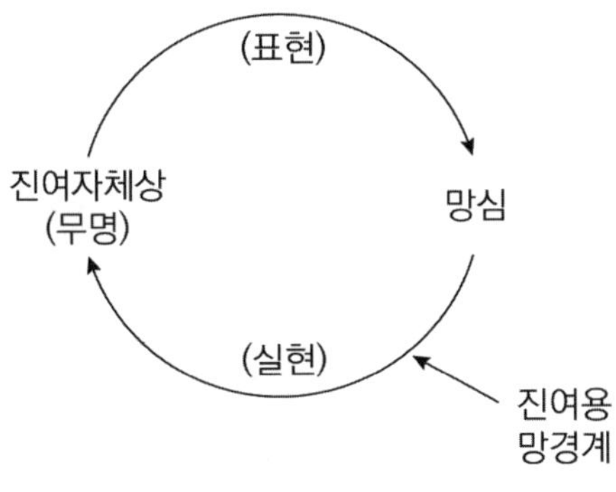

기신론에서 진여자체상(무명)과 망심은 기신론의 용어로 '내적 원인'(因)에 해당하며, 진여용(망경계)은 '외적 계기'(緣)에 해당한다. 진여용(망경계)은 망심 속에서 그것과 불가분으로 관련되어 있는 진여자체상(무명)으로부터 분리됨으로써 훈습의 '외적 계기'가 된다. 그리고 이 '외적 계기'는 염법훈습과

정법훈습으로 불리는 두 가지 순환 운동이 시작되도록 하는 출발점이나 진입구의 역할을 한다. 이렇게 생각해 보면 위의 두 그림—98항목에 기초를 둔 그림과 통석에 기초를 둔 그림—이 동일한 모양을 하고 있다는 것은 당초의 느낌에서처럼 '놀라운' 것이 아니라 사태의 성격상 당연하다고 말할 수 있다.

¶152 가령 중층구조에 '추상'이라는 용어를 적용하여, 위층과 아래층 중에서 어느 하나가 다른 하나를 '추상한'(동사형) 결과—즉, '추상'(명사형)—라면 그것은 어느 것인가? 또는, 동일한 의미로, 그것이 그 '어느 것'의 추상이라고 할 때 그 '어느 것'—다시 말하여 '구체적인 것'—은 위층과 아래층 중에서 어느 것인가? ('추상'의 경우와는 달리, '구체'의 경우에는 동사형이나 명사형이 없고 오직 '구체적인 것'이라는 형용사형으로만 쓰인다. 이것은 '구체'라는 것은 행위가 아니라 상태—즉, '체를 완전히 갖춘 상태', 추상 이전—임을 뜻한다.)

저자는 다른 곳(보이드, 「서양교육사」, 역자해설, p. 10)에서 '추상'을 정의하여, '추상'이라는 것은 "'있는 그대로인 것'", 즉 "구체적인 것" 모두를 (또는 모두에서) 뽑아내되 그 "구체적인 것"과 동일하지 않은 형태로 뽑아낼 때, 그리하여 그 뽑혀 나온 것에 "구체적인 것" 모두가, 비록 구체적인 것 그대로는 아니지만, 고스란히 들어 있을 때, 이 경우의 뽑아내는 행위(또는 그 결과)를 가리킨다'라고 말한 바 있다. 만약 독자가 이 정의를 진술한 문장에서 '문법적 괴물'을 느낀다면, 저자의 언어적 미숙을 탓하기 전에 먼저, '추상'이라는 행위 자체가 '논리적 괴물'—파라독스—이기 때문에 불가피했다고 생각해주기 바란다. 생각해 보라. 어딘가로부터 뽑혀 나온 것이, 비록 뽑혀 나오기는 했어도, 뽑혀 나오기 전의 상태를 그대로 간직하고 있다는 것은 경험 세계의 어디에서도 찾아볼 수 없는 기현상이다. 그뿐만 아니라, 그 뽑혀 나온 것은, 비록 뽑혀 나오기 전 상태를 그대로 간직하고 있기는 하지만, 그 逆作用역작용에 의하여 뽑혀 나오기 전 상태로 되돌아가서 그것과 관련을 맺기 전에는 그 실체가 규정될 수 없으며, 이 점에서 그 자체로서는 존재하지 않는다고 말할 수 있다. (사실상, 저자는 저자 자신의 그 정의를 생각해 내기 이전과 이후를 통틀어서 추상이 '정의된' 것을 본 일이 없다. 전문적인 철학자들 사이에서 '추상'은 그야말로 '일상용어'처럼 정의될 필요가 없었을 것이다. 위의 '문법적 괴물'은 말하자면 철학의 문외한이 자신의 생각을 명료화하기 위하여 고안해 낸 고육책에 불과하다. 다만 저자가 바라기로는, 전문적인 철학자들이 '추상'이라는 용어를 정의되지 않은 채 사용할 때마다 저자의 그 정의를 마음속으로 충실히 따랐으면 한다.)

우리가 이따금 접하는 '무슨무슨 발달단계'라는 용어로 표현되는 아이디어는 위의 문법적 괴물과도 같은 정의의 편리한 예시로 사용될 수 있다. 그것이 기술하는 현상이 무엇이든지 간에 '발달단계'에서 아래 단계는 시간 순서로 보아 위 단계에 앞서기는 하지만, 논리상으로 보면 위 단계에서 '뽑혀 나온' 추상이며, 따라서 위 단계에 비추어 보지 않고는 그 실체가 규정되지 않는다. 그리하여 발달은 반드시 추상에서 구체적인 것으로의 방향을 따라 일어난다. 헤겔의 유명한 「정신현상학」은 정신의 발달이 가장 추상적인 것에서 시작하여 가장 구체적인 것에 이르는 과정을 세밀히 구분된 단계를 따라 기술하고 있다. 거기서 가장 추상적인 것은 '이것'이다. '이것'은 무엇인가가 당장 눈앞에 나타나 있다는 점 이외에는 아무것도 알려주는 바가 없으며, 그것보다 더 구체적인 것과 차례로 관련을 맺기 전에는 '실체 없는'—추상적인—것으로 남아 있을 수밖에 없다. 여기에 비하여 그 반대쪽 극단의 '절대정신'은 모든 것을 있는 그대로 알려주는 '가장 구체적인 것'이며, 그 이전의 추상적인 것들에 차례대로 실체를 부여한다.

복잡하고 까다로운 현상에서 예를 끌어올 필요가 없이, 우리에게 보다 친근한 '음악감상의 발달단계'를 생각해 보자. 저자는 오래전에 전문적인 음악 이론가의 확인을 기다릴 겨를도 없이 제멋대로 음악감상 능력은 '쾌감의 단계', '기법의 단계', 그리고 '의미의 단계'라고 이름 붙일 수 있는 세 개의 단계를 따라 발달한다고 생각한 적이 있다. 각 단계의 의미는 그 이름에 명백히 나타나 있다. 쾌감의 단계는 음악이 주는 감각적 즐거움을 음악감상의 유일한 포인트로 삼는 단계이다. 이 단계에서는 음악이 '듣기 좋으면' 그것으로 그만이다. 그다음 기법의 단계에서는 기악이건 성악이건 간에 연주자의 연주 능력이 주목과 찬탄의 대상이 된다. 우선 이 두 단계의 관련을 먼저 생각해 보면, 쾌감의 단계에서 감상자가 맛보는 즐거움은 연주자의 기법과 관련을 맺기 전에는 예컨대 높은 산꼭대기에서 탁 트인 전망을 바라볼 때의 즐거움이나 넓은 호수에서 모터보트를 질주할 때의 즐거움과 구분되지 않으며, 그 점에서 그것은 '음악의 즐거움'이 아니다. 이와는 달리 기법의 단계에서 감상자가 느끼는 연주자의 능력에 대한 찬탄 속에는 그가 이미 지나온 앞 단계의 즐거움이 그대로 들어 있다. 그러나 이 두 단계에서 감상자가 느끼는 즐거움이나 찬탄은 마지막 단계에서 음악의 '언어'가 전달하고자 하는 의미—음악이 말해주는 것—에서 '추상'되어 나온 것이며 그것과 관련을 맺을 때 음악의 즐거움, 음악에 대한 찬탄이 된다. 그의 '無言歌'무언가에 관하여 멘델스존이 한 말을 믿을 수 있을지 없을지는 알 수 없지만, 누군가가 '말이 없는 노래'가 어떻게 있을 수 있는가를 물었을 때, 멘델스존은, '노래에서 말—단어들—은 음악이 말하는 것을 불필요하게 제약한다'고 말했다고 한다. '형식의 단계들'에 관하여 콜링우드가 사용하고 있는 '약속과 이행'의 비유는 발달단계의 아래위 단계에 관하여 위에서 말한 내용을 결정적인 한마디로 요약하고 있다. 즉, 아래 단계는 자신이 무엇을 약속하는지도 모르면서 약속을 하지만, 그것이 무엇을 약속하는가는 위 단계가 그것을 이행함으로써 비로소 알려진다는 것이다.

이 항목의 첫머리에 내건 질문—중층구조의 위층과 아래층 중에서 '추상'으로 불릴 수 있는 것은 어느 것인가—에 대한 대답은 이미 내려진 것이나 다름없다. 불교에서 위층을 지칭하는 용어로 '진여'—참으로 그러한 것, 있는 그대로의 것—가 사용되는 것은 당연하다. 다만, 진여는 아래층을 이루고 있는 사물과 마음의 구분과 사물 상호 간의 구분을 한꺼번에 초월하여 모든 것을 무구분, 무형태의 상태로 압축하고 있다. 앞의 몇 항목[62-66]에서 다룬 '자기 지식'은 불교의 진여나 기독교의 신—가장 구체적인 것—의 인식론적 대응물이라고 부를 수 있다. 심성함양을 중층구조의 용어로 아래층을 통하여—즉, 아래층을 '매체로 하여'—위층으로 나아가는 (또는 나아가도록 하는) 노력으로 정의한다면, 그것은 완전히 동일한 의미로 추상을 통하여 가장 구체적인 것으로 나아가는 노력으로 규정될 수 있다.

그러나 사람들 중에는 추상과 구체를 위와는 정반대되는 의미로 사용하여 위층과 아래층 중에서 '추상'—또는 추상적인 것—은 위층이며 구체적인 것은 아래층—우리 눈앞에 나타나는 모든 사물들—이라고 생각하는 사람들이 있다. 짐작건대 두 용어에 관한 그들의 용법은 단순히 실물과 언어의 관계를 기초로 하고 있는 듯하다. 예컨대 사과라는 실물은 구체적인 것이며, 그것을 지칭하는 '사과'라는 언어는 추상이라는 것이다. 물론,

이 용법이 이때까지 이 항목에서 말한 용법과 완전히 무관하다고는 말할 수 없을 것이다. '사과'라는 언어는 실물 사과의 '사과다운 점'만 뽑아내었을 뿐, 그 실물의 품종이나 색, 맛 등 그 밖의 모든 특징들은 '捨象'사상하고 있다. 이 용법에서 추상이라는 것은 단지 '감각에 포착되지 않는 것'—눈에 보이지 않는 것—을 뜻한다. ('사과'는 눈에 보이지 않으며 눈에 보이는 것은 특정한 모양과 색깔, 맛 등을 갖춘 이 사과, 저 사과이다.) 그러나 물론 이것이 '추상'의 정확한 또는 '표준적인' 의미—다시 말하여 '추상'이라는 용어가 적용되는 모든 경우에 공통되는 의미—가 될 수 있는가는 의문이다. '이론은 실제의 추상'이라고 호언장담하는, 떠들썩하게 이름난 어느 교육철학자의 마음속에는 추상과 구체가 어떤 의미를 가지는지 짐작이 되지 않는다.

¶153 얼마 전 인도의 영화계는 장장 10년의 제작 기간과 그에 걸맞게 막대한 인적, 물적 자원을 총동원하여 55부작에 달하는 '드라마 붓다'라는 영상물을 제작한 바 있다. 예상되는 바와 같이, 이 드라마는 카필라성의 왕자 싯다르타의 출생에서 시작하여 붓다로서 생을 마칠 때까지의 행적을 극화하여 제시하고 있다. 틀림없이 제작진은 능력이 미치는 한도 내에서 가장 치밀한 고증을 거쳤을 것이며, 그런 만큼 거기에 제시된 내용은 극화의 제약 속에서 역사적 사실을 그대로 보여 준다고

보아도 좋을 것이다. 게다가 출연진이 그들의 연기에서 보여주는 열성까지 가세하여 그 드라마는 관객들에게 가위 인도 영화의 명운을 걸었다는 느낌을 자아낸다.

관객 중에서 저자와 마찬가지로 불교에 대하여 약간의 관심을 가지고 있는 사람이라면 아마 불교의 성립 과정에 관하여 여러 가지 의문을 떠올리게 될 것이다. 저자의 경우에 가장 큰 의문은, 싯다르타가 해결하려고 한 중생의 문제—고통과 번뇌—는 어떤 종류의 것이며, 숲속에서의 수행이 어떻게 그것을 해결하는 방법이 되는가 하는 것이다. 아마 틀림없이, 그 문제는 사람들이 일상적으로 부딪치는, 이른바 '생활의 문제'는 아니었을 것이다. 생활의 문제라는 것은 사람마다 끝없이 다양하여 그것을 해결하는 방법 또한 다양할 수밖에 없다. 만약 문제가 그런 종류의 것이라면 싯다르타는 숲속에 들어갈 것이 아니라, 부왕인 숫도다나 대왕이 왕자가 중생의 고통을 경험하지 못하도록 하기 위해서 한 것과 같이, 카필라성의 외곽에 특별한 '신도시'를 건설하고 고통과 번뇌에 시달리는 사람들을 이주시켜서 행복하게 살도록 했어야 할 것이다. 아니다, 싯다르타가 해결하고자 한 고통과 번뇌는 사람들이 일상적으로 당면하는 이런저런 고통과 번뇌가 아니라 한 가지 방법으로 해결해야 하는 한 가지 고통과 번뇌이며, 이것을 해결하기 위해서는 숲속에 들어갈 수밖에 없었다. 싯다르타가 마침내 깨달음을 얻고 붓다가 되어 숲에서 걸어 나왔다는 것은 곧 그가 그 한 가지 방법을 찾아내었다는 것을 의미한다.

그러나 이렇게 말하는 것은 저자의 그 의문을 잠재우기는커녕, 그보다 더 큰 의문을 불러일으킨다. 이제 의문은, 싯다르타가 숲속에서 얻은 깨달음이 어떤 것이기에 그것이 그 한 가지 고통과 번뇌—이런저런 고통이 아닌, 모든 것을 포괄하는 한 가지 고통—를 해결할 수 있는가, 그리고 그 한 가지 해결은 과연 모든 고통과 번뇌를 한꺼번에 해결할 수 있는가 하는 것으로 된다. 이것이 불교의 성격과 성립 과정에 관하여 제기해야 할 가장 원초적이고도 근본적인 의문이다.

'드라마 붓다'에서는, 매체의 성격상 불가피했겠지만, 이 의문에 대한 해답이 힌트로서도 주어지지 않는다. 드라마에서 관객이 보는 것은 오히려 위의 의문에 대한 해답을 시사하는 것과는 정반대되는 방향으로 주어져 있다. 깨달음을 얻고 숲속에서 걸어 나온 이후에 여러 사람들의 고통과 번민을 목격했을 때, 또는 심지어 자신의 상가—수행자들의 공동체—에서 그를 따르는 비구들에게 '가르침'을 줄 때, 붓다가 해 주는 말은 숲속에서 명상과 수행을 하지 않더라도 웬만큼 삶을 살아 본 사람이라면 누구든지 말할 수 있을 법한 일상의 도덕적 교훈들이다. '붓다'—깨달음을 얻은 자—라는 칭호에 따라붙는 권위나 위광 때문인지는 모르지만, 관객이 보기에는 기이할 정도로, 그 가르침을 들은 사람들은 그것에 관하여 충분히 의문을 제기할 만한 경우에도 그것에 즉각적으로 승복한다. 이것만으로 보면, 애당초 싯다르타가 해결하고자 한 고통과 번민은 사람들이 일상생활에서 당면하는 이런저런 고통 이외에 아무것도 아니라는 느낌을 받을 수 있다. 오늘날 불교이론의 핵심 개념으로 등장하는 '진여'—모든 것을 무구분, 무형태로 포괄하고 있는 모든 것의 '원인'—라든가 스님의 설법에 어김없이 제시되는 '離念'이념—상념을 떠나는 것—의 처방 같은 것은, 일상의 도덕적 교훈의 형태로서가 아니고는, 주어지지 않는다. 저자가 본 바에 의하면 단 하나의 예외는 우리에게 잘 알려져 있는 '拈花微笑'염화미소의 사례이다. 즉, 붓다가 그의 비구들 앞에서 아무 말 없이 꽃 한 송이를 들어 올렸을 때, 오직 마하 카샤파(대가섭)만이 미소를 지었다는 것이다. 이 사례가 보여주는 것은, 붓다는 평소에 자신이 대중이나 비구들에게 베푼 가르침 이외에 자신이 숲속에서 얻은 깨달음의 내용을 꽃을 들어 올리는 것으로밖에 '말해 줄' 수가 없었고 오직 꽃 한 송이를 매개로 하여 '마음에서 마음으로'밖에 전달할 수 없었다는 것—이심전심—이다. 염화미소에 관한 이러한 해석은 드라마에 묘사된 염화미소의 사건이나 붓다의 행적—대중이나 비구들에게 일상적인 도덕적 교훈을 통해서가 아니고는 자신의 깨달음을 '직접' 언설로 제시하지 않았다는 점—이 역사적 사실과 부합하는 것과 마찬가지로 타당성을 가진다고 보아도 좋을 것이다.

그렇다면 오늘날 우리에게 알려져 있는 불교이론—또는 불교수행이론—은 어떻게 형성되었는가? 그것은 붓다 사후 약 100

년을 주기로 하여 세 차례에 걸쳐 이루어진 '경전 결집'의 결과였다고 볼 수밖에 없다. 이 과정에서 경전을 결집한 제자들은 붓다에 의한 간접적인 암시와 제자들 자신의 사색을 결합하여, 붓다가 언설로 표현할 수 없었던 깨달음을 추론해 내고 그것을 어떤 방식으로든지 경전에 반영하였을 것이며, 그 내용은 몇 차례의 결집을 거치는 동안에 점점 '이론화'되었을 것이다. 그들의 이론화 작업은 붓다의 언행을 기록한 '經'경의 경우보다 예컨대 「대승기신론」에서 보는 것과 같은 이론적 논술—'論'논—에서 더 명백한 형태를 드러내었을 것이다. 그러나 위에서 시사된 바와 같이, 그러한 이론적 논술에 제시된 내용은, 특별히 이론적 사고능력을 갖춘 사람의 경우를 제외하고는, 이해되기 어려우며, 그 내용은 언설을 통하여 전달될 수 있는 것이 아니라 일상의 도덕적 교훈을 접하는 동안에 그것을 통하여 '내면화'될 수 있을 뿐이다. 이 과정에서 수행자 자신의 사색이 필요불가결하다는 것은 말할 필요가 없다. 저자는 오늘날 텔레비전에서 방영되는 스님들의 설법에서 그러한 이론적 논술이 신도에게 그대로 제시되는 것을 볼 때 신도들이 그런 종류의 설법에서 어떤 깨달음을 얻을 수 있을지 우려되는 경우가 한두 번이 아니다.

기독교와의 비교가 여기에 도움이 될 수 있을 것이다. (저자의 '기독교의 심성함양 프로젝트: 메타프락시스적 관점' 참조.) 예수의 생애를 다룬 많은 영상물 중의 어느 것을 보더라도 마찬가지이지만, 예수의 경우에는 신과 동격인 존재―하느님의 아들, 몸으로 나타난 신―로서, 자신의 말과 행동을 통하여 신의 뜻을 직접 나타낸다. 물론, 예수의 말 중에는 붓다에서 보는 것과 같은 일상의 도덕적 교훈이 포함되어 있지만, 그것은 신의 존재를 '내면화'하도록 하기 위한 기초 자료 또는 '매체'로 주어진다기보다는 그 자체가 신의 말로 받아들여지도록 주어진다. 또한, 기독교의 경우에도 예수 사후에 허다한 신학자들이 기독교를 '이론화'하기 위한 작업을 수행했지만, 이 경우의 이론화 작업은 예수의 말과 행동이 그대로 하느님의 말과 행동임을 이론적으로 정련하는 것에 그 범위가 국한되어 있었다. 이것으로 보면 기독교의 성립 과정은 불교의 그것과 정면으로 대조된다고 말할 수 있다. 그러나 그럼에도 불구하고 기독교의 경우도 신의 말이나 행동이 신도에게 그대로 받아들여지기 어렵다는 점에서는 불교의 경우와 다르지 않다. 키에르케고르의 간접전달은 이 어려움을 완화 또는 해결하기 위한 방법적 원리를 제시하고 있다.

¶154 '신의 섭리'―신이 세상을 주관하는 일―에는 실패라는 것이 있을 수 없다. 신의 섭리가 그릇될 수 없는 것은 신이 전지전능한 존재이기 때문이 아니라, 오히려 반대로 신의 섭리의 실패 불가능성이 신의 전지전능의 '의미'를 규정하기 때문이

다. 신의 전지전능은 신의 섭리가 그릇될 수 없다는 것을 인간의 경우에 빗대어 나타내는 용어이다. 신의 존재적 특성에 비추어 신의 섭리는, 일차적으로 또는 원래, '자연'에 의하여 이미 일어난 일을 회고적으로 규정하는 데에 사용된다. 이전에 일어난 일은 이미 일어난 일이며, 돌이켜 볼 때 그것이 일어나지 않는다는 것은 있을 수 없는 것이다.

신의 섭리와 마찬가지로, 또는 그보다 더 명백히 회고적인 용어로 사용되는 '기적'은 신의 섭리의 위와 같은 의미를 더욱 선명하게 예시한다. ('장차 일어날 기적'은, 무엇인가 기적 같은 것이 일어나기를 바라는 뜻에서 하는 말이 아니라면, 기적의 의미와 맞지 않는다.) 대체로 말하여, 기적은 과학적 사고방식으로 설명될 수 없는 현상을 가리킨다. '과학적 사고방식으로 설명된다'는 말은, 좀 더 전문적인 용어로, 어떤 현상이 일반적 법칙의 특수적 사례로 포섭될 수 있다는 것을 뜻하며, 따라서 기적은 일반적 법칙의 특수적 사례로 들어올 수 없는, 그 바깥의 현상을 가리킨다.

여기서 핵심적인 용어는 '일반적 법칙'에서의 '일반적'이라는 용어이다. 이 용어는 여러 개의 현상들이 그 밖의 다른 점에서는 차이를 나타낸다고 하더라도 동일한 법칙의 사례로 들어온다는 그 한 가지 점에서는 동일한 것으로 간주될 수 있다는 것을 뜻하며, '기적'으로 불리는 현상은 그 범위 바깥에 있다는 것을 뜻한다. 그리고 그와 마찬가지로, 일반적 법칙을 구성하고 있는 개념—'원인'—이 존재하는 곳에는 그와 동일한 현상이 관찰되리라는 것을 예측할 수 있으며, 나아가서는 그 개념을 인위적으로 조작함으로써 그 현상을 통제할 수 있다. 기적은 위에서 말한 '설명'의 범위를 벗어나 있는 것과 마찬가지로 '예측'과 '통제'의 범위에서도 벗어나 있다. 다시 말하여, 기적은 신이 하는 일—인간의 능력으로 설명도 예측도 할 수 없이 일어나는 현상—을 가리킨다. 「주역」에 나와 있는 陰陽不測之謂神—신이라는 것은 음양의 변화를 헤아리는 인간의 능력을 벗어나는 존재이다('계사' 상 5)—이라는 말은 신이 하는 일을 한마디로 정확하게 말해 주고 있다. 이렇게 생각해 보면, 인간이 과학적 설명의 필요를 느끼지 않거나 그 밖의 다른 이유에서 과학적으로 설명할 능력이 없는 상태에서 '자연적으로' 일어나는 현상들—신의 섭리—은, 우리가 그것을 '기적'이라고 부르지 않더라도, 일체가 기적에 속한다고 말할 수 있다.

그런데, 신의 섭리에 관한 회고적 관점과 전망적 관점을 가르는 경계는 인간의 탐욕에 의하여 언제나 허물어질 정도로 위태로운 상태에 있다. 만약 신이 이때까지 해오던 것과 같이 세상을 주관하였다면, 앞으로도 똑같이 세상을 주관할 것이다. 그렇다면 바로 다음 순간에 인간은 자신의 기도에 의하여 신의 섭리에 영향을 미칠 수 있다는 생각을 품을 수 있다. 이와 같이 관점을 반대로 돌릴 때, 신의 섭리는 감사의 대상에서 기원과 요청의 대상으로 바뀐다. 이때 인간의 관심은 그가 기원하고 요청하는 섭리가 '기적과도 같이' 일어나기를 바라는 데에 있다. 비록 두 관점 사이의 경계가 너무나 쉽게, 너무나 자주 허물어지기는 하지만, 그것이 허물어지는 순간, 종교는 미신으로 바뀐다. 그리고 양자의 차이는 결코 허물어지거나 도외시될 수 있는 차이가 아니다. (앞의 제84항목 참조.)

¶155 林語堂임어당은 그의 「생활의 발견」의 한 절, '나는 어째서 異教徒이교도가 되었는가'(영문판, pp. 387-96)에서 그의 배교의 이유를 여러 가지로 설명하고 있다. 그는 목사의 아들로 태어나서 장차 목사가 될 예정으로 중국의 성요한대학에서 신학을 공부하다가 기독교에 대한 자신의 신념에 따라 점점 기독교에서 멀어지면서 자신이 말하는 바와 같이 '이교도'(pagan)가 된 것이다. 그 책에서 그는 그 여러 가지 이유 중에서 완전히 동일한 취지로 해석될 수 있는 두 개의 에피소드를 연달아 제시하고 있다. 그중의 하나는 다음과 같다.

그의 어머니의 장례식 때에 그곳 常州상주에는 나흘 전부터 장례식을 치를 수 없을 정도로 연일 장대 같은 호우가 쏟아졌다. 장례식에 참여하는 사람들은 대부분 상해에 거주하고 있었기 때문에 비가 그칠 때까지 장례를 연기한다는 것은 난처한 일이었다. 그런데 그의 친척 중에 독실한 기독교 신자인 부인이 있었다. 그 부인은 하느님은 그의 자녀를 사랑하기 때문에

축복을 내려 줄 것이라고 말하고는 제발 비를 그치게 해달라고 기도를 하였다. 그러자 비가 그쳤다. 이 사태에 대하여 그 부인은 '진정한 기독교인'답게, 만약 그들 일가족이 아니었더라면 하느님은 상주 몇 만의 주민을 무서운 홍수의 희생으로 삼는 데에 주저하지 않았을 것이고 비가 그친 것은 상주 주민을 위한 것이 아니라 그들 기독교도 가족을 위한 것으로서, 그들이 장례식을 무사히 치를 수 있도록 좋은 날씨를 허락해 달라고 기도했기 때문이라고 말하였다. 어쩌면 바로 이웃 지역에는 오랫동안 가뭄이 계속되어 거기에 사는 기독교도는 상주에 퍼부은 것과 같은 호우를 내려달라고 기도를 했을 수도 있지만, 그 부인에게는 그 이웃 지역 주민의 사정이 안중에 있을 리가 없다. 그의 기도는 오로지 상주 주민 중의 극히 일부분인 자기 가족의 장례식에만 국한되어 있었다. 임어당이 보기에 신이 그런 이기적인 가족의 기도를 들어준다는 것은 불합리하기 짝이 없다.

임어당으로 하여금 이교도가 되기로 결심하도록 이끈 그 밖의 고려 사항은 일단 덮어두고, 가령 위의 에피소드가 그 중요한 또는 심지어 유일한 고려 사항이었다고 가정하자. 기독교도와 이교도의 차이는, 앞 항목에서 사용한 용어로, 신의 섭리를 이해하는 두 가지 관점－회고적 관점과 전망적 관점－에 의하여 규정될 수 있다. 임어당의 용어로 '이교도'는 신의 섭리를 오로지 회고적 관점으로만 이해하는 사람을 가리킨다. 그의 눈에 비친 '기독교도'는 두 관점 사이의 가냘픈 차이를 무시하고 거의 무의식적으로 또는 본능적으로 그 경계를 넘어가는 사람들이었다. 사실상, 그 부인은 당시의 기독교도의 모습을 전형적으로 보여주었으며, 이 점은 오늘날 우리 사이에서도 별로 다를 것 같지 않다.

우리가 다 아는 바와 같이, 임어당은 그의 배교 이후에 '세속문학'으로 일로매진하여 이 분야에서 아무도 과소평가할 수 없는 괄목한 업적을 이루어내었다. 그를 위하여 애석한 점은 그가 좀 더 인내와 관용을 발휘하여 끈기 있게 신학을 공부했더라면, 그의 뛰어난 문장력으로 이 분야에서 어떤 업적을 이루어내었을까는 아무도 단정할 수 없다는 것이다. 그의 그 책에 명백히 나타나 있듯이 그의 개념으로 '이교도'는 무신론자가 아니다. 만약 그가 저자의 바람대로 나아갔더라면, 그는 그의 말대로 '기독교 신학이 기독교의 최대의 적이 되어 온' 종래의 추세를 바꿀 수 있었을 것이다.

¶156 기독교 신학자들—또는 일반적으로 기독교 신자들—은 신을 표현하는 데에 인간에게 적용되는 용어를 차용하면서, 부지불식간에 바로 그 사실로 말미암아—다시 말하여, 신이 인간에게 적용되는 용어를 빌려 표현될 수 있다는 점 때문에—신은 인간과 동일한 형상으로 존재한다고 생각하는 경향이 있다.

그러나 어떤 인간이 신처럼 무소부재하고 전지전능한가? 신이 무소부재하고 전지전능한 것은 신이 바로 세상이기 때문이다. 세상과 동일한 형상을 한 인간을 상상할 수 있는가?

¶157 종교를 이성의 행위가 아닌 신앙의 행위로 간주하는 사람들은 지식을 종교에 적대적인 세력으로 간주하면서 종교에 대한 지식의 침해를 경계한다. 이 점에 있어서는 기독교와 불교가 다르지 않다. 기독교의 경우 신은 지식의 대상이 아니라 신앙의 대상이라는 점이 강조되고 있으며, 불교의 경우 '알음알이'는 깨달음을 얻는 데에 도움이 되는 것이 아니라 방해가 되는 것으로 생각된다.

그러나 종교계 인사들—신학자와 설교자—이 종교에 적대적인 세력으로 간주하는 '지식'은 두 가지 측면 또는 차원으로 구분될 수 있다. 하나는 신의 존재나 부처의 가르침을 이성적으로 파악하는 데에 사용되는 지식이며, 또 하나는 그러한 '신학적 지식' 이외의 '이론적 지식'—학교의 교과에 등장하는 지식—이다. 우선, 전자의 지식과 관련하여, 종교계 인사들이 그들의 주장을 일관성 있게 따르고 있는가는 의문이다. 그들은 자신의 그 견해를 발설하는 바로 그다음 순간에 신학적 지식을 사용하고 있다. 물론, 신학적 지식은 그 밖의 이론적 지식(예컨대 과학적 지식)과 동일한 것은 아니라 하더라도 이성의 산물이라는 점에서는 양자 사이에 차이가 있을 수 없다. 그러나 교육에 대한 종교의 편견에서 문제가 되는 것은 후자의 지식이다. 그들은 두 가지 지식이 다 같이 이성의 산물이라는 이유에서 양자 사이에 존재하는 차이를 도외시하고, 한쪽 지식에 타당하게 적용될 수 있는 견해를—위에서 말한 바와 같이 이것부터가 의문의 대상이다—흔히 다른 쪽 지식에까지 부당하게 확대하여 학교 교과에서 가르치는 지식—'세속적 지식'—은 종교적 신앙을 침해하는 것으로 간주한다.

한마디로 말하여, 그들의 견해는 메타프락시스 3부론의 정신에 위배된다. 교육을 통하여 함양되는 '심성'은 이성을 통해서건 이성이 아닌 신앙을 통해서건 종교를 통하여 함양되는 '심성'과 다른 것이 아니다. 더 나아가서 교육을 통하여 함양되는 심성은 종교의 경우에 비하여 수행자의 마음에 더 확고하게 자리를 잡을 수 있으며, 종교를 통하여 함양되는 심성은 전자에 의존하여 그 효력을 발휘한다고 말할 수 있다. 교육에 대하여 편견을 가질 때, 종교는 가장 착실한 우군을 적군으로 착각하는 잘못을 저지른다.

¶158 '자기지식'에서의 '자기'는 '지식'이라는 동사의 주어도 아니요 목적어도 아니다. 그것은 주어와 목적어가 구분되기 이전의, 주어이면서 동시에 목적어가 되는 그런 자기이다—앞

의 제62항목에 적혀 있는 이 말은 가볍게 지나칠 수 있는 말이 아니다. '주어자기'—주어로서의 자기—가 인식하는 자기, 즉 목적어자기는 그 내용으로 보면 주어자기 속에 갖추어진 것 또는 주어자기를 채우고 있는 내용 이외의 다른 것이 될 수 없다. 또한, 그런 일이 과연 일어날 수 있을지 의문이지만, 만에 하나 주어자기가 그것을 채우고 있는 내용 이상을 목적어자기에서 알아내게 된다면 바로 그 순간 그 추가된 내용은 바로 주어자기의 내용이 될 수밖에 없다. 다시 말하여, 주어자기는 목적어자기에 갖추어져 있는 내용 이외의 다른 것을 갖출 수 없다. 이것은 보통의 인식 사태—인식의 주체인 '자기'가 그것과 구분되는 대상을 인식하는 사태—에서는 일어날 수 없는 일이다. 이런 뜻에서 '자기지식'은 파라독스적 개념을 나타낸다고 말할 수 있다.

¶159 '여호와는 나의 목자시니 내게 부족함이 없으리로다. 나를 푸른 풀밭에 누이시며 잔잔한 물가로 나를 인도하시는도다'—그 유명한 시편 23편의 처음 두 문장이다. 여기에는 양과 목자의 두 가지 상반되는 관계가 묵시적으로 대비되어 있다. 하나는 양이 목자의 인도를 바라고 요청하는 관계이다. 그러나 양은 그 種종의 특성상 어디에 풀밭이 있으며 어디가 물가인지를 알 수가 없다. 그렇기 때문에 양은 단순히 목자가 인도하는

대로 따라갈 뿐이다. 이것은 앞의 관계와 정면으로 대비된다. 앞의 관계를 양이 목자의 인도를 '요청하는' 관계라고 부른다면 뒤의 관계는 양이 목자의 아래에서 목자가 인도하는 대로 '순종하는' 관계라고 부를 수 있을 것이다. 이 뒤의 관계와 비교해 보면, 앞의 관계에서 양은 자신의 판단에 따라 목자의 인도를 요청할 것이기 때문에 풀밭도 물가도 아닌 엉뚱한 길로 잘못 빠질 가능성이 있는 것이다.

기독교의 교리에서 이 비유가 무엇을 의미하는가는 누구에게나 분명할 것이다. 말하자면 인간은 자신의 판단을 앞세우면서 그것에 따라 삶을 살려고 해서는 안 되며 오직 '여호와의 뜻'에 따라 살려고 해야 한다는 것이다. 그러나 만약 어떤 설교자가 여기까지만 말한다면, 그는 하등의 실질적인 지침을 주는 것도 없이 기껏해야 듣기 좋은 말을 한 것에 지나지 않는다. 왜냐하면 그 비유에서 이끌어낸 삶의 지침에는 표면상 사소한 듯하지만 사실상 그 지침을 무효화하는 치명적인 질문이 도사리고 있기 때문이다. 위의 해석에 의하면, 인간은 목자의 인도를 따르는 양처럼, 자신의 판단이나 노력을 앞세우지 않고 오직 여호와의 뜻을 따라 살아야 하는 것으로 되어 있다. 그러나 삶을 사는 동안 인간은 그야말로 아무런 판단이나 노력도 하지 않은 채 두 손 놓고 여호와의 인도를 따라갈 수가 없다. 그뿐만 아니라 그 '여호와의 인도'라는 것도 삶의 매 순간 명확한 지침으로 전달되는 것이 아니며, 그렇기 때문에 그 순간에 자신이

하는 판단이나 노력이 '여호와의 인도'에 부합하는지를 알아낼 방법도 없다.

여기서 위의 그 치명적인 질문이 고개를 쳐든다. 즉, 인간 자신의 판단과 노력이 여호와의 인도와 구분되어야 한다면 그것을 구분하는 기준은 무엇인가? 이 질문이 명확하게 대답되지 않을 때 그 구분은 아무런 실질적인 의미를 가지지 못하는 '빛 좋은 개살구'가 되고 만다. 아니면, 적어도 이 결론이 불가피한 것처럼 보인다.

그러나 다시 한번 생각해보자. 그 질문에 대하여 명확한 대답을 얻고 난 뒤에 살겠다고 생각하는 것은 앞뒤 순서를 뒤바꾸는 것이 아닌가? 우리의 삶은 끊임없이 그 질문을 직시하도록 하는 사태이며, 그 질문은 우리가 언제나 안고 살아야 하는 질문이 아닌가? 우리는 한 번 우리의 판단이 여호와의 인도에 부합한다는 믿음을 가지고 행동하더라도 다음 순간 그것이 그릇된 믿음이었다는 것을 깨닫고 다음 기회에는 그것과 다른 믿음을 가지고 살 수도 있지 않은가? 다시 말하여, 우리의 삶은 언제나 그 질문에 대답하는 올바른 기준을 찾아가는 과정이 아닌가?

¶160 이 항목의 주제와 직접 관련되는 것은 아니지만, 여기서 저자는 한 가지 고백할 것이 있다. 저자와 같이 학문적 직

종에 종사하는 사람이라면 누구나 경험하는 바와 같이, 저자는 꿈에서 생시보다 더 역력하게 강의를 듣는 경우가 있다. (물론, 저자 자신이 학생을 상대로 강의를 하는 꿈을 꿀 때도 있지만, 그런 경우에 저자는 흔히 학생의 질문이나 반론에 적절하게 대답을 할 수가 없어서 등골에 땀이 흐를 정도로 쩔쩔매기도 한다.) 여기서 말하고자 하는 몽중 강의가 그중의 한 가지이다.

바로 며칠 전에 저자는 어떤 연사가 전쟁에 관한 노자의 견해를 말하는 꿈을 꾸었다. 「도덕경」의 제31장(偃武)과 제69장(玄用)에 나와 있는 바와 같이 노자는 전쟁에서 사람을 많이 죽이고 승리하는 것은 결코 자랑스러운 일이 아니며, 그런 식으로 승리를 했을 때에는 슬픈 마음을 가지고 적군이건 아군이건 관계없이 전사한 병사에 대해서 장례를 치러주어야 한다고 말하였다. (호메로스의 「일리아스」에서는 아카이아와 트로이 두 진영의 합의하에 전사자의 장례를 치를 수 있도록 일정 기간 휴전을 한다.) 노자의 견해에 의하면, 우리는 전쟁을 거는 사람이 되어서는 안 되며, 전쟁을 당하는 사람이 되어야 한다. 꿈속의 그 연사는 이런 내용을 말한 뒤에, 노자의 이 견해에 대하여 倭王(일본의 국왕)은 和而不動 不能稱王이라는 논평을 했다는 말로 강연을 마무리하였다. (왜왕의 입에서 나왔다는 여덟 자 한문 구절은 정확하게 저자가 꿈에서 들은 그대로이다. 그 구절을 우리말로 옮기자면, 그런 견해를 듣고도 그 말을 하는 사람에 대하여 아무렇지도 않게, 예컨대 칼을 뽑는다든지

하지도 않고 가만히 앉아서 듣고 있는 사람은 왕이라고 불릴 자격이 없다는 식으로 풀이될 수 있을 것이다.)

그 꿈에서 깨어났을 때 저자의 심경이 어떠했으리라는 것을 상상하기 어려운 독자는 아마 아무도 없을 것이다. 저자가 받은 충격은 노자나 호메로스 당시와 오늘날을 가르고 있는 엄청난 간극에서 온 것이다. 오늘날 세계를 가득 채우고 있는 그 많은 나라 중에서 왜왕이 한 것과 동일한 반응을 하지는 않는다 하더라도 그것에 찬동하지 않을 나라가 과연 몇이나 있겠는가? 두 교전국의 합의하에 양군의 전사자들을 위한 장례식을 위하여 휴전을 하는 나라와 수많은 사람들을 죽이고 전쟁에서 승리를 거두었다고 축포를 터뜨리는 두 나라를 비교할 때, 각각의 나라에서 사는 사람들의 행동은 그들의 어떤 심성을 반영하며 또한 어떤 심성을 부추기는가? 전쟁 사태에서 드러나는 그들의 심성은 바로 그 이웃 사람들을 대하는 사태에서도 그대로 드러나지 않는다는 보장이 있는가? 그 꿈의 후유증은 끝이 없다.

¶161 플라톤의 「향연」에는 그 대화편의 주요부가 끝나고 작품이 종말로 접어들 만한 시점에 전작에 반쯤 녹초가 된 알키비아데스라는 불청객이 등장하여 소크라테스와의 '못다 이룬 사랑'을 고백하면서 소크라테스라는 인물을 찬양하는 부분이

나와 있다. 작품의 구성으로 보나 거기서 오가는 발언의 내용으로 보나 「향연」의 백미는 알키비아데스의 등장 이후를 다루는 이 마지막 부분이다. 그의 몸치장과 작태가 말해주듯이, 그 당시 알키비아데스는 시칠리아 정복을 위한 아테나이 대함대의 사령관으로서 생애의 절정에 올라와 있었다. 소크라테스를 찬양하는 중에 그는 다음과 같이 말한다—'아테나이의 기라성 같은 변론가 중의 누구의 말을 듣더라도 그런 일은 없었습니다마는, 소크라테스의 입에서 나온 말의 한 단편을, 말재주라고는 전연 없는 사람을 통하여 슬쩍 지나가는 말로 전해 듣기만 해도 나는 마치 종교적 열정에 사로잡힌 것처럼 가슴이 뛰고 눈에 눈물이 흘러내렸습니다.'

잘 알려진 바와 같이, 대화편 「향연」은 아가톤의 시 경연 우승을 축하하기 위한 잔치에 초대받은 손님들이 차례대로 '에로스'를 찬양하는 연설을 하는 것을 내용으로 하고 있다. 그 손님들은 모두 그 당시 아테나이에서 둘째가라면 서러워할 정도로 뛰어난 연설가들이며, 그들이 하는 에로스 찬양은 그 자체로서는 나무랄 데 없이 '꽃같이 아름다운' 것들이요, 오늘날까지 수많은 독자들의 사랑을 받아왔다. 불청객 알키비아데스가 등장한 것은 마지막 연설자인 소크라테스의 연설이 막 끝났을 때였다. 대화편의 이러한 구성으로 미루어 독자는 알키비아데스의 소크라테스 찬양은 그 나름으로 알키비아데스의 에로스 찬양 연설에 해당한다는 것을 짐작할 수 있다.

연설의 주제가 된 '에로스'라는 희랍어 단어는 통상 영어의 love나 우리말의 '사랑'으로 번역되고 있지만, 그 희랍어 단어는 영어나 우리말의 번역어에 비하여 훨씬 한정된 의미를 나타내고 있다. 번역어에 들어있는 '헌신'(조국에 대한 사랑), '자애'(부모의 자녀 사랑), '만족'(나는 가을을 사랑한다) 등의 의미가 그 희랍어 단어에는 들어 있지 않은 것이다. 대화편에서도 '에로스'는 '신'으로 표현되고 있지만, 그것은 올림포스에 거주하는 제우스 가문의 정식 일원이라기보다는 '정령'에 더 가까운 것으로서, 다만 사람의 마음을 사로잡고, 흔히 '신들린' 상태라는 말로 표현되는 신적인 영향력을 발휘하는 존재이다. 에로스에 '접신'된 사람은 자신의 능력으로는 이해도 통제도 할 수 없는 세력에 불가항력으로 이끌림을 받는다. 여기서 '이끌림을 받는다'는 말로 표현되는 상태는 더 실감 있게 '떠밀려 간다'는 말로 표현될 수 있을 것이다. 이런 의미에서 에로스는 '떠밀려 간다'는 의미를 살려서 '삶의 추진력'—다시, 자신이 무엇에 떠밀려 가는지도 알 수 없고 떠밀려 가기를 멈출 수도 없는 신적인 세력—으로 이해하는 것이 적절할 것이다.

만약 독자가 '우리의 삶은 무엇에 떠밀려 가는가'라는 질문에 대답을 하려고 할 때, 그는 아마 의식주의 필요를 그 대답으로 내어놓을지도 모른다. 그러나 여기서 말하는 '삶의 추진력'은 그런 것이 아니다. '삶의 추진력'을 일반적인 용어로 삶에서 결핍된 것을 충족하도록 하는 힘을 가리킨다고 생각한다면, 의식주의 필요라는 말이 나타내는 결핍은 그 결핍된 대상이 충족되면 해소되는 그런 종류의 결핍인 반면에, 여기서 말하는 삶의 추진력에서의 결핍은 충족과 공존하는 결핍, 즉 자신에게 이미 갖추어져 있는 것이 결핍되어 있다고 느낄 때의 결핍이며, 그렇기 때문에 아무리 많이 갖추게 된다 하더라도 결코 충족될 수 없는 결핍, 충족되면 될수록 더욱 커지는 그런 종류의 결핍이다. 이 두 가지 결핍을 각각 '상대적 결핍'과 '절대적 결핍'이라고 부를 수 있을 것이다. 여기서 말하는 삶의 추진력은 절대적 결핍에서 야기되는 추진력을 가리킨다. 말하자면, 그것은 의식주의 필요가 충족되어 삶의 기본적인 바탕이 웬만큼 마련되고 난 뒤에, 또는 심지어 그것이 마련되기 전에도, 무엇인가에 이끌리거나 떠밀려 갈 수밖에 없을 때, 우리의 삶을 이끌거나 떠밀고 나가는 힘을 가리킨다.

만약 독자가 자신의 삶이나 다른 사람들의 삶을 허심탄회하게 돌아보면서 이런 의미에서의 삶의 추진력을 찾으려고 한다면 그 가장 유력한 후보로 떠오르는 것은 필경 異性 間이성 간—또는 동성애자들에서의 동성 간—의 관능적 욕망(erotic love)일 것이다. 그러나 둘째 연설자인 파우사니아스의 구분—천상의 사랑과 지상의 사랑—에 암시되어 있는 바와 같이, 소크라테스에 대한 알키비아데스의 '사랑'에는 그러한 관능적 욕망 이외에도, 그것과 함께, 소크라테스의 '말'에 대한 사랑(logo-philia)이 포함되어 있다. 전자를 '性愛'성애라고 부른다면 후자는 '文愛'문애라고 부를 수 있을 것이다. (이와 같이 두 가지 다른 모습으로 나타난다고 하더라도 그 실체는 한 가지 동일한 '에로스'이다.)

그의 차례가 왔을 때 소크라테스는 무녀 디오티마의 입을 빌려 '사랑'의 대상이 발달되어 가는 과정을 여러 단계로 구분한다. 그 여러 단계들은 단순하게 성애로부터 문애로의 발달로 압축될 수 있을 것이다. 예컨대 기미독립선언문에 나오는 '자신을 채찍질하기에 바쁜 우리는 남을 나무랄 겨를이 없도다. 현재를 단속하기에 바쁜 우리는 지난날의 잘못을 탓할 겨를이 없도다'(自己를 策勵하기에 急한 吾人은 他의 怨尤를 暇치 못하노라. 現在를 綢繆하기에 急한 吾人은 宿昔의 懲辯을 暇치 못하노라)라는 문장에서, 애인을 그리워할 때의 미칠 듯한 감정을 경험하지 못하는 사람이 있다고 할 때, 그런 사람을 교육받은 사람이라고 부를 수 있겠는가? (「향연」에 관하여 보다 자세한 내용을 알고 싶은 독자는 유작3부의 [2] 「왼손으로 쓴 교육학」의 편자 추기에 수록된 '"사랑"으로서의 교육: 플라톤의 「향연」 해석'을 참고하기 바란다.)

¶162 독자를 대신하여 저자가 자신에게 다음과 같이 묻는다고 하자—혹시 그런 것이 있는지 모르지만, 만약 저자가 한평생 걸려서 알아낸 것이 있다고 할 때, 그것을 보통 사람들이 알아들을 수 있는 쉬운 말로, 또 길고 복잡하게 말할 필요가

없이 한 마디로 압축해서 말한다면 무엇이라고 말할 것인가? (여기서 '알아낸 것'이라고 말하는 것은 다른 사람에게서 듣거나 책에서 읽은 것이 아니라 '혼자의 힘으로 알아낸 것'을 가리킨다고 일단 생각해 볼 수 있다. 혹시 저자 이전에 누군가가, 그것도 한두 사람이 아니라 여러 사람이 그것을 알고 있었다고 하더라도, 저자에게 그것은 여전히 '혼자의 힘으로 알아낸 것'으로 생각될 수 있는 것이다. 다시 말하여, 저자에게 '한평생 걸려서 알아낸 것'은 그동안 저자가 한 공부를 돌이켜보면서 여러 가지 세부적인 내용들을 가장 일반적인 수준에서 요약했을 때 최종적으로 걸러져 나오는 것을 가리킨다. 그리고, 물론, 그것은 세부적인 내용들처럼 길고 복잡하게 말할 필요가 없이, 누구라도 알아들을 수 있는 말로 표현될 수밖에 없을 것이다.)

이 질문에 대하여 저자에게 당장 떠오르는 대답은 다음과 같다—이 세상에는 그 내용으로 보면 온갖 말이 있고 이 세상에 사는 사람들은 쉴 새 없이 무슨 말인가를 하고 있지만, 사람들이 하는 말은 그 '종류'로 보면 딱 두 가지, 이것 아니면 저것이며, 그중의 어느 것도 아닌 말은 있을 수 없다. 그 한 가지는 보통 '이렇게 하라, 저렇게 하라'라는 형식으로 표현되는 명령과 지시이다. 만약 이것이 말의 한 가지 종류라면, 그것과는 종류가 다른 나머지 한 가지 말, 앞의 말을 제외한 모든 말이 남김없이 속하는 '다른 종류의' 말은 무엇이겠는가? (독자의 경우는 어떤지 모르지만, 몇몇 사람들에게 이 질문을 해본 결과는 그들이 끝내 알아내지 못할 정도로 그 대답을 알아내는 데에 곤란을 겪는다는 것이었다. 이 결과는 대다수의 사람들에게 말이라는 것은 명령과 지시를 전달하는 데에 중요한 또는 일차적인 기능이 있는 것으로 생각되고, 나아가서는 그들이 일상생활에서 그것과는 종류가 다른 말을 거의 하지 않는다는 것을 보여준다.)

그 다른 종류의 말은, 물론, '이것은 이러하며 저것은 저러하다'라는 형식으로 표현되는, 사실과 현상을 기술하고 이해하는 데에 필요한 말이다. (말의 문법적 형식과 그 의미가 반드시 일치하는 것은 아니다. 문법상으로는 현상의 기술과 설명을 표현하는 형식으로 되어 있는 말도 의미상으로는 명령과 지시를 전달하는 말이 있을 수 있다.)

저자의 이 뜻밖의 대답에 실망과 경악을 느끼는 독자가 있을 것이다—한평생 알아낸 것이 '겨우' 그것이라니! 십 년 공부가 아니라 오십 년 공부가 나무아미타불이 아닌가. 말이 그와 같이 두 가지 종류로 구분된다는 것이 사실이라고 하더라도 그것을 알아내는 데에 걸린 한평생은 학문적으로 헛수고에 불과한 것이 아닌가. 고작 그것을 '알아내기' 위하여 한평생을 허비할 필요가 있었는가, 등등.

독자가 어떻게 생각하든지 간에 저자는 자신의 그 대답을 철회할 생각이 없다. 왜냐하면 저자가 보기에 그 두 가지 종류의 말 중에서 어느 하나나 다른 하나를 주로 또는 전적으로 쓰는 두 사람은 완전히 다른 세상에 산다고 말해도 좋을 정도로, 양자의 차이는 심각하고 근본적인 것이기 때문이다. 가령 여기, 온종일 '문 닫으라', '물 가져오라'라는 것과 같은 말밖에 하지 않는 사람이 있다고 생각해보자. 그에게 관심이 있는 것은 오직 문이 닫히거나 물 한 컵이 눈앞에 놓이는 것과 같은 외부 사태의 변화이다. 명령과 지시를 전달하는 말은 일체가 이와 같다. 단 하루가 아니라 한평생 동안 그런 말만 하면서 사는 사람은 어떤 사람이겠는가? '그래서, 그것이 어떻단 말인가. 외부 사태의 변화를 바라고 일으키는 것, 그것이 우리의 삶이 아닌가. 우리는 누구나 그렇게 살고 있는 것이 아닌가. 그 밖에 또 어떤 삶이 있단 말인가'—이렇게 말해야 하는가?

그러나 분명한 것은, 명령과 지시를 전달하는 말과는 달리, 현상을 기술하고 설명하는 말은 성격상 누군가에게서 들었거나 책에서 읽지 않고는 할 수 없다는 것이다. 한평생 명령과 지시를 하는 사람도 틀림없이 현상의 기술과 설명을 목적으로 하는 말을 듣거나 읽었을 것이다. 다만, 그 사람에게는 그가 듣거나 읽은 말은 없었던 것이나 다름없다. 아니다, 외부 사태의 변화를 바라고 일으키는 것 이외에 따로 우리의 삶이라는 것이 있을 수 없다는 앞의 말은 우리의 '삶의 사실'과 맞지 않는다. 우리의 삶은 그것 이외에도 남에게서 듣거나 책에서 읽은 말, 현상을 기술하고 설명하는 말을 포함하고 있으며, 이것 또한 앞의 것에 못지않게 우리의 삶이다. 요컨대 명령과 지시를 전달하는 말밖에 하지 않는 사람은 교육과 인연이 없는 사람이다. 그는 교육을 받지 않았거나, 받았으면서도 받지 않은 것처럼 살아간다.

앞에서 말한 바와 같이, 말에는 두 가지 종류가 있다는 저자의 대답이 저자가 그동안에 공부한 세부적인 내용들을 가장 일반적인 수준에서 요약한 만큼, 그 대답 속에는 이 책과 그 밖의 다른 책에서 저자가 말한 내용이 틀림없이 녹아들어 있을 것이며, 그렇기 때문에 만약 저자에게 초인적인 능력과 정력이 허용된다면 저자는 이때까지 쓴 모든 책을 고쳐 쓰면서 그 점을 보일 수 있을 것이다.(앞의 111항목 참조)

¶163 메타프락시스의 의미를 다룬 이 책의 설명에는 곳곳에 메타프락시스가 소기의 성과를 거두기 위해서는 어떤 조건이 갖추어져야 하는가가 다소간 직접적으로 언급되어 있을 것이다. 그 조건을 뒤집어 보면 우리는 메타프락시스의 실패 가능성, 다시 말하여, 메타프락시스가 소기의 성과를 거두는 데에 장애가 되는 요소들을 추측해 낼 수 있을 것이다. 그리고 그와 마찬가지로, 그 장애 요소들은 또한 메타프락시스가 성공을 거두는 데에 필요한 조건들을 시사할 수 있을 것이다. 이하 이 항목에서는 그러한 장애 요소들을 일일이 언급하는 대신에 그중에서 가장 원천적으로 중요한 것 한 가지만을 언급하고자

한다. 그 한 가지 장애 요소는 메타프락시스 3부론—교육이론, 종교이론, 정치이론—의 각각에 해당하는 활동을 이끌 지도자들—교사, 성직자, 정치가—의 자질 문제, 더 구체적으로 말하여, 그 지도자들을 선발하는 제도에 관한 것이다. 결론을 앞당겨 말하자면, 이 면에서의 장애 요소를 검토하는 것은 결국 메타프락시스의 이상이 다소간이나마 만족스럽게 실현된다는 것은 불가능에 가깝다는 것을 밝히는 셈이 될 것이다.

이 문제를 검토하는 데는 기술 분야와의 병렬을 생각해보는 것이 도움이 될 것이다. 잘 알려져 있는 바와 같이 기술 분야에는 등급에 따라 시험을 거쳐 자격증을 획득하도록 하는 제도가 마련되어 있다. 특별히 세밀한 조사를 할 필요도 없이 자격증을 획득한 사람들이 종사하게 될 일의 성격만 생각해보더라도, 기술 분야에서 자격시험의 효율성이나 타당성에 관해서는 시험을 보이는 사람(관리자)으로서건 보는 사람(응시자)으로서건 그것에 관련된 사람들 사이에 광범한 합의가 이루어져 있음을 짐작할 수 있다. 실력이 아닌 비정상적인 방법으로 자격에 미달하는 사람을 합격시키거나 그런 사람 자신이 합격되리라고 기대하는 것은 극히 예외적인 경우라고 말해도 좋을 정도로 상상하기 어렵다. 관리자 편에서 생각해보면 그런 응시자에게 자격증을 주는 것은 자신이 몸담고 있는 분야 전체를 위태롭게 할 수 있으며, 그런 만큼 자신의 분야에 관심과 애착을 가지고 있는 관리자라면 아무도 그런 일을 하지 않을 것이다. 응시자

편에서 생각해보면 자격 미달인 자신이 자격증을 받는 것은 시험에 불합격 판정을 받는 경우보다 자신에게 더 이로울 것이 없다. 물론, 불합격 판정을 받은 응시자는 당장은 섭섭한 마음이 들겠지만, 그 마음을 가라앉히고 차분히 생각해보면, 그 불합격 판정은 장차 자격 미달의 상태로 실무에 종사했을 때 자신이 저지를 사고를 미연에 방지하도록 해준 것이며, 그 점에서 원망보다는 감사를 느껴야 한다는 것을 알게 될 것이다.

메타프락시스에서는 형편이 판이하다. 물론, 여기서도 각각의 활동 분야—교육과 종교와 정치—에서 지도자들을 선발하기 위하여 기술 분야에서의 자격시험에 해당하는 것이 시행되고 있다. 그러나 기술 분야에 비하여 여기서는 지도자들이 장차 해야 할 일의 성격에 관하여 관리자로서나 응시자로서 그 시험에 관련된 사람들 사이에 광범한 합의가 이루어지기 어렵고 그에 따라 지도자들이 갖추어야 할 자격 요건에도 의견의 차이가 있을 수 있다. 그뿐만이 아니라, 지도자들이 일하는 시점과 그 결과가 드러나는 시점 사이에는 긴 시간 간격이 가로놓여 있고 그들의 성패가 기술 분야처럼 두드러지지도 않는다. 이런 사태에서는 그 선발 절차에 비효율성이나 불완전성이 끼어들 여지가 있으리라는 것은 예상되고도 남는다. 예컨대 교사의 경우에, 교육의 '목적'에 관한 의견 차이는 잘 알려져 있으며 그 의견 차이는 그대로 교사의 자질 문제에 반영된다. 이런 경우에 교사를 위한 자격시험에 이따금 의문이 제기되고 실지로 그 선발 방식에 변경이 가해지는 것은 당연한 일이다. 자격 미달의 교사에게서 가르침을 받은 학생이 장차 10년 후나 20년 후에 '사고'를 저지를 것이 물의를 빚고 그것이 교직 전체를 위태롭게 할 우려가 있다는 점이 현재 교사의 선발을 담당한 사람들 사이에 의식되리라는 것은 거의 상상하기 어렵다. 그러나 아무리 상상하기가 어렵다 하더라도 그 가능성이 완전히 부정될 수 있는 것은 아니다.

정치적 지도자의 경우는 특별히 문제가 된다. 정치적 지도자는 선거를 통하거나 채용시험을 통하여 선발된다. 선거를 통하는 경우에, 당선된 입후보자가 장차 '지도자'로서의 자신의 임무를 원만히 수행하기 위해서는 유권자들에게 그가 그 임무에 합당한 자질을 갖추고 있는가에 관한 판단과 함께, 무엇보다도 그의 임무가 무엇인가에 관한 명확한 인식이 갖추어지지 않으면 안 된다. 이것은 결국 정치 분야에서 국민 전체의 민도가 높아지기 전에는 이루어지기 어렵다. 정치 분야에서 국민을 '지도'하는 것이 무엇을 의미하는가가 문제로 되는 것은 채용시험을 통한 선발이라고 다를 것이 없다.

이런 점들을 생각해보면, 메타프락시스의 이상이 비교적 만족스럽게 실현되기 위해서는, 원칙적으로 말하여, 각 분야의 지도자들로 선발되는 사람은 말할 것도 없고 그들을 선발하는 사람들—국민 전체—이 잠재적인 '메타프락시스 사상가'가 될 수밖에 없다는 결론이 불가피하다. 만약 메타프락시스의 이상이 원만하게 실현된 상태를 '지상 낙원'이라고 부를 수 있다면, 그것은 결국 지상 낙원은 언제나 동경으로 남아 있어야 한다는 것을 뜻한다. 플라톤이 「국가론」에서 말한, 철학과 정치적 권력의 제휴—철학자가 왕이 되는 것—가 실현되기 어려운 이상인 것과 마찬가지로, 아니면 그 이상으로, 메타프락시스를 통한 지상 낙원을 동경하면서도 인간은 불완전한 세상을 인내하면서 살아갈 수밖에 없다. 그렇다 하더라도 중요한 것은 그 동경을 버리지 말아야 한다는 것이다.

¶164 메타프락시스 3부론이 관심을 두고 있는 심성함양은, 사회계층의 용어로 생각하여, 여유 있는 사람들, 이른바 '등따시고 배부른 사람들'의 입장을 대변하며, 나아가서는 그들의 권익을 옹호하는 것이 아닌가? 그들이 심성함양을 위하여 힘을 쏟는 동안에도 가난하고 억압받는 사람들, '땅 위의 저주받은 사람들'이 가냘픈 목숨을 이어가고 있다. 이들의 입장은 누가 대변하며 이들의 권익은 누가 옹호하는가? 메타프락시스는 이 일은 나 몰라라 하고 그들의 현실로부터 눈감아버려도 좋은가?

이 질문에 대해서는 누구든지 그럴 수 없다는 대답을 내어놓을 것이고 또 그 대답에는 異論이론의 여지가 없는 것처럼 생각될 수 있다—'그럴 수 없다. 만약 메타프락시스가 여유 있는 계층의 입장을 대변한다면, 그 계층에게는 심성함양에 힘을 쏟

으라고 하라. 그러나 그것과 병행하여 누군가는 가난하고 억압받는 계층의 권익을 옹호하는 일도 해야 한다. 심성함양을 고취한다고 해서 억압받는 계층의 권익을 대변하는 데에 지장이 있을 수 없는 만큼, 그 두 가지 일 사이에는 마찰이 있을 수 없다, 등등.'

그러나 그 두 가지 일이 마찰 없이 병행될 수 있을 정도로 양립 가능하다고 보는 견해는 오직 하나의 기본 전제에 입각해서만 타당성을 가질 수 있다. 즉, 억압받는 계층의 권익을 옹호하려고 하는 사람은 먼저 그 계층의 사람들이 심성함양에 관심을 가지고 있고 또 다소간 성과를 이루었다는 것을 확인해야 한다는 것이다. 이 기본 전제가 갖추어져 있지 않을 때 억압받는 계층이 스스로 박탈당하고 있다고 생각하는 권익, 그리하여 옹호받아야 한다고 생각하는 권익은 그들이 보기에 그들을 억압하는 사람들이 누리고 있다고 생각되는 권익과 종류가 다르지 않은 것이다. 말하자면 그들은 자신을 억압하는 사람들이 누리고 있는—더 정확하게는, 누리는 것으로 보이는—것과 동일한 종류의 권익을 보장받고 싶어 하는 것이다.

물론, 그들의 생각과는 달리, 여유를 가지고 심성함양에 힘쓰는 계층의 사람들이라고 하여 누구나 그런 종류의 권익을 누리는 것은 아니다. 오히려 그 반대일 가능성이 더 크다. 조지 오웰의 「동물농장」에 '사실보다 더 사실 같은' 우화로 묘사된 바와 같이, 역사상의 정치적 혁명이 거의 예외 없이 실패로 끝난 것은 혁명 세력이 쟁취하고자 한 권익과 구체제에서 그들이 박탈당했던 권익이 종류에 있어서 구분되지 않았다는 점으로 설명될 수 있다. 위에서 말한 기본 전제가 갖추어져 있지 않은 상태에서의 혁명의 성공은 부당한 권익을 누리는 사람들의 명단을 바꾸는 것 이상의 의미를 지니지 못할 것이다. 그러나 그 반대로, 만약 그 기본 전제가 갖추어져서, 억압받는 계층이 심성함양을 다소간 성취한 상태에 있다는 점이 확인될 수 있다면, 아마 그들은 자신이 박탈당한 권익을 옹호받기 위하여 '혁명'을 일으키려고 하지 않을 것이다. 아마 그들은 '의롭지 않게 얻은 부귀는 나에게는 뜬구름과 같다'(不義而富且貴 於我如浮雲, 論語, 述而)라는 공자의 말에 나타난 생각에 동조할 것이다.

여기에 삶의 근본적 딜레마가 있다. 그것은 '革命論혁명론과 順命論순명론의 딜레마'라고 부를 수 있을 것이다.(「성리학의 교육이론」, 부록 '산찬성리학', 10. 수기와 치인 참조.) 말하자면, 억압받는 계층의 권익을 옹호하려는 노력은 그것에 합당한 전제가 갖추어져 있지 않은 상태에서는 무의미하며, 그것에 합당한 전제가 갖추어져 있는 상태에서는 그 노력이 불필요하다는 것이다.

¶165 하늘은 무엇이며 땅은 무엇인가? 그 사이를 채우고 있는 모든 물질, 그리고 생물과 무생물을 포함하여, 그 물질로

구성된 만물은 또 무엇인가? 무엇보다도, 이것을 묻고 대답하는 '나'는 어떤 존재인가?—이것이 세상에 관하여 우리가 제기할 수 있는 가장 높은 수준의 질문이면서 동시에 모든 질문을 포괄하는 가장 원초적인 질문이다.

그 최종적인 대답은 이러하다—만물이 있기 전에 하늘이 먼저 있었던 것이 아니라, 만물이 있음으로 말미암아 하늘이 있게 되었다. (만물이 있기 전에 하늘이 먼저 있다고 말하는 것은 백성이 한 명도 없는 나라에 왕이 있다고 말하는 만큼이나 불합리하다.) 땅은 만물을 담고 있는 바탕이요 만물이 서식하는 터전이다. 하늘은 만물 속에 들어 있으며 만물은 하늘 속에 들어 있다. 다시 말하여, 낱낱의 만물은 하늘의 추상이며, 여기서는 하나하나의 만물이 모두 하늘이다. 진리는 이 한마디 대답에서 이끌어낸 모든 함의이다.

'나' 또한 하늘의 추상이라는 점에서 만물과 다르지 않다. 다만 나는 내가 그것의 추상인 하늘과 그 아래에서 벌어지는 세상을 이해하는 존재, 즉 진리를 말하는 존재이다. 이 일을 할 때 나는 또한 나 자신을 이해한다. 그리고 이런 일을 하는 존재는 누구나 나의 동류이다.

부록 I 항목별 주제 겸 색인

부록 II 이 책에 언급된 문헌들[1)]

저자

「교육과정 탐구」, 1977, 1992, 2010, 박영사 [머리말]

「지식의 구조와 교과」, 1979, 1997, 2006, 교육과학사, [머리말]

「교육의 목적과 난점」, 1984, 1998, 2016, 교육과학사 [머리말] [94]

「교육의 개념」, 1991, 2009, 문음사 [머리말]

「성리학의 교육이론」, 2000, 2014, 교육과학사 [머리말] [164]

「교육과정 이론」 (공저), 2003, 교육과학사 [머리말]

「대승기신론 통석」, 2006, 김영사 [머리말], [28] [63] [102] [148] [151]

'기독교의 심성함양 프로젝트: 메타프락시스적 관점', 「도덕교육연구」, 31-2(2019)를 전재한 유한구(편), 「메타프락시스 3부론」, 2023, 교육과학사, 323-366, [153]

「근사록」 [머리말]

「노자」 [20] [160]

「논어」 [164]

「전습록」 [머리말]

「주역」 [19] [80] [88] [100] [154]

「태극도설」 [65] [88]

「중용」 [68]-[69] [101] [150]

「대학」 [68]

「맹자」 [87]

플라톤

「국가론」 [51] [82] [89] [140] [163]

「메논」 [108]

「향연」 [161]

Angle, S. C. and M. Slote(eds.), *Virtue Ethics and Confucianism*, Routledge, 2013. [142]

Boyd, W., *The History of Western Education*(6th ed.), London: Adam and Charles Black, 1952, 이홍우 · 박재문 · 유한구(역), 「서양교육사」, 교육과학사, 1994. [152]

Binkley, Timothy, *Wittgenstein's Langue*, Martinus Nijhoff, 1973. [머리말]

Bradley, F. H., *Appearance and Reality: A Metaphysical Essay*, George Allen and Unwin, 1893. [17]

Collingwood, R. G., *An Essay on Philosophical Method*, Oxford University, 1933. [152]

__________, *The Principles of Art*, Oxford University, 1938. [111]

Creegan, C. L., *Wittgenstein and Kierkegaard*, Routledge, 1989. [63]

Dawkins, R., *The God Delusion*, Bantam Books, 2006, 이한음(역), 「만들어진 신」, 김영사, 2007. [115]

Dewey, J., *Democracy and Education*, Macmillan, 1916, 이홍우(역), 「민주주의와 교육」, 교육과학사, 1987, 2008. [22] [119] [133]-[136]

_____, *How to Think*, D. C. Heath, 1933. [134]

Hamlyn, D. W., *Experience and the Growth of Understanding*, RKP, 1978, 이홍우(역), 「교육인식론」, 1990, 2010. [70]

Hegel, G. W. F., *The Phenomenology of Mind*, J. B. Baillie(trans.), Macmillan, 1916, 1931. [152]

Herbart, J. F., *The Science of Education*, Henry M. and Emmie Felkin(trans.), Swan Sonnenschein, 1892. [119]

Kant, I., *Critique of Pure Rreason*, N. K. Smith(trans.), Macmillan,

1929. [57]-[58] [122]

____, *Groundwork of the Metaphysics of Morals*, H. J. Paton (trans.). Hutchinson, 1948. [42]

____, *Critique of Judgement*, J. H. Bernard(trans.), Macmillan, 1951. [59]-[61] [63]

Kasulis, Thomas P., 'Philosophy as Metapraxis', F. Reynolds and D. Tracy, eds., *Discourse and Practice*, SUNY, 1992, pp. 169-95. [머리말]

Kierkegaard, S., *The Concept of Irony: With Conststant Reference to Socrates*, L. M. Capel(trans.), Indiana University Press, 1965. [53]

__________, *Concluding Unscientific Postscript*, D. F. Swenson and W. Lowrie(trans), Princeton University Press, 1941. [146]

__________, *Training in Christianity,* W. Lowrie(trans.), Princeton University, 1967. [7] [52]-[55]

Lin, Yutang, *The Importance Of Living*(Heinemann Edition), 1938, orig. 1937, 임어당, 「생활의 발견」, 김병철(역), 을유문화사, 1963, 중국어판, 「生活的 藝術」, 大方出版社, 1937. [155]

Neumann, E. *The Origins and History of Consciousness*, R. F. C. Hull(trans.), Princeton University, 1979. [71]

Oakeshott, M., *Experience and Its Modes*, Cambridge University, 1953. [61]

_________, *Rationalism in Politics(Enlarged Edition),* Liberty Press, 1991, '*Rationalism in Politics',* pp. pp. 5-42, 'Logos and Telos', pp. 351-9. [75]-[76] [78]-[79]

Orwell, George, *Animal Farm: A Fairy Story*, Secker & Warburg, 1949. [164]

Peters, R. S., *Ethics and Education*, George Allen and Unwin, 1966, 이홍우, 조영태(역), 「윤리학과 교육」, 1980, 2003. [30]-[32] [34] [70]

Polanyi, M., *Personal Knowledge: Towards a Post-Critical Philosophy*, RKP, 1958. [48]

Royce, J., *The World and the Individual*, 2vols., Macmillan, 1899, 1901. [17]

Ryle, G., *The Concept of Mind*, Hutchinson, 1949. [13]

Schiller, F., *On The Aesthetic Education of Man*, E. M. Wilkinson and L. A. Willoughby(trans.), Oxford University, 1967, F. 쉴러, 「인간의 심성교육」(이홍우 역), 교육과학사, 2019. [77] [111] [123]

Schopenhauer, A., *The Basis of Morality*, A. B. Bullock(trans.), George Allen and Unwin, 1903. [42]

Snell, B., *The Discourse of the Mind in Greek Philosophy and Literature*, T. G. Rosenmeyer(trans.), Harper, 1960. [71]

Taylor, A. E., *Elements of Metaphysics*, Methuen, 1903. [17]

Wittgenstein, L., *Tractatus Logico-Philosophicus* (trans. D. F. Pears and B. F. McGuinness), RKP, 1922. [머리말] [3] [10] [49]

__________, *Philosophical Investigations* (trans., G. E. M. Anscombe), Macmillan, 1953. [머리말] [1] [121]

__________, 'A Lecture on Ethics', *The Philosophical Review*, 74-1 (Jan. 1965), pp. 3-12, 권윤정, 이홍우(역), '비트겐슈타인의 윤리학 강의', 「도덕교육연구」 20-1(2008), pp. 171-92. [11] [96]-[97]

* 말미에 붙은 [ ] 안의 숫자는 각 문헌이 언급된 항목 번호를 표시한다.

|지은이 소개|

李烘雨(1939~)

서울대학교 사범대학 교육학과
서울대학교 대학원 교육학과
미국 콜럼비아대학(교육학 박사)
서울대학교 사범대학 교수
서울대학교 명예교수

주요 저서 및 역서
인지학습의 이론, 1973, 박종덕(편), 2015.
증보 교육과정 탐구, 1977, 1992, 2010.
증보 지식의 구조와 교과, 1979, 1997, 2006.
교육의 목적과 난점, 1984, 1998, 2016.
Living, Knowing and Education, 1985.
주석 증보 교육의 개념, 1991, 2009.
증보 성리학의 교육이론, 2000, 2014.
교육과정 이론(공저), 2003.
대승기신론 통석, 2006.
신수 교육과정 이론, 2017.
미국 교육학의 정체, 2018.
인식과 전달, 2022.

J. S. Bruner, 교육의 과정, 1973.
R. S. Peters, 윤리학과 교육, 1980, 수정판(공역), 2003.
J. Dewey, 민주주의와 교육, 1987, 개정 증보, 2008.
D. W. Hamlyn, 경험과 이해의 성장, 1990, 교육인식론(증보), 2010.
W. Boyd, 서양교육사(공역), 1994, 개정 증보, 2008.
J. R. Manheimer, 키에르케고르의 교육이론(공역), 2003.
馬鳴, 大乘起信論, 1991.
F. Schiller, 인간의 심성교육, 2019.
H. I. Marrou, 서양 고대교육사(공역), 2019.

메타프락시스 -삶과 교육의 이론-

2024년 1월 5일 1판 1쇄 인쇄
2024년 1월 10일 1판 1쇄 발행

저 자 : 이 홍 우
발행인 : 한 정 주
발행처 : 교 육 과 학 사

경기도 파주시 광인사길 71
전화 (031)955-6956~8 / 팩스 (031)955-6037
Home-page : www.kyoyookbook.co.kr
E-mail : kyoyookbook@daum.net,
kyoyook@chol.com
등록 : 1970년 5월 18일 제2-73호

낙장·파본은 교환해 드립니다. **정가 16,000원**
Printed in Korea. ISBN 978-89-254-1851-3
978-89-254-1850-6(세트)